outro olhar

TEXTOS CRÍTICOS SOBRE
CINEMA NO SÉCULO 21

João Nunes

Copyright © 2023 by Editora Letramento
Copyright © 2023 by João Nunes

Diretor Editorial Gustavo Abreu
Diretor Administrativo Júnior Gaudereto
Diretor Financeiro Cláudio Macedo
Logística Daniel Abreu e Vinícius Santiago
Comunicação e Marketing Carol Pires
Assistente Editorial Matteos Moreno e Maria Eduarda Paixão
Designer Editorial Gustavo Zeferino e Luís Otávio Ferreira
Coordenador da Coleção Paulo Henrique Silva
Foto da Orelha Dominique Torquato

Todos os direitos reservados. Não é permitida a reprodução desta obra sem aprovação do Grupo Editorial Letramento.

Dados Internacionais de Catalogação na Publicação (CIP)
Bibliotecária Juliana da Silva Mauro - CRB6/3684

N972o   Nunes, João
Outro olhar : textos críticos sobre cinema no século 21 / João Nunes. - Belo Horizonte : Letramento, 2023.
264 p. ; 23 cm. - (Lumière)
ISBN 978-65-5932-437-8
1. Crítica de cinema. 2. Século 21. 3. Cinematografia. 4. Filmes. I. Título.
CDU: 791.4(049)   CDD: 791.43

Índices para catálogo sistemático:
1. Sociedade e cinema - Crítica 791.4(049)
2. Cinema - Crítica 791.43

LETRAMENTO EDITORA E LIVRARIA
Caixa Postal 3242 – CEP 30.130-972
r. José Maria Rosemburg, n. 75, b. Ouro Preto
CEP 31.340-080 – Belo Horizonte / MG
Telefone 31 3327-5771

Aos meus três irmãos (Osni, Tote e Octávio) e às três irmãs (Geiza, Iara e Débora), pelo apoio e carinho, em especial a Débora, que cuidou da minha vida enquanto eu via filmes e escrevia.

A José Lima Jr., amigo, irmão e
parceiro das letras com quem,
desde 1973, tento aprender sobre
generosidade e delicadeza.

AGRADECIMENTOS

Ao amigo e crítico de cinema, Paulo Henrique Silva, pelo empenho em fazer este livro existir; ao Wagner José Geribello, pelo prefácio extremamente generoso; ao amigo/irmão e parceiro de escrita, Maurício de Almeida, o primeiro, sempre, a ler meus textos; à amiga, leitora e crítica de cinema, Ivonete Pinto, pelos muitos afetos; à Graça Barone que, a partir de um convite, me estimulou a fazer o estudo sobre *Mães Paralelas*; ao Bruno Rinaldi, meu companheiro nas muitas sessões de cinema, e à Kátia Fonseca e à Dominique Torquato pelos carinhosos papéis de assessora de imprensa e fotógrafa respectivamente.

7 **AGRADECIMENTOS**

13 **APRESENTAÇÃO**
PAULO HENRIQUE SILVA

17 **NÃO MAIS QUE APENAS UM OLHAR**
JOÃO NUNES

19 **PREFÁCIO**
WAGNER JOSÉ GERIBELLO

23 **1. HERANÇA LITERÁRIA**
24 Em busca da água da vida
26 O fascínio pela imagem
28 O explícito e o escondido de *Madalena*
30 Mistérios movem *A Filha Perdida*
32 Para quem gosta de cinema
34 Almodóvar se consolida harmônico e solene
36 Glamour e a decadência de um cinema
38 Arte suscita prazer no dolorido *Meu Pai*
40 *Pantera Negra* homenageia Boseman
42 A vida em neon de *Depois do Universo*
44 Nosso desconforto ante Woody Allen
47 Arrebatador melodrama de Aïnouz
50 Almodóvar com sabor de Almodóvar
52 Modo cruel de destruir reputações
54 Busca pela igualdade
57 Excesso faz *Predestinado* desandar
60 Do cotidiano à grandiosidade
62 Luiz Villaça celebra amizade
64 Libertária noite de mulher madura
67 Presley merecia um filme como *Elvis*

69 O incômodo tema do aborto

71 A reconstrução de uma bailarina

73 Mulher se impõe em terreno masculino

75 A terrível condição humana

77 Outro olhar sobre *Top Gun*

79 Tchekhov delineia caminhos de *Drive my Car*

81 Animação escancara efeitos da guerra

83 *Medida Provisória* defende causa e seduz

85 Bellocchio mitifica delator criminoso

87 Em busca da essência da vida

89 *Belfast* foge dos dramas da guerra

91 Invenção e poesia em *Adeus, Idiotas*

93 Nem tão sério nem tão superficial

95 Spielberg atualiza clássico

97 *Yalda* é iraniano sem hermetismo

99 A utopia da união improvável

101 Morte ensinando sobre a vida

103 Drama sofrido e um fio de esperança

105 Liberdade que passa pelo erotismo

107 Pai e filho se redescobrem

109 Metáforas de uma história de amor

111 Poética e dor em drama iraniano

113 Impossível ficar indiferente

115 Amigos sonham com lugar ideal

117 Simpático conto de Natal

119 Atrocidades de regimes autoritários

121 A delicadeza de *Mães de Verdade*

123 Drama da morte anunciada

125 Mulheres e o Maio de 1968

127 O onírico e o trágico de *Veneza*

129 Pequeno retrato de grandes loucuras

131 **2. QUASE CRÔNICA**

132 Enigma da representação

135 O áspero e belo *Winter Sleep*

138 História triste em grande filme

141 Aula de jornalismo e bom cinema

143 Esperança em *Os Primeiros Soldados*

145 *O Jogo da Imitação* é boa surpresa

147 Filme cumpre o que propõe

149 Cena ilumina filme sombrio

151 Fantasia e fábula na dose certa

153 *Saint Laurent* seduz pelos artifícios

155 Mergulho na escuridão humana

157 A jornada épica de *Interestelar*

159 Ousadias às últimas consequências

161 A qualidade de sempre dos Dardenne

163 Bom suspense, ótimo cinema

165 James Gray foge do óbvio

167 Experiência sensorial e estética

169 Nos limites humanos

171 O estranhamento de *O Confronto*

173 Evocando emoções escondidas

175 A consistência de Farhadi

177 Drama repleto de dor

179 Viagem transformadora

181 Filme de brilho raro no Brasil

183 Ninfomaníaca I: é Bach quem arrebata

185 Ninfomaníaca II: alguém fora de lugar

187 Beleza está onde se quer ver

189 Consciência da decrepitude

191 Contestação em tempos difíceis

193 Brilho intenso de Cate Blanchett

195 Suspense real que parece ficção

197 *Hannah Arendt* é filme de ideias

199 O poderoso *A Hora mais Escura*

201 Reverberando ruídos de um país

203 Haneke continua seco e cruel

205 Tarantino cria majestoso herói negro

208 O competente *As Aventuras de PI*

210 Fábula que encanta

212 Fio narrativo constrói *45 Anos*

214 O surpreendente *Mãe só há Uma*

216 Machado com Bressane

218 Criando instantes mágicos

220 Recorte na vida de James Dean

222 Sensibilidade sobressai em *Big Jato*

224 *Trumbo* homenageia cineasta

226 *Ave, César!* é prazerosa experiência

228 Fontes acerta ao apostar na farsa

230 A outra guerra de *O Filho de Saul*

232 Final de trilogia perde inventividade

235 **3. QUASE ENSAIO**

236 Pequeno estudo sobre *Mães Paralelas*

243 Como se desmonta casamento perfeito

247 *A Árvore da Vida* estimula sensações

251 Crônica de um filme

254 Olhar de Cuarón sobre o México

257 Altar de símbolos de Bethânia

260 O maniqueísta *Divino Amor*

APRESENTAÇÃO

PAULO HENRIQUE SILVA

Já são 22 anos depois da entrada no século 21. Na vida real, esse tempo significa estar na faculdade, saber mais ou menos o que fazer profissionalmente, começar a pensar numa vida a dois e ter uma mínima noção de qual lado é melhor estar, num mundo polarizado. É muita coisa.

No Cinema, uma arte ainda tão nova, a sensação temporal muda de acordo com o ponto de vista. Para muita gente saudosista, representa uma quantidade maior de anos em relação a um marco afetivo, àquele filme que lhe ajudou, de certa maneira, a atravessar um momento da vida, virando uma referência que está acima de julgamentos estéticos. Pode ser *Rocky, um Lutador* (1976), fazendo-lhe acreditar que nada é impossível, bastando se mover para isso, ou *Curtindo a Vida Adoidado* (1985), sinônimo de uma contínua injeção de alto astral.

O cinema tem essa capacidade de nos fazer entrar nesta máquina do tempo como se fosse uma viagem muito próxima e intensa.

Por isso, num primeiro instante, parece que nessas duas décadas pouco ou nada relevante aconteceu de fato nesse universo, a não ser por alguns títulos que entraram em nossa cada vez mais seletiva lista de preferências.

Mas o Cinema mudou. E muito.

Quando conheci o João Nunes, na segunda metade dos anos 2000, dividindo um quarto em algum festival de cinema, não se falava em streaming (a Netflix surgiu para nós em 2011), o DVD ainda estava em alta e o cinema de rua ainda sobrevivia.

Não se tinha passado nem dez anos (no século passado) quando comecei a frequentar um prédio da rua Aarão Reis, próxima à estação de trem, no centro de Belo Horizonte, toda terça ou quarta-feira para buscar cromos (fotos de filmes em positivo) e releases das estreias da semana. As grandes distribuidoras se concentraram num andar do edifício, bastante antigo e malcuidado. Entrava num elevador com portas de grade e acionado por uma alavanca, indo parar num corredor cheio

Outro Olhar **13**

de salas, passando em cada uma delas como uma romaria. Falava com o Luís, da Paris, com o Antônio, da Warner/Fox, e o Celso, da Columbia... Depois voltava para o jornal para montar os tijolinhos do roteiro, aguardando a programação das salas chegar por fax.

Havia muito esse contato mais físico, tanto entre pessoas quanto na nossa maneira de trabalhar. No meu primeiro dia no jornal Hoje em Dia, em 1º de novembro de 1995, fui incumbido de escrever um artigo sobre os 20 anos de morte do diretor italiano Pier Paolo Pasolini, que seriam lembrados no dia seguinte. Voltei para casa, pesquisei em meus livros de cinema, escrevi na máquina de datilografia de meu pai e retornei ao jornal, localizado no bairro Santa Efigênia, e fui direto à sala do digitador, no primeiro andar.

Hoje o Cinema é uma experiência mais fluida em todos os sentidos. Desde um link de Vimeo que chega à caixa de e-mail, com um filme na íntegra para você assistir em sua casa, até um grande lançamento internacional que pode ser acompanhado numa junket virtual – muito diferente de viajar para o Rio de Janeiro e ver Tom Cruise ou Will Smith de perto. O streaming ganhou uma força indiscutível, com grandes plataformas ganhando o meu papel de majors. Elas produzem filmes, concorrem ao Oscar e fazem lançamentos exclusivos.

Apesar de parecer estar mais onipresente, a um clique no mouse ou na tela do celular, curiosamente o Cinema ficou mais... restritivo. É preciso ter acesso a Disney+ para poder rever toda a primeira trilogia de *Star Wars*. O longa-metragem alemão que concorreu ao Oscar deste ano, *Nada de Novo no Front*, só está disponível na Netflix.

Cada uma dessas plataformas tem um catálogo numeroso, com novos títulos chegando a cada mês. As redes sociais ajudam muito, com indicações de amigos, mas a sensação é de que perdemos o todo... E assim chegamos a *Outro Olhar – Textos Críticos de Cinema do Século 21*.

João Nunes ocupou o posto de crítico de cinema do jornal Correio Popular, de Campinas, por vários anos e deixou a redação quando os cadernos culturais sucumbiram diante de uma audiência mais interessada pelo mundo das celebridades. Passou a se dedicar a escrever sobre os filmes que realmente importavam, debruçando sobre eles com um olhar – como assinala na apresentação – maduro e de quem dispõe de um tempo maior para traçar linhas que, numa escrita inteligente e saborosa, nos apresentam uma análise muito singular, muitas vezes descrevendo a forma como uma produção lhe impulsionou a abordar e questionar outros assuntos correlatos, envolvendo filosofia, política, sociologia e religião.

Talvez falte um ou outro filme, dependendo do gosto pessoal de cada um, mas o cinema do século 21 está muito presente nesse livro, de *Top Gun – Maverick* à consolidação das animações da Pixar, assim como um período de plena recuperação do cinema brasileiro e o surgimento de novas cinematografias. Mas nada disso surge como um ponto final, preso ao seu tempo, buscando dialogar com o seu leitor imaginário e abrindo-se para uma arte em constante transformação.

Ainda falta pouco menos de oito décadas para esse século acabar e, parafraseando Mário Quintana, o que haverá com o cinema que sempre que a gente olha é com o súbito espanto da primeira vez?

NÃO MAIS QUE
APENAS UM OLHAR

JOÃO NUNES

Desde adolescente sonhei ser jornalista, mas só em 1978 entrei para a faculdade de jornalismo. Simultaneamente, iniciei curso de formação de ator porque queria ser crítico teatral e sentia necessidade de me preparar para escrever sobre área tão específica. Minha primeira crítica foi sobre a remontagem de *Navalha na Carne* (Plínio Marcos) publicada em uma revista de Campinas. E, nos dois primeiros jornais aonde trabalhei (Diário do Povo e Folha da Tarde), eu publiquei críticas teatrais.

Porém, atendendo demandas do jornal, comecei a escrever sobre cinema e, igualmente, visando me preparar, fiz cursos de roteiro, documentário e fotografia, entre outros, e acessei literatura específica sobre os diversos segmentos que compõem um filme. E, na condição de repórter, visitei sets de filmagens, participei de muitos festivais pelo Brasil (que se revelaram ótima escola) e assisti a produções de múltiplas procedências, linguagens e gêneros.

Desde que passei a cumprir de forma integral a tarefa de escrever sobre cinema, convivi com inevitável imposição do mercado e pressão do jornal na ânsia de atender as demandas dos leitores; porém, nunca sofri qualquer tipo de interferência nos textos. Escrevi muita bobagem e abusei da arrogância (insegurança, na verdade) própria da juventude, mas aos poucos, compreendi melhor meu papel: tudo na vida é efêmero, não somos tão bons quanto imaginamos e nossa observação, análise e opinião são, apenas, uma em meio a inúmeras outras.

Apesar de atuar em ofício controvertido e complexo pela própria natureza, sempre tive consciência do deleite que era receber salário para assistir aos filmes e escrever sobre e do fato de minha atividade ser objeto de conversas em qualquer roda de pessoas de outras profissões, porque, afinal, é difícil encontrar alguém que não goste de cinema.

As pessoas gostam, dão opiniões, conversam com desenvoltura sobre o assunto mas, em geral, pouco sabem sobre cinema porque o veem como mera diversão e porque não têm obrigação de saber. Estas razões me levaram montar um curso ao estilo "primeiros passos".

Parti do princípio de que conhecer como se realiza um filme ajuda a apreciá-lo melhor porque o olhar (ressalvando as sensibilidades individuais) será mais qualificado. Assim, surgiu o curso *Outro Olhar*, que ministrei a distintos grupos de pessoas durante anos e que, agora, dá título a este livro.

No livro, entretanto, o título refere-se aos critérios usados na escolha dos filmes. Com raras exceções, são obras de que gosto lançadas no século 21 (boa parte nesta década de 2020) porque a maturidade e o tempo disponível me permitiram elaborar melhor os textos como escrita e compor melhores análises críticas. O aprimoramento nestas duas características torna-se visível se comparadas com textos mais antigos.

Além disso, fiz questão de fazer uma seleção abrangente, não desdenhar a produção norte-americana de entretenimento, contemplar grupos das chamadas minorias e de cinematografias menos visíveis e, mesmo quando um filme não me seduzia totalmente, tentei ressaltar características positivas.

Estes são os elementos que justificam meu "outro olhar" sobre o cinema comentado neste conjunto de textos. E sei o quanto é cômodo usar tais critérios do lugar de onde me encontro atualmente, ou seja, fora dos meios de comunicação. Por isso, agradeço a oportunidade dada pela Abraccine de expressar alguns dos meus pensamentos críticos sobre cinema desfrutando dessa comodidade.

Talvez por isto, como crítico autor dos textos deste livro, eu tenha passado longe do ranzinza e mal-humorado porque meu propósito é despertar no leitor a mesma sensação prazerosa que tive ao assistir e escrever sobre estes filmes.

Por fim, e não menos importante, vivemos tempos virtuais e o objeto livro se transformou em algo estranho, fora de lugar, obsoleto. Ainda assim, sinto-me privilegiado por conseguir lançar um livro a estas alturas da vida. Trata-se de belo e inesperado presente, que foi almejado, sim, mas, até então, não passava de remoto desejo.

PREFÁCIO

WAGNER JOSÉ GERIBELLO*

Recebi os originais de *Outro Olhar* alguns dias depois do convite do autor, tão agradável quanto inesperado, para prefaciar a obra.

A objetividade do texto, como sabem fazer os jornalistas, somada à atratividade do conteúdo, emolduradas pelo envolvimento cardíaco do autor com as coisas – todas – do cinema garantiram fluidez de leitura e imediata identificação com o livro.

Todavia, se o texto agradou e cativou da primeira até a última palavra, não foi preciso ir muito além das primeiras páginas para localizar o ponto nevrálgico que explica, justifica e esclarece a posição do autor em relação ao seu objeto de análise, bem como a localização precisa e evidente dos ângulos e das arestas que definem a arquitetura da narrativa.

Entre os primeiros textos, mais exatamente naquele em que o autor faz apresentação de si mesmo e das pretensões perseguidas pelo livro, logo no terceiro parágrafo, Nunes afirma que "nossa observação, análise e opinião são, apenas, uma em meio a inúmeras outras".

Assim, o que pode parecer ao leitor "superficialista" não mais que cautelosa demonstração de modéstia ou regulagem do próprio autor dos limites da sua potencialidade como analista, crítico e apreciador apaixonado do cinema, a afirmação encobre, também e mais enfaticamente, a consideração primeira e fundamental que obra e narrador dispensam ao cinema, primordialmente visto como arte e, portanto, passível de tantas interpretações e avaliações quantos sejam aqueles que a observam e dela se acercam.

Destarte, enquanto manifestações pautadas pelos rigores da exatidão, em que a comprovação do fato e o fato comprovado, calculado e

---

* Jornalista, mestre pela Fundação Cásper Líbero (SP) e doutor pela Universidade Estadual de Campinas (Unicamp), Wagner José Geribello foi assessor de comunicação em entidades públicas e privadas, por 26 anos, professor da Pontifícia Universidade Católica de Campinas (Puccamp) e comentarista de cinema da EPTV Campinas (Globo) e dos jornais campineiros Diário do Povo, Correio Popular e Jornal de Domingo.

demonstrado orientam as aproximações do raciocínio e se fecham no racional, como acontece com a ciência, a arte, sem dispensar o raciocínio, incorpora, também, qualidades que fazem do ser humano, ademais de racional, sobretudo humano, as quais, de modo geral, chamamos sentimento.

Por isso, não há limites para formas e quantidades de interpretações que uma peça artística pode acolher, seja ela manifestada em passos de dança, traços e cores das pinturas, rimas das poesias ou em movimentos imagéticos do cinema, sintetizados no radical grego da sétima arte, o "kinos".

Vale dizer, a frase, sintética nas dimensões, se revela tão ampla no seu significado subjetivo quanto o próprio livro que a contém, em que Nunes nos conduz a percorrer 106 filmes, analisados, comentados e apreciados como obras de arte, portanto passíveis de interpretações diversas, mas invariavelmente encarados com encantamento, questionamentos, admiração e muito, mas muito prazer, isso tudo enfeixando os recursos dos quais se arma para trazer ao leitor o outro olhar que o título promete.

Para percorrer essa jornada entre planos, sequências, contraplanos e enquadramentos, João Nunes adota posturas e comportamentos que definem a qualidade dos resultados, como é o caso do rigor profissional que antepõe à análise de cada filme a busca de informações e referências, evidenciando que, ademais da sensibilidade, conhecimento também faz parte da crítica, da crônica e do (quase) ensaio, como quer a formalização dos textos que estrutura a obra.

O conhecimento formal da arte dramática, o exercício do jornalismo, enquanto cinzel que esculpe texto e comportamento, mais a proximidade com o objeto analisado, entrevistando gente do cinema, frequentando *sets* de gravação e comparecendo a eventos dedicados ao tema, emprestam segurança e autoridade ao autor, que sabe dissecar a peça cinematográfica, separar seus componentes, do roteiro à direção, passando pela trilha musical, efeitos visuais e sonoros, interpretações e mais inúmeros outros elementos que agregados e funcionalmente articulados formam o que tão simplesmente chamamos filme.

Por conta deste trabalho meticuloso, as análises constituem, também, lições que nos ensinam mais e mais sobre a arte de apreciar filmes, tanto no conjunto como no detalhe, tanto na objetividade da cena como na subjetividade das intenções e do talento que o cinema nos permite ver e sentir. Por isso mesmo, este livro pode e deve frequentar as bibliotecas que assessoram o estudo formalizado do cinema, como acontece, por exemplo, nas Universidades e unidades de pesquisa.

Melhor ainda, é que esta operacionalidade cirúrgica, baseada no conhecimento, o autor sabe plasmar com o gosto de ver e ouvir, agregados à sabedoria de se deixar levar por tudo quanto acontece na tela, ainda que lhe pareça estranho ou mesmo aversivo, se fazendo plateia não para classificar, julgar ou determinar, mas para incorporar o filme e, só então, se prostrar como crítico, aberto e disposto a dialogar com outros espectadores.

Como tudo isso já não fosse suficiente, Nunes revela, também, rara habilidade para fazer o comentário transbordar até o plano concreto, associando criticamente cinema e aspectos diversos da realidade, como religião, ciência, política, relações sociais e, sobretudo, posturas da complexa e enigmática entidade conhecida como ser humano.

Ponderando sensibilidade e conhecimento com maestria de equilibrista, Nunes leva o leitor a confrontar ensaios cinematográficos herméticos e complexos, assim como visitar experiências fílmicas que se antagonizam por múltiplas e diversas razões, por exemplo, alinhando fitas americanas a produções do Irã ou da Romênia, ou circular da ficção para o documentário e daí para a animação, sem perder de vista que tudo isso integra a arte cinematográfica. Nesse sentido, o livro não aceita pausas nem distanciamentos, nos fazendo mergulhar em um festival intenso e intensivo de cinema no mais abrangente sentido do termo, estimulando reprisar, para rever e repensar filmes que já vimos, ou procurar aqueles que o autor nos apresenta, mas ainda não tivemos – infelizmente – a oportunidade de assistir.

Assim, desde já, compete ao leitor ultrapassar este prefácio e mergulhar no conteúdo do livro que tem de sobra aquilo que o cinema mais enseja: prazer de observar, refletir, interpretar, fruir...

Enfim, vale lembrar, a busca de informações e o contato direto com o ambiente no qual a produção artística acontece sempre se mostrou mais árdua aos críticos e comentaristas que exercem/exerceram esta função afastados dos grandes centros e dos veículos midiáticos maiores e mais abrangentes. João Nunes, como eu, faz parte deste grupo, o que projeta sobremaneira o trabalho que exerceu até aqui, valorizando este livro que traz para todos nós e em todos nós desperta um outro olhar sobre cinema.

1.
HERANÇA LITERÁRIA

Comecei a ler literatura por volta de dez anos quando minha mãe comprou coleção de quatro volumes de contos de fadas e, em seguida, outra de onze volumes chamada *As Mil e Uma Noites*. Adolescente, dediquei-me a ler, entre outros, Machado de Assis, José de Alencar e Guimarães Rosa.

Ler literatura me ensinou a escrever o pouco que sei e me despertou, antes de tudo, o prazer de fazê-lo na hora de me aproximar do cinema e escolher a melhor palavra, ler e reler inúmeras vezes a mesma frase ou trecho e refazê-los com cuidado e atenção, buscando tecer o texto. No dia-a-dia da redação essa tarefa era quase impossível; entretanto, nos textos recentes que estão neste livro tive a possibilidade de trabalhar segundo tais critérios.

Não custa esclarecer que não estou fazendo literatura. Trata-se apenas de um viés, obliquidade na direção dela. Sei que soa pretencioso, mas tenho em conta que esta expressão não, necessariamente, refere-se a algo negativo. Ser pretensioso pode ser a tentativa de alcançar o melhor de si mesmo. É o que tento fazer aqui, com a mais profunda modéstia, na expectativa de que seja bem-sucedido no intento.

EM BUSCA DA
ÁGUA DA VIDA*

Na primeira imagem, as ondas do mar inundam a tela. Depois, saberemos que a protagonista, Paula (Patrícia Saravy), espera o terceiro filho e, segundo ela, o bebê nada na piscina de líquido amniótico do útero materno. Logo, no centro da trama, surge o desejo de Paula de adquirir uma piscina. E haverá água da chuva, do rio e do coco, que os meninos tomam durante aventura noturna.

A Felicidade das Coisas (Brasil, 2021, drama, 87 min.), de Thais Fujinaga, trata do desejo, mas não aquele manifesto pela mulher grávida – quase sempre extravagante. Quer dizer, instalar piscina comprada sem dinheiro na modesta casa de praia a fim de impedir os filhos de se aventurarem pela cidade, não deixa de ser excêntrico.

Pois não são bizarros nossos sonhos de conquistar amores impossíveis? Ou ganhar na loteria? Morar numa ilha? Ter aconchegado nos braços, por ao menos uma noite, o objeto dos nossos devaneios sexuais?

O roteiro da própria diretora nos leva a pensar no desejo inacessível e usa a água como metáfora. Se água é símbolo da vida, os personagens do filme anseiam por uma existência que eles não têm – como a maioria de nós.

Em escala descendente, Paula digladia consigo própria para fazer caber dívida e desejo no mesmo espaço e tem noção da incompatibilidade; porém, o desejo (mais poderoso) prevalece. E, afetada pelo marido distante, busca equilibrar as emoções, pois adquirir algo pode compensar o afeto ausente. Ou atrai-lo. Ela sabe que nenhuma das alternativas funcionará e, de novo, o desejo se sobrepõe.

Depois, vem o filho Gustavo (Messias Gois). Os desacertos da mãe o faz, também, sentir falta do pai. Segundo a avó (Magali Biff), os homens apreciam a companhia de outros homens. Ele é pré-adolescente e anseia ser homem, se atirar. E se atira em aventura perigosa e, mesmo inconsciente, pune a mãe – que não se acerta com o pai nem com ele.

Em seguida, na tal escala, surge a avó. E joga na cara da filha (que reclama de Gustavo) que ela era igual e só fazia o que lhe dava na telha.

Apanhou por isso, lembra a filha. A mãe conservadora ante o desejo, teria dinheiro para pagar as dívidas, mas não vê sentido na piscina; Paula lhe ensina que não se deve acalentar sonhos pequenos nem se conformar com o não ter. Ter, para ela, é o mesmo que ser.

A filha mais nova (Lavínia Castelari), criança, parece não estar dominada pelo fantasma adulto; porém, no micro universo ao qual pertence, ela o exercita. Não sabe sair, mas soube pular no buraco onde seria colocada a piscina. Claro, premida por desejo.

Thais Fujinaga trata de temas banais visando alcançar algo mais profundo, do mesmo modo que cria situações prestes a desembocar em algo ruim – uma tragédia, talvez. Mas trata-se de exercício de anticlímax que serve para driblar a tensão.

É assim que ela estabelece bela solução do conflito ao criar desfecho falso para atender a expectativa da família e todo mundo se esbalda na água. Então, ouvimos pela primeira vez a trilha de Dudinha Lima. A música é bonita, as imagens agradáveis, a atmosfera joga a favor e o humor desencanta. Um conforto de clara evocação a argentina Lucrécia Martel de *O Pântano* (2001) e de *A Menina Santa* (2004), no qual um artifício rompe a tensão.

Pareceria o fim da história, mas o roteiro retoma a tensão. Gustavo que, com prazer, até tomou chuva, está cercado de conflitos. Quer a companhia dos homens. Pensando que é homem feito, foge. Está em busca da água (da vida) – a da chuva, solene e linda, não lhe foi suficiente. Necessita mergulhar nas misteriosas águas do rio, em meio à noite e seus temores.

Gustavo teima em subverter regras – como quando anda no pedalinho. Igual a mãe, inconformada com sonhos pequenos. Mas aprendeu uma lição: o mergulho é necessário; porém, perigoso. Corre-se o risco de machucar. Quem se importa?

A bonita cena final sinaliza que, do alto de algum lugar confortável possa se enxergar melhor como são "demais os perigos desta vida". Então, ele poderá escolher entre a comodidade e os riscos.

Quanto a "ter" e "ser", melhor é ser. E, se desejar possuir, que sejam desejos que se guarda na alma porque os de natureza palpável podem ser consumidos pela ferrugem e pela traça.

* Publicado no site Hora Campinas em 2022

O FASCÍNIO
PELA IMAGEM*

Entre ter a primeira experiência sexual com a tia Patrizia (Luisa Ranieri) e ver o craque argentino de futebol, Diego Armando Maradona, jogando no Nápoles, o adolescente Fabietto Schisa (Filippo Scotti) ficaria com a segunda opção em *A Mão de Deus* (È stata la mano di Dio, Itália, 2021, 130 min.), de Paolo Sorrentino.

Mas o que acontece com o garoto depois de vivenciar a experiência sexual (e não foi com Patrizia) e ver o Nápoles se consagrar ganhando o título nacional, com a devida presença de Maradona em campo? Ele havia crescido – como demonstra a cena da comemoração dos torcedores pela cidade. E nem usava mais o codinome Fabietto, pois tinha assumido o nome real, Fabio.

O filme trata do processo iniciático do próprio diretor em sensível olhar sobre si mesmo e sobre a Itália dos anos 1980, a partir de Nápoles, a grande cidade do sul, onde Fabietto vive com os pais Saverio (Toni Servillo) e Maria (Teresa Saponangelo).

Para demarcar como se deixa de ser menino e se torna adulto, Sorrentino tinge a iniciação com tintas poéticas e se vale de símbolos, caso da referida comemoração do título, dolorido retrato do momento decisivo do rito de passagem.

Portanto, Maradona representa mero símbolo (que muda porque nós mudamos) do que o garoto foi e no que se transformou. E a mão de Deus, referência ao gol feito pelo jogador contra a Inglaterra, na Copa do Mundo de 1986, vai muito além do gol, do título e da contratação milionária do craque de futebol, como se este tivesse, ademais de carisma e talento, poder de implementar reais transformações sociais, morais e políticas naquela região italiana.

Na primeira parte das memórias do diretor, existe um país alegre, colorido e descontraído no qual se reconhece figuras que povoaram o universo de Federico Fellini (1920-1993). A citação não é gratuita, pois Marchino (Marlon Joubert), irmão de Fabio, passa por teste de figuração em filme do mestre italiano, que o recusa por ter rosto demasiadamente convencional.

O traço exótico (para nós) de mulheres obesas, matriarcas grosseiras e engraçadas, fisionomias incomuns e tipos característicos excêntricos, como o tio comunista que ideologiza até o gol de uma partida de futebol, ou a tia Patrizia que não se importa em ficar nua em passeio familiar (para desespero do marido) e o almoço familiar que recepcionará o novo genro estão em um filme que parece comédia.

Outro filme, escuro, denso e triste surge depois de uma tragédia e referenda o princípio de que todo rito de passagem pesa. Ninguém atravessa ileso o momento no qual terá de decidir o próprio futuro. Ninguém será o mesmo depois de experimentar o sexo – a experiência de Fabio com a baronesa (Betty Pedra) foi urdida de forma, também, ritualística a fim de marcá-lo para sempre – e ninguém será o mesmo depois de nominar, com todas letras, a opção escolhida daquilo que se quer ser quando crescer.

E, todos sabemos, Sorrentino quis ser cineasta. Como condutor do filme que fala de si, ele escolhe o bom ator Filippo Scotti, mas, antes de tudo, escolhe alguém que sabe olhar – afinal, cineasta traz o cinema nos olhos.

Fabio se encanta com os seios de Patrizia, jamais se esqueceu do traficante que passou por ele em aventura no mar (e se fizeram amigos), da primeira vez que viu filmagem ao vivo (homem descendo dos céus de Nápoles, à noite, de cabeça para baixo), da mesma cena mimetizada na tela do cinema, da performance da atriz interpretando clássico grego, da avó de olhos fechados que sabe estar sendo observada e, principalmente, daquilo que ele foi impedido de ver.

Não importa a imagem, o olhar de Fabio é de alguém embasbacado ante a visão. Importante é o fascínio que a imagem (seja qual for) exerce sobre ele ou sobre qualquer pessoa em busca de si mesmo. Ocorre que grande parte das pessoas jamais experimentou semelhante estado de espírito. Por isso, o aguçado olhar de Fabio se torna tão significativo.

Não foi acaso, portanto, que tal experiência sensorial memorialista tenha se transformado em belo filme.

* Publicado no site Hora Campinas em 2022

O EXPLÍCITO E O

ESCONDIDO DE *MADALENA**

Impossível não notar o avestruz, animal de pernas e pescoço longos e corpo grande e desengonçado – mas inteligente. Na mesma plantação onde se alimenta, ele se oculta e esconde ovos que preservarão a espécie. Esta metáfora é uma leitura possível de *Madalena* (Brasil, 2021, 1h21 min), de Madiano Marcheti.

O uso da figura de linguagem mostra a intenção acertada do diretor em revelar e, no contraponto, dissimular. No exercício dessa tensão, ele sugere que a exuberância das imagens mascara as sombras, jeito elegante de denunciar a sujeira que não aparece porque está debaixo do tapete.

No jogo de esconde, ouve-se apenas a voz (e uma vez) do poderoso dono das terras, espécie de pai-patrão que não admite contestação – nem do filho. Da mulher, candidata a senadora que defenderá interesses dele no congresso, sabe-se só o nome. A protagonista desapareceu e quem encontra um corpo escondido no meio da plantação de soja é o inseguro filho do dono.

A plantação é o grande elemento de exposição da narrativa e o modo de o espectador se conectar com a realidade desconhecida. Contudo, ela camufla insolúveis problemas, que vão do desmatamento ao abismo social da cidade dividida entre condomínios luxuosos e bairros de casas populares, todas iguais, sem personalidade, infraestrutura, árvores, áreas de lazer, parques e rios.

A frase-síntese vem da personagem que acorda em viagem de carro e diz: "parece que a gente está no mesmo lugar". O mesmo campo verde forrado de soja e o mesmo céu azul, onde, dizem, se escondem objetos voadores não identificados.

Em meio à atmosfera carregada o diretor compõem cenário bonito de cores e conformações valorizado pela fotografia de Guilherme Tostes e Tiago Rios e escolhe belos planos abertos sobre os campos, em composição com o céu, e plongée para a casa rica vista de cima no condomínio. E, em meio a esse admirável mundo novo erigido sobre escombros da floresta, Marcheti busca resquícios do paraíso perdido.

Quando, no computador da amiga Madalena desaparecida, Luziane (Natália Mazarim) ouve Tetê Spindola se lamentar na melancólica *Piraretã*, ela evoca o Pantanal do passado, emblema do Mato Grosso.

O filho do dono, Cristiano (Rafael de Bona), se mobiliza (e se sente ameaçado) ante o drama do corpo escondido porque pensa no futuro (ele será o dono, talvez, melhor que o pai insensível e a mãe encantada com veleidades políticas). Quando Bianca (Pamella Yule) encontra oásis em meio à plantação, mata cortada por rio caudaloso, onde, junto com duas amigas se estabelece inesperada comunhão, vislumbra-se o presente possível.

O roteiro de oito mãos (diretor, Thiago Gallego, Thiago Ortman e Tiago Coelho) se estrutura sobre diálogos curtos e secos, enquanto as músicas incidentais da trilha de Junior Marcheti acentuam a atmosfera de suspense; afinal, alguém desapareceu.

E por que o roteiro não tenta descobrir o responsável? Porque na "solidão dos campos de soja" tudo é escamoteado (fazer algo desaparecer sem ninguém perceber). Do corpo escondido, dos meninos ricos exibindo motos envenenadas, das garotas de programa que sonham dias melhores, dos rapazes (ricos) bombados à base de droga, da música sertaneja mercadológica, das máquinas agrícolas que ostentam poder, dos drones que tudo veem e daqueles que matam e ninguém vê.

O que o roteiro faz é se perguntar: quem, no país campeão de assassinatos de pessoas transexuais e travestis, se preocuparia em desvendar o crime? O preconceito internalizado pode até passar despercebido, mas matar é crime e ninguém pode ser morto por ser transexual. Não se trata de concordância (ou opinião), mas de humanidade.

A referência à peça *Na Solidão dos Campos de Algodão*, de Bernard-Marie Koltès, sobre dois perdidos (ocultos) na noite suja da grande cidade, não soa gratuita, com a diferença que, na peça, pode-se trafegar pela poética sugerida no título.

Madalena também tangencia a poética, a despeito da tragédia. No país que aprendeu a se esconder (ou escamotear), a belíssima oferenda de Bianca no oásis do rio serve como ritual de renascimento do verde da mata, da água corrente límpida do rio e de todas as pessoas e de todos os bichos. Até do avestruz que nunca, antes, precisou se alimentar nem esconder ovos na solidão dos campos de soja.

* Publicado no site Hora Campinas em 2022

MISTÉRIOS MOVEM A
*FILHA PERDIDA**

Interessados em spoilers discordarão, mas o modo de contar uma história pode ser mais importante que a própria história. Conhecer ou desconhecer a trama e o destino dos personagens é (quase sempre) irrelevante. Sabemos de cor os passos de Romeu e Julieta, mas insistimos em ver montagens da peça por causa da brilhante escrita do autor e porque atrai-nos descobrir que releitura do velho texto fará o diretor.

Este princípio surge cristalino em *A Filha Perdida* (The Lost Daughter, EUA, 2021, 121 min.), bem-sucedida estreia da atriz norte-americana Maggie Gyllenhaal na direção. Intriga qual o significado da boneca desaparecida? Ou a razão daquela família em férias ser descrita como má, segundo Will (o irlandês Paul Mescal)? E quem é a filha perdida? E o que dizer do desfecho enigmático?

O roteiro dá pistas, mas não responde a nenhuma destas questões; elas podem ser respondidas de acordo com o gosto interpretativo do espectador. E o filme seduz, precisamente, por esta razão.

Trata-se de ótima história, o que parece contradição com o princípio enunciado acima. Sim, pesa positivamente ter boa história em mãos, mas o diretor precisa ter talento para fazer a devida leitura. Não por acaso, há filmes de qualidade baseados em livros ruins e produções de poucos méritos que desperdiçam atraentes histórias.

O que Maggie soube agregar no modo dela de contar a história é a atmosfera de mistério. A começar da enigmática cena inicial. Em seguida, vem o encontro de Leda (Olivia Colman) com Lyle (Ed Harris), dono da casa na cidade grega onde ela passará férias. Há algo estranho no ar, que inicia com a insistência dele em contrariá-la e ligar o ar-condicionado do quarto.

O mesmo se dá com Will. A conversa durante um jantar é rica por conta de Leda, professora universitária de literatura comparada. Mas ele carrega um poço de mistérios. Se a tal família é má, por que ele se envolve com uma das integrantes dela? E por que sabemos tão pouco dele?

As questões só aumentam. Por que Nina (a norte-americana Dakota Johnson), mãe da garota que se perde, manifesta atração por Leda? Em dado momento, toca-lhe o rosto em gesto de evidente erotismo. E qual terá sido o destino de Bianca, filha de Leda, personagem de poucas cenas, mas onipresente?

Tais perguntas se espalham pelas diversas camadas que compõem o filme. E a falta de respostas acerca dos desfechos em nada atrapalha a narrativa, pelo contrário, agrega. Este é, afinal, o filme: mistérios que envolvem personagens instigantes.

Assim, torna-se mais relevante entender como se constrói a atmosfera de mistério, característica principal do filme, do que saber a sinopse. Começa no impecável roteiro da própria diretora a partir do livro homônimo de Elena Ferrante. Nem sempre o melhor roteiro nasce nas mãos do diretor; neste caso, Maggie tem domínio da narrativa porque concebeu o filme – aliás, ousada, criou final distinto do livro.

E as escolhas dela foram acertadíssimas: o olhar sobre a história e a ambientação e a encenação desde quando Leda chega ao lugar de veraneio – destaque para os mágicos instantes de observação e interação da personagem, na praia, que remetem a Gustav von Aschenbach, de *Morte em Veneza* (Luchino Visconti, 1971).

Maggie não tem domínio sobre a edição, mas o filme nos revela que o editor teve em mãos rico acervo de takes para trabalhar – fruto das escolhas dela. Por fim, a direção de atores, funções tratadas com segurança e esmero.

E a diretora pode se sentir afortunada por ter em mãos elenco tão precioso, no qual brilham duas atrizes. A excepcional Olivia Colman fascina em cada olhar, gesto, expressão, pausa, movimento, respiro. Um prazer vê-la atuando – como se brincasse.

Como desperta prazer assistir à cantora irlandesa Jessie Buckley interpretar o difícil papel de Leda jovem porque, em tese, necessita criar a personagem e entregá-la a Olivia. E ela o faz com precisão, como na cena de apresentação do trabalho acadêmico: meticulosos movimentos construídos de filigranas (sutis olhares, esboço de sorrisos) que se tornam grandiosos.

Por trás de tudo, inquieta-nos a camada essencial do filme: a maternidade, geração da vida e particularidade feminina por excelência. Na natureza dela, trata-se de evento prosaico, mas de complexidade magnificente em seu significado amplo e inesgotável. Não surpreende que para abordar o tema de modo eficiente, o mistério tenha sido usado como artimanha.

* Publicado no site Hora Campinas em 2022

PARA QUEM GOSTA DE CINEMA*

Woody Allen estreia novo filme no Brasil fazendo o que sempre fez: humor inteligente, comédia para divertir (quase nunca para gargalhar), proposição de dilemas sobre o quais a história gira e citação de ídolos da arte, do cinema, da literatura e da música, pouco se importando quando o chamam de repetitivo e, pior, quando, moralista e demagogicamente, criticam a vida pessoal dele.

Repetitivo? Ouçam Bach – referência absoluta na música. Como não se repetir em mil composições? O que importa é o conjunto e o apuro. Ao fim, permanecem as grandes obras. E Allen coleciona umas quantas delas.

Vida pessoal? Vivemos, hoje, o mundo do julgamento, no qual todos apontam dedos para o outro – nunca para si mesmos. O modo como Allen lida com as próprias neuroses não nos diz respeito; a obra dele, na condição de artista, sim.

O Festival do Amor (Rifkin's Festival, EUA/Espanha/Itália, 2021, 88 min.) não é uma grande obra. Talvez se destaque entre os filmes baseados em cidades sobre as quais o cineasta tem se dedicado nos últimos anos por conta da ausência de financiamento de estúdios para produções dele.

Aos 86 anos, o longa serve de alento ao espectador que substitui com prazer efeitos especiais de última geração pelas sequências singelas que surgem nos sonhos de Mort Rifkin (Wallace Shawn). O protagonista reinventa a vida evocando cenas de *Jules et Jim* (François Truffaut, 1962), de *Acossado* (Jean-Luc Godard, 1960) ou de *O Sétimo Selo* (Ingmar Bergman, 1967), entre outros.

Estabelecer conexões com tais obra e modificá-las (no filme de Bergman, ele se encontra com morte, interpretada por Christoph Waltz) evidencia a inteligência e a graça do cineasta muitas vezes taxado pelo simplista sinônimo de "chato".

Ademais, ante a poderosa imagem, marca do cinema, Allen não esconde a palavra, antes, a compõe e a complementa. Isto vale mais do que os bilhões gastos com efeitos que envelhecem no exato momento da primeira exibição deles na tela. E, afinal, não somos robôs nem super-heróis. Somos humanos e os sentimentos são nossa identidade.

Engana quem considera saudosista tal postura. O filme nada tem do ranço contido na palavra explicitada no lamento "oh, como era verde meu vale", como se só existissem coisas boas no passado e o presente fosse lixo completo.

O filme acompanha as peripécias da mulher do hipocondríaco Mort, Sue (Gina Gershon), nos afazeres de assessora de imprensa no festival. Ela se encanta pelo jovem cineasta francês, Philippe (Louis Garrel), e coloca juventude e velhice em confronto. O próprio, Mort, enciumado, repete o movimento da mulher ao se ligar à atormentada, linda e jovem médica espanhola, Jo Rogers (Elena Anaya).

Como se vê, não se trata de mero exercício de saudosismo, mas de ilustrar manifestações do comportamento cotidiano, como baixo autoestima, morte, separações, decepções etc. Ou seja, o comezinho de todos nós.

Quando evoca o grande cinema europeu do passado (exceção de *Cidadão Kane*, de Orson Welles, 1941), Woody Allen oferece referências com belas e significativas imagens que despertam sentimentos. Isto é cinema: conjunto de imagens (e palavras) postas em movimento com o objetivo de nos emocionar.

Elas destacam, criticam, ironizam, incensam, sensibilizam e simbolizam traços disto que somos: humanos dotados de dores e alegrias, desejos e frustrações, fantasias e realidades. Nelas estão concentradas memórias, DNA, ancestralidade.

O cinema contemporâneo, em contraposição, não esquece tais manifestações imagéticas, desde que tragam lucro. Em que pese ser bem-feito e ter qualidades, é um cinema essencialmente comercial e que se coloca como única alternativa – o cineasta francês Philippe encarna o legítimo representante dessa tendência.

Aos mais jovens, as referências ao passado parecerão aborrecidas, até porque se faz necessário cultura cinematográfica. Quem sabe, Allen aposte no desafio de, por meio do filme, levar o espectador a se interessar por tais referências.

Mas não é preciso ser cinéfilo para apreciar *O Festival do Amor*. Basta sensibilidade e gostar de cinema. Basta ser humano com todas as contradições próprias do ser humano.

* Publicado no site Hora Campinas em 2021

ALMODÓVAR SE CONSOLIDA

HARMÔNICO E SOLENE*

Há muito (desde *Tudo sobre Minha Mãe*, 1999), Pedro Almodóvar iniciou lento e consistente amadurecimento técnico e estético. *Mães Paralelas* (Madres Paralelas, Espanha, 2021, 2h05) é a mais completa tradução dessa evolução do cineasta espanhol.

Natural seria, também, o crescimento artístico. E houve. Vê-se com idêntico prazer o delicioso *Ata-me*, de 1989, e o comovente *Mães Paralelas* porque ambos foram gerados pelo mesmo talentoso artista. Neste, porém, observa-se nítido aperfeiçoamento desse talento.

Nos primeiros filmes, as "cores de Almodóvar" (como Adriana Calcanhoto canta esta característica do cineasta em *Esquadros*) explodiam escancaradas e berrantes na tela.

Em *Madres Paralelas*, elas continuam vibrantes; porém, harmoniosas, melhor trabalhadas junto à direção de arte e à fotografia. Mesmo nas cenas finais, de contexto trágico, as cores se destacam; porém, são solenes e respeitosas.

As atuações também mudaram. Se, antes, o diretor apostava em tipos e resvalava no performático; hoje, seus atores e atrizes constroem personagens e atuam. Rossy de Palma rouba a cena em *Mulheres à Beira de um Ataque de Nervos* (1988) ao compor um tipo exótico (para nós). Os anos lhe marcaram o corpo e, no filme, como Elena, melhor amiga de Janis (Penélope Cruz), ela se sustenta com nuances próprias de personagem.

E Penélope não está indicada ao Oscar de 2022 por acaso. Ela tem papéis importantes na filmografia de Almodóvar, como *Volver* (2006) e *Dor e Glória* (2019); porém, aos poucos, a atriz trocou a postura de mulher exuberante, que causa impacto, pela doação crível à personagem que interpreta.

E, mais significativo, Almodóvar sempre pareceu usar filmes como palco de provocação. Não lhe importava a bizarrice do tema (*Fale com Ela*, 2002, por exemplo) ou cenas ousadas (*Lei do Desejo*, 1986). Ele confiava na capacidade de, independentemente do assunto, conquistar a empatia do público.

Em *Mães Paralelas*, ele se acerca das provocações, na relação entre Janis e Ana (Milena Smit), como se reiterasse o que se lê na abertura: "um filme de Almodóvar". Entretanto, ele vai além ao assumir papel social e histórico de personalidade artística do país dele e recorre ao triste episódio da guerra civil espanhola como base narrativa, simbolizando gesto de gratidão às gerações passadas e de compromisso com as novas.

Para tanto, insere no roteiro a montagem da peça *Dona Rosinha – A Solteira*, de Federico García Lorca, morto em 1936 pelo regime franquista e, na qual, Teresa (Aitana Sánchez-Gijón), mãe de Ana, interpreta a personagem-título. Não se trata apenas de evocar as habilidades do poeta e dramaturgo, mas trazê-lo à memória para ser lembrado e reverenciado pelo público atual.

Lorca serve de fundamento ao roteiro que narra episódio de familiares de Janis, também mortos sob a ditadura de Franco. Mais que desenterrar ossos, Almodóvar revisita e revisa a história, demonstração de um diretor amadurecido e tão instigante como quando começou.

Contudo, entre as muitas voltas das duas personagens principais e com sinais de provocação aqui e ali, como quem quer deixar a marca bem patente, ele insere Arturo (Israel Elejalde) para cumprir o mais convencional dos relacionamentos. E não há mal algum nessa postura. A maioria das relações humanas é convencional.

Mas, pode ser que, se continuar filmando (certamente, ocorrerá), ele comece a perseguir apenas a perfeição técnica, estética e artística porque, afinal, provocação se adequa melhor às rebeldias, quase sempre sem causas, próprias da juventude.

Na maturidade física, o excepcional diretor parece mais interessado na arte pura e simples. Trafegando pelo gênero no qual se sente mais confortável, o melodrama, e embalado pela beleza da trilha de Alberto Iglesias (também indicada ao Oscar de 2022), ele constrói *Mães Paralelas* sobre alguns dos mais nobres sentimentos humanos: apreço pela maternidade demonstrado por Janis e Ana, generosidade de Janis e compromisso dele próprio com a história.

Lorca, assim como as famílias e respectivas narrativas representadas neste resgate histórico, se sentiria profundamente grato por receber como tributo um filme tão bonito e tão bom.

PS Esta crítica gerou convite para uma Live sobre o filme, organizada pela Sociedade Brasileira de Psicanálise, em Campinas. O texto "Pequeno estudo sobre *Mães Paralelas*" abre *Quase Ensaio,* o capítulo 3 deste livro.

* Publicado no site Hora Campinas em 2022

GLAMOUR E A DECADÊNCIA
DE UM CINEMA*

Trata-se de uma façanha do roteirista e diretor Ricardo Calil colocar como protagonista de *Cine Marrocos* (Brasil, 2021, 75 min.), pessoas que perderam (ou nunca tiveram) representação social, os chamados marginalizados, sem tratá-los, de um lado, como vítimas e, de outro, como bandidos.

Calil consegue com criatividade e a partir da concepção híbrida, que mistura documentário com ficção, encontrar beleza em meio ao caos e imprimir ao filme inesperado registro lírico.

Não bastassem estas qualidades o espectador vai descobrindo outras camadas. Poderia ser visto como mero exercício de cinéfilo, ou filme saudosista empenhado em preservar o espírito da romântica época do cinema de rua.

O diretor toca estas questões e agrega outras em tom de denúncia, mesmo sem se utilizar de velhos discursos, e expõe a inabilidade e o desinteresse da sociedade em enfrentar o drama dos sem-teto e dos refugiados, e de questionar o poderio do estado representado da força assustadora da polícia.

Ou, de como vivemos em admirável mundo conduzido pela alta tecnologia, mas perdemos (ou nunca tivemos) a capacidade de nos sensibilizar com histórias de despossuídos que são tão próximas às nossas; afinal, são seres humanos, lutando pelo direito de viver e sonhar.

Calil ilustra a narrativa com a canção de exílio *Nine out of Ten,* do álbum *Transa*, de um Caetano Veloso vagando pelas ruas de Londres no início dos anos 1970, e que sintetiza as emoções do filme. O cinema está impregnado na letra ("nove entre dez estrelas de cinema me fazem chorar") enquanto lança um grito de resistência: "estou vivo".

Com este poderoso achado narrativo, o diretor revela o lado rejeitado da grande cidade de São Paulo – o centro pobre, feio e marginal – e, entretanto, riquíssimo dramaturgicamente, pois são histórias reais desprovidas de filtros.

Quem viveu na capital paulista, ou a conheceu a partir dos anos 1950, provavelmente, frequentou o imponente Cine Marrocos, da rua Conselheiro Crispiniano, localizado na parte posterior do Teatro Municipal. Ele se tornou referência da cidade e chegou a sediar festival internacional de cinema, no qual compareceram figuras ilustres de Hollywood.

Transformado em cine pornô, acabou fechado e abandonado. Moradores de rua decidiram invadi-lo e ele virou edifício residencial. Segundo um depoimento, chegou a ter três mil moradores vindos de todos os lugares do Brasil e de 17 países, entre eles, pessoas da Ilha da Madeira, do Congo e Senegal.

Não por acaso, o português do Brasil se mistura ao de Portugal e ao inglês e francês, ressaltando o multiculturismo de uma comunidade de pessoas que perderam tudo e só lhes restou a própria história e a cultura como riquezas.

Na cena que abre o filme, vemos a grande sala tomada pelas cadeiras sujas e quebradas dentro um ambiente escuro. É desse caos que Calil constrói seu filme e, de cara, propõe aos moradores, realizar oficina de interpretação. Aparecem cerca de vinte pessoas que recebem preparação para encenar passagens dos filmes antigos exibidos no cinema.

As representações dão vida ao cinema porque vêm antecedidas das exibições dos filmes que fizeram sucesso no passado glamuroso do Marrocos e porque servem de simbólico resgate da história e da dignidade daqueles personagens.

Do jornalista que fugiu da violência nascida dentro do palácio do governo no Congo, da mulher saudosa dos filhos que deixou na Ilha da Madeira, da brasileira orgulhosa da academia da qual foi dona e que, ao encenar *Crepúsculos dos Deuses*, sonha retornar à antiga vida; do refugiado que emula Marlon Brando, de *Júlio César*, e transforma o texto de Shakespeare em rap.

Cine Marrocos poderia, politicamente, receder ao mofo que se vê nas primeiras imagens. Entretanto, Ricardo Calil transformou as pautas do filme em discurso político sem ranços e alcançou uma contundência que gera comoção, mas deveria, também, provocar reação. Incompreensível que em um país tido como rico e moldado em princípios cristãos seja tão passivo ante o indigno que as cenas reais do desfecho nos jogam na cara.

* Publicado no site Hora Campinas em 2021

ARTE SUSCITA PRAZER NO DOLORIDO *MEU PAI**

Expulsos do paraíso, homem e mulher foram condenados a sofrer dores, obter sustento com fadiga, encarar caminhos de pedras e espinhos e morrer. Para amenizar, Deus dotou-os da capacidade de produzir arte e, tanto criadores quanto apreciadores, foram tomados de tamanho encantamento que lhes pareceu ter retornado ao paraíso perdido. A arte lhes ensinou (desde que despojados do racional e do apego ao conhecimento) a se identificar com o outro, se enlevar, edificar, comover e tangenciar a nobreza.

Somente ela, a mais sofisticada expressão humana, nos faz aproximar com prazer de um drama com tanta crueza e sofrimento como *Meu Pai* (The Father, Inglaterra/França, 2020, 97 min.), de Florian Zeller. Referendado por seis indicações ao Oscar, o crítico debruça-se sobre ele e, ao fim da tarefa de análise, recomendará ao espectador que assista nas horas de lazer – como se fosse entretenimento – a um filme áspero e dolorido.

Arte pode ser diversão. E, até, reflexão. Ou prazer. Quando deparamos com o protagonista Anthony (Anthony Hopkins) nos identificamos com a dor – porque somos iguais na dor. Ele pode ser nós mesmos, nossa mãe (pai), tia (tio), irmã (irmão). Assim é desde quando os gregos se reuniam em arenas para assistir às tragédias e atingiam a catarse, o derramamento da alma (acompanhado do pranto), a limpeza e a purificação.

Se não se interessa pela identificação com a dor, desfrute do prazer de ver Hopkins atuar. Ele faz parte da escola britânica dos grandes atores. Em Hollywood, em alguns momentos, se deu o direito de ligar o automático, mas retorna em papel memorável de absoluta entrega: trabalho corporal minucioso, gestos, expressões, olhares, intenções e entonação da voz a serviço de atuação trágica e doce, generosa e comovente – o que lhe garantiu o segundo e merecidíssimo Oscar da carreira.

Ou, no papel de clínico da arte, avalie o roteiro incomum comparado àqueles que narram histórias de enfermidades no cinema. Não por acaso, vem do teatro. A deferência se justifica porque o roteiro, uma vez transformado em filme, deixa de existir e muitas são as cabeças que o definem: diretor, editor, produtor. A peça teatral existirá sempre porque foi escrita como obra literária e a originalidade lhe concede eternidade – mesmo com as visões particulares de cada montagem.

E o adaptador de *Meu Pai* para o cinema é o próprio autor da peça. Texto repleto de nuances, armadilhas, justaposições, pontos de vistas diversos que embaralham a percepção do espectador e o levam a questionar a verdade de cada personagem. Ao tratar o tema da demência do pai, a que se refere o título, o texto coloca em cheque as intenções dos personagens. A carpintaria exige nossa razão; a história trágica mexe com as emoções.

Também é prazeroso acompanhar Anne (Olivia Colman) e sua composição de filha amorosa que resolve dar rumo novo à vida. Humanos propensos ao julgamento que somos, questionamos a decisão dela. Terá assumido a nova vida ou se trata de avaliação do pai no processo de decadência da mente? São questões que enriquecem o filme e nos permitem mergulhar no universo rico e assustador das relações e da mente humana.

E há outros elementos a aguçar nosso senso estético, como a narrativa incomum que exigiu edição criativa e atenta às intenções do texto. A direção, que conhecia bem os meandros, optou corretamente por contar a história com a delicadeza que ela solicitava. A direção de arte, as locações, e as citações (de um quadro, da filha ausente ou da mãe) que não são meros adornos, pois estão a serviço de tratamento rigoroso no qual nenhum detalhe escapa.

Quando a catarse nos desmonta na inesquecível cena final de Anthony Hopkins, fica claro que estamos diante de um filme pouco palatável para quem prefere o cinema apenas para entreter-se. Contudo, quem está disponível para acessar emoções mais profundas descobre o prazer que os primeiros humanos tiveram quando se viram dotados da capacidade de fazer ou de apreciar arte.

* Publicado no site Hora Campinas em 2021

PANTERA NEGRA
HOMENAGEIA BOSEMAN*

Para quem não desfruta de intimidade (que é o caso) com o universo de *Pantera Negra: Wakanda Para Sempre* (Black Panther: Wakanda Forever, EUA. 2022, aventura, 2h41 min.), de Ryan Coogler, a primeira impressão é a de que os produtores/diretor fizeram a coisa certa.

Comecemos pela trilha. No lugar da música grandiosa e onipresente, mas anódina que marcou os blockbusters nos últimos muitos anos, em especial produções de super-heróis, o trabalho do sueco Ludwig Göransson se revela exemplar na trilha propriamente dita, usada para sublinhar passagens importantes da narrativa (como deve ser) e composta de melodias e execuções contidas e bonitas.

Mas, além disso, incluiu músicas específicas, quase sempre cantadas, para marcar instantes decisivos. Caso de *Arboles Bajo el Mar* (Vivir Quintana e Mare Advertencia), majestosa composição xamânica que marca o encontro de Riri (Dominique Thorne) com anciã mexicana. Há outras dezoito, mas, como registro, destaque-se o belo rap *Interlude* (Stormzy), *Coming Back for You* (Fireboy DML) e, da não menos cativante, *Lift me Up*, interpretada por Rihanna, e que fecha o filme.

A seleção abarca ritmos, sons, batidas, instrumentações e musicalidade de lugares distintos do planeta, que acaba por resumir a dimensão de diversidade a que o filme se propõe.

E o elenco espelha essa diversidade reunindo atores negros (a maioria) e brancos, e personagens de nacionalidades procedentes de lugares reais, como México, Haiti e Ilha da Madeira, a ficcionais, como o país descrito no título do filme, além de Atlantis, localizada nas profundezas do mar. E, claro, há exercício constante de idiomas habituais e poucos conhecidos junto a dialetos característicos.

No passado, os cinemas locais olhavam para si mesmos em constante busca pelo entendimento cultural próprio. Porém, na condição de império, os Estados Unidos estabeleceram um cinema hegemônico e espalharam a cultura norte-americana pelo mundo.

Porém, para continuar dominante, tiveram de se adaptar ao princípio de que existem muitas culturas e nenhuma é maior ou melhor que a outra. E, a fim de atender demandas do mundo global, descobriram a necessidade dar atenção a vozes, tons, sotaques, sons, cores, modos e procedências de todos os lados.

Pantera Negra: Wakanda Para Sempre representa essa hegemonia, pois congrega inúmeras diferenças culturais pautadas pela abrangência, diversidade e arejamento. Mas, apesar da "benevolência", no campo cultural, a chamada América continua a pensar no dinheiro vindo das produções milionárias e, no político-econômico, e segue ambiciosa por conquistar riquezas materiais localizadas no quintal alheio.

Entretanto, o relevante não é o dinheiro auferido, mas a percepção de que eles não são únicos nem autossuficientes o bastante – daí, entenderam que no quintal do outro do referido mundo global há, sim, recursos econômicos e políticos, mas, também, enorme riqueza cultural.

O roteiro do próprio diretor com Joe Robert Cole ratifica essa noção ao revelar os três espaços onde se dão as ações. De um lado, o império capitalista branco interessado em explorar o vibranium, o metal mais forte do mundo.

De outro, Wakanda, até então comandado por T'Challa (o ator Chadwick Boseman, que morreu de câncer em 2020) e, agora, liderado pelas mulheres Ramonda (Angela Bassett) e Shuri (Letitia Wright) – esposa e irmã dele. E, por fim, Atlantis, comandada pelo rei Namor (Tenoch Huerta).

Não se nota ousadias nesse roteiro porque ele cumpre um padrão da produção do gênero, mas concretiza bem o papel de colocar em oposição as três dimensões da história e, mesmo, previsíveis, cria bons conflitos e satisfatórios desfechos.

A direção, sim, se destaca por ser comedida no uso do efeito especial – quase sempre maior e mais imponente que o próprio filme em produções do gênero. Claro que há muitos efeitos, mas eles estão a serviço da narrativa, enquanto a cinematografia de Autumn Durald empresta beleza a momentos apropriados e emoldura instantes solenes – caso do citado encontro de Riri com a anciã mexicana.

Somados todos estes ingredientes, não se pode esquecer, obviamente, que o filme se presta a merecida homenagem a Chadwick Boseman, marcada por emocionante ritual funerário na abertura e por final clássico quando o assunto é cinema de super-heróis: sim, haverá continuação. Chadwick Boseman deve ter curtido.

* Publicado no site Hora Campinas em 2022

A VIDA EM NEON DE

*DEPOIS DO UNIVERSO**

Neon é um gás nobre de tom roxo-alaranjado abundante no universo e usado em tubos luminosos, sinalização e publicidade, segundo a Wikipédia. No cinema, pode ser aplicado no sentido figurativo quando se tem a intenção de soar falso, brega ou irreal. Se a vida fosse descrita em neon, ela seria como *Depois do Universo* (Brasil, 2022, drama, 127 min.), de Diego Freitas.

Não poderia ser mais irreal o filme que chegou ao top dez em 40 países na plataforma de streaming Netflix. Trata-se de um apanhado inacreditável de clichês. Se fosse obra musical, seria como se o autor juntasse pedaços de composições em uma partitura – numa espécie de música-Frankenstein.

O filme amarra ideias, imagens, sequências, frases e soluções de cenas que cansamos de ver na tela grande – com a diferença de que são emolduradas com neon.

Quando aparece o principal espaço de concerto do país (e um dos melhores do mundo), a Sala São Paulo, parece que estamos em Milão, Paris ou Berlim – ninguém dirá que a sala (nascida com o quase fim das estradas ferroviárias, a Estação Júlio Prestes, magnífico edifício da capital) convive em desarmonia com a Cracolândia, um dos lugares mais tristes do mundo.

E vemos a belíssima Estação da Luz e o Teatro Municipal, o prédio do hospital onde trabalha o "mocinho", o médico Gabriel (Henrique Zaga), o estúdio onde a pianista Nina (Giulia Be) ensaia, o lugar onde ela faz hemodiálise e até a periferia onde mora e nas externas (jardins, ruas): tudo desenhado com cores de neon, que dão ao filme a sensação fake da vida. É outro mundo, diferente daquele que conhecemos.

E, sendo pianista, Nina irá tocar música clássica e o que se ouve são pérolas do standard (bonitas, claro, mas batidas) de Chopin, Beethoven etc, que qualquer ouvido, mesmo os menos atentos, já escutou – como se o filme tivesse a proposta de apresentar música erudita (popular) para povo.

O roteiro do diretor e de Ana Reber não foge à lógica. Trata-se de colcha de retalhos citados de outros filmes, seja o anticlímax de dizer que não passou no concurso, mas passou; seja porque Gabriel é otimista 24 horas contra a pessimista Nina e tira soluções de todas as cartolas; seja porque o tal médico é lindo, anjo de bondade, fino, educado, liberal (mora com rapaz gay) e tem problemas com o pai (João Miguel).

Com um detalhe: o espectador nem precisa temer o spoiler porque o desfecho está delineado desde o início. Reconheça-se, no entanto, que mesmo trabalhando com obviedades do manual do roteiro, não é fácil alinhavar tudo e lhe dar unidade. Pois o roteiro tem essa qualidade, a começar pelo bom prólogo – se perde no final quando tenta encerrar o filme umas quantas vezes e não consegue.

Alguém o comparou com *A Culpa é das Estrelas*. Há evidente consonância com o longa de Josh Boone (2014), e não só porque estrelinhas aparecem aqui e ali, mas pela similaridade com o título. Ocorre que o título, baseado no best-seller de John Green se inspira no monólogo de Júlio César, na peça homônima de Shakespeare – citação sempre bem-vinda. Mas o brasileiro cita a citação e se torna, perto do dramaturgo inglês, pretensioso e passa do ponto.

Não é pecado fantasiar a vida. A dramaturgia pertence a categoria de que tudo cabe, pois, nela, inventamos, poetizamos, sonhamos. O problema de *Depois do Universo* é o modo de conduzir a realidade de uma garota com lúpus (doença autoimune que ataca várias partes do corpo), a profissão dela, o tratamento e as condições adversas em tom de romance adolescente em que tudo dá (quase) certo.

O teor dessa história é melodramático ao estilo das novelas mexicanas (e longe dos melodramas de Pedro Almodóvar, mestre na área), em que tudo é over: da bondade de Gabriel ao desfecho no qual se propõe a falar sobre tragédia.

Em *Tudo sobre minha Mãe* (Almodóvar, 1999), Manuela (Cecilia Roth) perde o filho em acidente e tem de decidir se doa ou não os órgãos do rapaz – ela chorando sobre o corpo do menino jogado no asfalto e gritando "hijo, hijo mio" é de cortar os pulsos. Aquilo é tragédia pura, marcada pela dor, lágrimas e sofrimento.

Uma coisa é a dor da tragédia real, inescapável e que não se ameniza, presente no nosso dia-a-dia. Outra é simular a tragédia (algumas cenas de dor ao final de *Depois do Universo* são afronta ao sofrimento) e, com medo de assumi-la, a transfere para o pantanoso terreno da fantasia. E, como se imagina, pintada de neon.

* Publicado no site Hora Campinas em 2022

NOSSO DESCONFORTO
ANTE WOODY ALLEN*

Woody Allen dirige desde meados da década de 1960 e está próximo de emplacar 70 filmes – alguns deles, obras-primas. O restante se divide entre muitas produções consideradas de alta qualidade e uma pequena incidência filmes tidos como ruins. O inigualável saldo da carreira do cineasta desperta, mesmo inconsciente, maus sentimentos em muita gente.

O recém-chegado ao Brasil *Um Dia de Chuva em Nova York* (EUA, 2019) exemplifica o desconforto que a proficuidade e o alto nível da produção de Woody Allen provoca, pois parte do público o repele por conta da turbulenta vida pessoal, a classe artística o pressiona (vários atores do elenco doaram o cachê recebido pelo trabalho para demonstrar publicamente que estão com 'as mãos limpas') e a crítica o desdenha acusando-o de ter se esgotado e que o filme mimetiza longas anteriores e nada de novo apresenta.

A massa, que inclui os artistas, age como massa e reverbera os pecados do ser humano Allen. Não se trata de justificá-los, pois são injustificáveis. Ocorre que, para julgar, é preciso estar imune a pecados – e ninguém está. Entretanto, as pedras foram lançadas e os acusadores nem sequer se preocuparam em olhar, primeiro, para dentro de si mesmos, antes de atirá-las e ainda incidiram em outro erro: misturaram obra com vida pessoal.

Quanto aos críticos, estes exigem algo que nem o próprio crítico consegue, ou seja, reinvenção a cada novo trabalho – o que não ocorre em nenhuma atividade. O escritor escreve livros similares, assim como o compositor (incluindo os geniais Mozart, Bach e Beethoven) trafega quase sempre pelas mesmas linhas – Bach que, com mais mil composições, obviamente, se repetiu e se copiou.

Porque subverteu o humor, tirou-o da banalidade peculiar e fugiu do grotesco, matéria-prima do chamado humor popular, e porque sobrevive há cinco décadas exercitando-se na sofisticação e inteligência (e se isso for considerado elitista, que seja) Woody Allen deveria ser recebido com tapete vermelho a cada novo filme.

Um Dia de Chuva em Nova York, sim, é verdade, tem tudo o que já vimos na extensa filmografia de Allen: Nova York, a aldeia dele, os atores que o encarnam, pequenas proposições de temas que, invariavelmente, resultam em conflitos (alguns poucos consistentes, como neste caso), odes a alguns de seus ídolos, inúmeras citações (aqui, excessivas), declarações explícitas de amor e, claro, o humor desconcertante (apesar de pouco afiado e nem sempre engraçado). Seria como se Bach estivesse apresentando novo prelúdio muito parecido com outro composto anos antes.

Talvez fosse desnecessário destacar o enredo pouco criativo e o desfecho preguiçoso, mas vamos a ele. O estudante Gatsby (Timothée Chalamet) e a namorada dele Ashleigh (Elle Fanning) vão fazer romântica viagem a Nova York. Ela leva consigo a tarefa de entrevistar para o jornal da universidade o famoso diretor de cinema Roland Pollard (Liev Schreiber). Deslumbrada, se perde em meio a tantas atrações da grande cidade, enquanto Gatsby encontra a irmã (Selena Gomez) de antiga namorada.

O que chama mesmo a atenção no filme é outro traço marcante da obra do cineasta e que só reforça a qualidade do humor dele: o toque de melancolia de alguém chamado de humorista – ele é mais que, apenas, humorista. Quando Gatsby, depois de passeio de charrete, adentra o Central Park a pé, sozinho, eis o melancólico Woody Allen dos grandes momentos – *Manhattan* (1979), *A Rosa Púrpura do Cairo* (1985), *Meia-Noite em Paris* (2011).

Naquele instante, o cineasta (persona) e o ser humano Allen revelam as próprias sombras, a ponte dele sobre águas turbulentas, o lado escuro de alguém tão controverso. E, nesse instante (para quem está disponível e receptivo), nos tornamos tão humanos quanto ele e sujeitos às mesmas paixões. Não tem o mesmo peso das obras citadas acima; trata-se de lampejo. Mas ali está o grande cineasta. E, para mim, vale o filme.

O que dizer do sujeito que escreve diálogos de um personagem que se desespera porque teme ser afetado pela expansão do universo? Por meio desse personagem de *Noivo Neurótico, Noiva Nervosa* (1977) Woody Allen transforma o conceito científico em graça enviesada e subverte o humor. Qualquer bobagem faz o animal homem rir. Allen gera desconcerto milésimos de segundos antes de provocar o riso. Nisto reside a genialidade dele.

Em futuro bem próximo não haverá o anual filme de Woody Allen. O público que o repele por questões morais poderá ficar em paz, finalmente, e parte dos críticos não precisará gastar energias para chamá-lo de repetitivo, pouco inspirado etc.

Meu antídoto contra o clichê é usar outro clichê. *Um Dia de Chuva em Nova York* está longe de mostrar um cineasta na melhor forma; contudo, retomando o que foi dito no início deste texto: o pior Woody Allen é melhor do que o muito que se vê nas telas do mundo.

* Publicado em 3/12/2019 no site campinas.com.br

ARREBATADOR MELODRAMA
DE AÏNOUZ*

Este texto sobre *A Vida Invisível* (Brasil/Alemanha, 2019), do cearense Karim Aïnouz, também poderia ser chamado de "a atração humana pelo mal". Ou, no seu reverso, "a capacidade humana de amar".

No filme, enquanto os homens se digladiam para perpetuar através do gene o poder mesquinho de macho alfa, gastam energias para proteger apenas a si próprios e objetivam ser donos do irrelevante mundo pensado unicamente para eles mesmos, as mulheres estabelecem laços e cultivam sonhos com base no amor, sentimento entendido por elas como o único capaz de trazer algum sentido à vida.

A premissa soa, em princípio, maniqueísta, pois coloca em confronto homens (o mal) e mulheres (o bem), como se não fossem igualmente humanos e sujeitos às paixões próprias dos humanos. Para fugir desse modo raso de olhar mundo, Karim remete ao romance *A Vida Invisível de Eurídice Gusmão*, da recifense Martha Batalha, e desenha o retrato de um tempo: os melancólicos anos 1950, nos quais a união entre homem e mulher era, no geral, campo de batalha onde o masculino (e a necessidade constante de reafirmação da virilidade) dava (todas) as cartas.

Quem conhece a obra de Karim sabe que ela se pavimenta a partir de temas espinhosos. Para citar dois exemplos, no magnífico *Madame Satã* (2002), com vigor e imponência ele concede a palavra a um negro gay dos anos 1930; em *O Céu de Suely* (2006), mulher que se sente oprimida em um lugarejo nordestino se liberta e, sozinha, viaja para o lugar mais longe possível que ela encontrou – no caso, Porto Alegre.

Em *A Vida Invisível*, o cineasta cearense faz um libelo em favor da mulher. Com um detalhe: jamais cai no panfleto. Ao contrário, o diretor trabalha sobre o belo roteiro de Murilo Hauser com tamanha delicadeza que, pela arte, transforma tudo aquilo que, no filme, é áspero, pedregoso e amargo em deleite – daí o adjetivo arrebatador do título.

Prazer, entre outros, de assistir à performance homogênea de elenco primoroso, do qual cito, apenas para exemplificar, os atores centrais: as protagonistas Carol Duarte e Julia Sockler, passando por Maria Manoella, atriz maravilhosa que aproveita pequeno papel para brilhar intensamente, os dois principais personagens homens (Gregório Duvivier e o português António Fonseca), a também portuguesa Flávia Gusmão e a brasileira Bárbara Santos.

Destaque também para a belíssima trilha sonora do alemão Benedickt Schiefer composta no tom correto sem acentuar o dramático, porque este fala por si só, e para a atmosfera (alma de um filme) criada pelo diretor ao nos transportar para o Rio de Janeiro de cerca de 70 anos atrás e que em alguns momentos beira filme de terror. "Estou com medo", declara Eurídice logo depois de saber que estava grávida de bebê indesejado.

E Karim ainda acrescenta uma preciosidade. Ninguém que conhece a arte da interpretação se surpreenderia, a estas alturas, com a performance de Fernanda Montenegro. Pois esta mulher iluminada tem no pouco tempo disponível uma entrada fulgurante – prêmio que ela se dá, e generosamente compartilha com o espectador, neste 2019 no qual completou 90 anos

Estamos no pós-guerra, final dos anos 1940, começo dos 1950, tempo simbólico de reconstrução. Entretanto, o conflito de *A Vida Invisível* se dá como consequência do regime patriarcal e todas as restrições comportamentais próprias, a rigidez dos costumes e a rudeza do homem no trato com a mulher.

Guida, filha de conservador casal português, se mete em aventura, retorna grávida à casa e é expulsa sem direito à indulgência. Por conta disso, se separa da querida irmã Eurídice, exímia pianista que sonha estudar em Viena, apesar da oposição do pai e do marido. O inferno das duas irmãs, que poderia ser o mundo hostil e suas armadilhas, está dentro de casa, o suposto lugar da união e do afeto.

No citado *Madame Satã*, Karim exercitou linguagem criando ambiente claustrofóbico usando a câmera em constantes planos fechados. Agora, ele evoca novamente à simbólica falta de ar e de espaço das personagens protagonistas, mas, em contraposição, trabalha com planos mais amplos, especialmente quando quer acentuar o cenário da então capital brasileira, e recorre a narrativa mais clássica, adequada a uma história épica que cobre várias décadas.

A grande virtude de *A Vida Invisível* é a capacidade do diretor de estabelecer uniformidade em cada elemento fílmico: a concepção, o roteiro, as interpretações, a música, o lugar da câmera, a edição, a direção de arte, a fotografia.

Outro mérito é a maneira sóbria como Karim conduz o melodrama. A contenção, longe de parecer fria e distante, é um acerto. Não é preciso realçar nada; a descrição acontece no tom adequado de quem não pretende produzir emoções fáceis, mas trazer à luz um tema urgente capaz de suscitar reflexão sobre velho debate de interesse impressionantemente contemporâneo.

Tudo isto está em consonância com projeto que faz do longa o trabalho mais bem elaborado e acabado de Karim Aïnouz, hoje, o melhor cineasta brasileiro, dono de obra profícua, singular e profundamente afetuosa.

* Publicado em 25/11/2019 no site campinas.com.br

ALMODÓVAR COM SABOR
DE ALMODÓVAR*

Fui ver *Dor e Glória* (Pedro Almodóvar, Espanha, 2019) sem ter lido nada sobre o filme. Meu inconsciente pode ter estabelecido tal procedimento como estratégico, mas nem isso me passou pela cabeça. Ah, sabia da passagem dele pela competição oficial de Cannes, em maio, e que produção marcava o reencontro do cineasta com António Banderas, parceiros no delicioso *Ata-me* (1989).

O desconhecimento foi revelador. Lá pela metade do filme eu me dei conta de que Almodóvar narrava a própria história – melodrama dos bons que tocava fundo a questão homossexual, sem bandeiras, palavras de ordem ou discursos. Em nenhum momento, até então, eu levei em conta o tema do filme; o mote passou de modo suave pela minha mente.

Para mim, pouco interessava saber se o protagonista era ou não gay. Eu estava, simplesmente, diante de uma boa história. E a razão reside no quanto o diretor espanhol acumulou informações ao longo do tempo e as soube aplicá-las (a diferença com *Ata-me* no modo de conceber e realizar é abissal) e de como ele foi se aquietando e se especializou na minúcia, no detalhe.

O resultado é que estamos diante de um Almodóvar de primeiro nível porque ele trabalha, justamente, com o essencial. A começar pelo primoroso roteiro escrito como se fosse quebra-cabeças no qual vai preenchendo espaços até tudo se completar e formar uma imagem.

O mesmo se pode dizer da edição. Ela acontece com suavidade: a cena termina onde tem de terminar e recomeça com outra no ponto certo, na marca perfeita. Almodóvar não precisa mais de malabarismos cênicos ou de câmera. O ritmo é outro, o adjetivo impetuoso de *Ata-me* virou caudaloso em *Dor e Glória*.

Como um movimento atrai outro, idêntico procedimento ocorre também na encenação. Não há os excessos dos primeiros longas e tudo parece sereno, delicado, equilibrado dando ao elenco a segurança necessária para realizar bem o trabalho.

E, o mais impressionante, Banderas, um bom canastrão, faz em *Dor e Glória* o melhor papel da carreira. O espectador acredita no que está vendo: homem doente e fragilizado, mas plácido, jamais levanta a voz, tem convicção do que quer e sabe por onde ir. Um ator inteiro em papel inesquecível.

A delicadeza da direção de Almodóvar é comovente. Como passar do estado normal para uma viagem à base de heroína que o leva à infância. Ou a conversa com a mãe idosa que não gosta que ele utilize as amigas dela como inspiração para criar personagens – conversa linda, afetuosa, cheia de significados.

Apesar de ser melodrama, ele não deixa o humor de lado; antes, cria-os em meio à situação, como o "debate" com a plateia após a exibição de filme do protagonista, o cineasta Salvador Mallo (António Banderas).

Só depois que terminei de escrever fui ler sobre a obra do diretor espanhol e descubro que Banderas foi premiado em Cannes. Merecidíssimo. Alguém há de objetar: como sendo crítico de cinema não tinha essa informação? Ocorre que me dei um ano sabático no qual vi poucos e pontuais filmes. Queria sentir a sensação de ir ao cinema com prazer e não a trabalho. Estou voltando aos poucos. E em que bom momento: *Dor e Glória* vale cada fotograma.

PS. O filme toca um trecho de *A Noite do meu Bem* (da brasileira Dolores Duran) e dá o crédito à costarriquenha Chavela Vargas, um descuido da produção.

* Publicada em 12/7/2019 no site campinas.com.br

MODO CRUEL DE DESTRUIR

REPUTAÇÕES*

Kompromat, a palavra e título original do longa *Kompromat – O Dossiê Russo* (França, suspense, 2022, 127 min.), do cineasta e roteirista francês Jerôme Salle, e livremente baseado em história real, significa documento produzido pelo serviço secreto russo com o objetivo de destruir reputações.

No caso do filme, as razões não são apenas arbitrárias e cruéis, mas manifestações ferozes da política conservadora que anda fazendo carreira vitoriosa pelo mundo – como aconteceu nesta semana com a eleição da nova primeira-ministra da Itália, Giorgia Meloni, autodenominada fascista.

Ela assinaria embaixo a perseguição a Mathieu Rousel (Gilles Lellouche), novo diretor da Aliança Francesa, em Moscou, efetuada pelo Serviço Federal de Segurança da Rússia (FSB) – herdeira da antiga KGB, a poderosa e temida polícia secreta da ex-União Soviética.

Afinal, ela, assim como estados iguais a Rússia, defende um punhado de pensamentos retrógrados que costuma sobreviver em regimes ditatoriais, como, por exemplo, assumir ou ser simpático à homossexualidade.

O "pecado" de Mathieu foi inaugurar sala de teatro na sede da escola francesa de idiomas e levar, de Paris, um espetáculo de dança no qual dois homens vivem experiência amorosa. Para piorar, na festa de recepção aos convidados do espetáculo, ele dança com a nora de Mikhail Gorevoy (Michael Rostov) ex-agente da tal KGB.

A consequência não poderia ser mais violenta. Ele é preso dentro de casa, sob acusação de pedofilia e, para "provar" a referida prática, produz-se extenso documento falso, tão fake que não sobreviveria a uma perícia decente. Mas quem está preocupado com perícia em um estado de terror?

O dossiê, palavra que aparece no título brasileiro do filme, desmonta a vida de Mathieu. Ele é preso, torturado, a mulher se encarrega de fazer a acusação formal, antes de voltar com a filha para a França, a embaixada lava as mãos, o advogado contratado mantém sintonia com a FSB e, à revelia e sem possibilidades de defesa, se vê condenado a quinze anos de trabalhos forçados. Um exemplo de democracia, como se vê.

Mesmo não sendo protagonista, Svetiana (Joanna Kulig), moça que dançou com o francês na festa (encontro que resulta em relação afetuosa) e lhe serve de tábua de salvação, se destaca como a personagem mais instigante da trama por se equilibrar o tempo todo em terreno movediço.

Todos os homens que a cercam mantêm dependência dela: Mathieu, a quem ela ajuda, o marido Sacha (Daniil Vorobyov), veterano de guerra impedido de andar e fruto de casamento sem afeto, o sogro emocionalmente preso a ela por causa do filho e o misógino Sagarine (Igor Jijikine) poderoso homem da FSB, que a humilha, mas a teme, pois ela detém informações a respeito dele.

Além da boa condução impressa, pela direção, ao suspense, há um elemento predominante no bom roteiro do próprio diretor e de Caryl Ferey: por que regimes defensores de políticas cerceadoras da liberdade gostam tanto de exaltar Deus, família, sentimentos nacionalistas e comportamentos moralistas, mas se escondem na obscuridade, usam artimanhas inaceitáveis e odeiam quem gosta do arejamento, tem posturas libertárias e busca claridade em vez da hipocrisia?

Este é o cerne do filme que, neste caso, se passa na Rússia. Poderia ser no Brasil, na Itália, na Coreia do Norte, na China. Deus, o princípio primordial citado por muitos desses supostos poderosos, não tem pacto com a escuridão – característica que a cinematografia de Matias Boucard e Sacha Wiernik evoca de forma primorosa e a trilha de Guillaume Roussel completa, também, de modo eficiente e criativa.

Deus é luz, família deveria ser o espaço do afeto e, nação, o lugar da liberdade de pensamento e das ações. Sem esses elementos não existe vida possível. Coibir tais manifestações, por si só, é inaceitável. Fazê-lo com violência e ódio, definitivamente, nada tem a ver com Deus. Nem com a claridade.

* Publicado no site Hora Campinas em 2022

BUSCA PELA IGUALDADE*

Há décadas, Hollywood criou um modo de fazer cinema como quem concebe receitas de bolo. Funciona. E bem. Portanto, não haveria razão para imaginar que a fábrica norte-americana do entretenimento audiovisual fizesse algo diferente em *A Mulher Rei* (The Woman King, EUA, 2022, 143 min.), de Gina Prince-Bythewood.

O filme segue os cânones hollywoodianos a começar do roteiro. Só para fundamentar o argumento, compare-o com Avatar (James Cameron, 2009), que retornou ao circuito na semana passada. Em ambos, trata-se da guerra de dominados contra dominadores; daí, ficarmos com a impressão de similaridade no roteiro.

E, também, porque roteiro é peça técnica composta de regras específicas e rígidas e cuja escrita, no caso de Hollywood, foi testada e aprovada ao longo da história e gerou um manual.

Em *A Mulher Rei*, a roteirista Dana Stevens nada mais fez do que escrever um épico de guerra cujo esteio é o heroísmo. Diferente, aqui, são os cenários e os protagonistas, ambos, pouco comuns. A história se passa na África de lutas tribais associadas ao tráfico de escravos e, "as" protagonistas, são mulheres e negras.

Mesmo mantendo a escrita de manual e, talvez, por isso mesmo, é edificante ver filme norte-americano se desprender do próprio umbigo, referência constante quando se trata de ponto de vista, e abrir-se para outras culturas.

Que fale inglês? Que seja. Não estamos falando de dominação? Não se trata de conformismo, mas de constatação: a dominação cultural existe. E os heróis seguem algumas características adotadas por Hollywood, como impolutos, destemidos, vencedores, irrepreensíveis e fortes.

Causa certo desconforto imaginar um ser que parece viver em plano acima de nós, mortais. Contudo, assistir à grande Viola Davis encarnando esse papel provoca intenso prazer. Pense na mulher negra e pobre de *Histórias Cruzadas* (2011, Tate Taylor), humilhada pela patroa branca. E, agora, veja a mulher poderosa e dona do próprio destino como a heroína que toma decisões, estabelece regras e supera dominadores.

O filme se propõe a dizer algo que torna o formato um elemento quase irrelevante – sabendo de antemão que é uma história real do início do século 19. Nanisca, a personagem de Viola, veste o uniforme de heroína hollywoodiana ao estilo da canção, *Heroes*, de David Bowie: "eu serei rei/ e você será a rainha.. e nós poderemos ser heróis por um dia."

Neste "um dia", ela supera obstáculos, vence batalhas, se sobrepõe ao inimigo e se impõe como gente – "feita pra brilhar", diria Caetano. Assim, o filme presta enorme serviço cultural (mesmo levando em conta a referida dominação cultural) ao mostrar a luta das mulheres negras contra submissão e escravidão e tira parte do sofrido e relegado continente da periferia da história para o centro dela.

Para quem não sabe (porque o cotidiano as faz invisíveis), existe a mulher (de qualquer origem) acossada pelos preconceitos, humilhações e tratamentos indignos; no filme, exacerba-se a indignidade porque elas são negras.

Para quem não sabe, existe uma música africana linda, comovente e poderosa, como demonstra a empolgante trilha de Lebo M e Terence Blanchard. Para quem não sabe, existe um bailado africano encantado composto de graça, alegria e despojamento.

E existem as belezas individuais representadas por Thuso Mbedu (a jovem guerreira Nawi), Jayme Lawson (Shante, mulher do rei), John Boyega (o magnânimo rei Ghezo) e Jordan Bolger (Malik, namorado de Nawi). Somados aos idiomas e costumes, além de outros componentes, desemboca-se na identidade de um povo.

Releva-se, portanto, que *A Mulher Rei* tenha como matriz a marca das produções do dominante norte-americano porque é alentador assistir a uma história vitoriosa de dominados – a despeito (porque não somos ingênuos) de o aspecto econômico ter determinado tal direcionamento.

Ver o mundo por outro prisma (mesmo o filme não sendo nenhuma obra-prima) também desperta prazer. E emoção, igual à que observamos na cena de morte de uma das personagens centrais. Sair de nós possibilita-nos descobrir o que está ao redor e não vemos.

Uma frase da instrutora de guerra Izogie (Lashana Lynch) ressalta a busca não pela não dominação, mas pela igualdade entre homens e mulheres. E poderíamos acrescentar: entre brancos e pretos, héteros e homossexuais, cristãos e muçulmanos, ricos e pobres etc.

Outro Olhar **55**

Afinal, humanos (de qualquer gênero, cor, religião etc) são iguais, pois foram criados do mesmo princípio e determinados a idêntico fim. Então, por que alguns se imaginam melhores que outros?

* Publicado no site Hora Campinas em 2022

EXCESSO FAZ *PREDESTINADO*
DESANDAR*

O excesso do uso da sépia (desbotado que remete ao passado) e de técnicas similares em filmes de época levou este bom recurso narrativo a perder força. Não há necessidade imperativa de se recorrer a ele para falar de tempos antigos; fosse assim, todos os filmes com essa abordagem teriam de usá-lo.

Por isso, o que se vê, hoje, com raras exceções, é clichê. Está na concepção clichê, escolhida pelo diretor Gustavo Fernandez, o primeiro problema de *Predestinado: Arigó e o Espírito de Dr. Fritz* (Brasil, 2022, drama).

E tal opção contagia outros setores. Logo no início, o protagonista (Danton Mello) realiza cura e a mão cheia de sangue escorrega pela parede. A música que cobre a cena emite o sinal para o que veremos: narrativa desenhada como suspense.

Ocorre que o filme é um drama. E ótimo drama. Arigó é chamado por espírito (ele ouve vozes) denominado Dr. Fritz, que lhe concede o dom de curar enfermos. Ironicamente, não tem poder de cura na própria família nem a si mesmo.

Bastaria este mote para se criar enredo de alto alcance emocional. O princípio lembra a apóstolo Paulo, que também tinha dons, mas foi lhe dado "um espinho na carne", que ele pediu a Deus para ser extirpado e ouviu um "não" como resposta.

A contundência é inegável – no seu reverso lembra alguém que, recentemente, disse que não haverá filé para todo mundo e que, se houver, será reservado aos filhos dele. Vê-se que um dom (ou poder, no caso desse "alguém" citado) não é concedido em benefício próprio, mas para o outro, para a comunidade, os que mais necessitam, os que não têm acessos.

Este é o drama humano e as todas as consequências ligadas a ele – tanto que uma das cenas mais comoventes é a frustração de um filho de Arigó que tem problema físico e não obtém a cura.

O roteiro de Jacqueline Vargas e a direção de Gustavo Fernandez enxergam esse terrível impasse, apenas, como espalhafatoso e gerador de espanto. Daí, é só um passo para transformá-lo em algo escabroso encenado no modelo over – do inglês, algo demasiado, acima do tom.

E tudo pesa. O bom ator Danton Mello vai por esse caminho, assim como Juliana Paes (a mulher dele), ambos (e o restante do elenco) com interpretações exageradas no modo de dizer as falas, nos gestos eloquentes, nos olhares duros, nos movimentos desmesurados dos corpos.

A trilha sonora de Gus Bernardo acompanha o padrão. Está onipresente e, não só longe de ser coadjuvante, mas de posse do protagonismo. São temas executados no viés do suspense, marcando cada cena, por si só, inapelável (faca no olho, nas costas, no abdômen e, sangue, muito sangue) com grandiloquência.

Gustavo Fernandez, diretor de novelas e séries na TV Globo (um dos diretores do sucesso *Pantanal*), tem no currículo dois trabalhos de enorme qualidade: assistente de direção no inesquecível *Lavoura Arcaica* (Luiz Fernando Carvalho, 1999) e um dos roteiristas do sensível *Anahy de las Misiones* (Sergio Silva, 1997).

São filmes que buscaram a essência. Os grandes temas estão lá e gritam movidos pela força que arrastam os personagens como se estes não tivessem capacidade de decidir os próprios destinos. E, contudo, o modo de tangenciar a tragédia humana é delicado e sutil. Daí o encanto.

Não há como sintonizar-se com a dramática vida de Arigó, homem mobilizado a prestar serviço à comunidade, mas acossado por incompreensões de opositores (o padre católico vivido por Marcos Caruso e o juiz interpretado por Marco Ricca) porque a exacerbação na encenação do drama elimina o que há de mais sofrido no personagem.

Basta observar esta contradição: Arigó, homem da cura, que faz milagres, sara, elimina a doença – em última análise, a luta diária de todos nós – e, no filme, não há nenhum momento no qual um curado surge para demonstrar a alegria de voltar a ser saudável. Afinal, a face oposta do sofrimento, feito de dor e lágrimas, se evidencia na alegria e seus risos e contentamentos.

No final, há alguns esboços de riso, algum sentido de paz. Muito pouco. Tanto o roteiro quanto a direção não podiam abdicar desse elemento primordial em filme no qual a cura é a razão de ser.

Seria só um detalhe, mas a insistência fala pelo todo. Depois da segunda vez em que Arigó corta os olhos de um paciente, não seria mais preciso mostrar cena tão violenta; o espectador já entendeu, mas o diretor insiste. Ao trocar o mais importante, o drama humano pela imagem do espetacular, quase obsceno, ele perde a chance de desvendar uma experiência extraordinária.

* Publicado no site Hora Campinas em 2022

DO COTIDIANO À
GRANDIOSIDADE*

Viajar para Marte, distante 60 milhões de quilômetros da Terra, é uma tarefa tão simples como andar de bicicleta ou jogar bola – "dá-se um jeito". Difícil é encarar e solucionar as graves e cotidianas pendengas da vida. Afinal, parafraseando o velho Rosa, corre-se riscos constantes o exercitar diário do viver bem.

Com esta premissa, desconcertante (por causa da aparente desconexão) o mineiro Gabriel Martins concebe um filme poderoso. *Marte Um* (Brasil, 2022, drama, 114 min.), cuja estreia mundial se deu em Sundance, o famoso festival do cinema independente, se constrói como fábula.

Depois de participar de programa de pegadinhas na TV, a dona-de-casa e faxineira Tércia (Rejane Faria) acha que atrai coisas ruins sem se dar conta que tais coisas têm raízes bem fincada na realidade.

O contexto político contempla a surpreendente vitória do atual presidente na eleição de 2018. No social, ela e o marido Wellington (Carlos Francisco), porteiro em prédio de elite, representam as famílias da periferia das grandes concentrações urbanas brasileira (neste caso, Contagem, MG) onde reside enorme população negra.

No plano comportamental, a filha Eunice (Camilla Damião), anuncia que não pretende se casar e ter filhos (como está escrito socialmente) e decide sair de casa para morar com a namorada (Ana Hilário), enquanto o garoto bom de bola Deivid (Cícero Lucas) esnoba o futebol e almeja ser astrofísico a fim de participar da colonização de Marte.

O roteiro escrito pelo próprio diretor permite leitura amplificada. Podemos ver o filme baseado na seguinte constatação: depois de tantos anos na Terra, o homem planeja colonizar Marte, mas se vê incapaz de resolver os problemas mais corriqueiros da vida. Quer dizer: não são banais. Mas, tampouco, insolúveis.

A dificuldade está no fato de que criamos regras e as cristalizamos. Como não sabemos lidar com o novo, sofremos e nos perdemos nos descaminhos concebidos como imutáveis por nós mesmos.

Caso da família Martins (microcosmo do mundo) na qual algumas dessas leis se perpetuam: o pai, ser humano masculino, se assume provedor e estipula o caminho dos filhos, sem respeitar a individualidade e como se ele próprio fosse infalível – nem a infalibilidade atribuída ao papa se leva a sério hoje em dia.

A duras penas, Wellington irá aprender que somos, ao mesmo tempo, heróis e frágeis – até o papa. Esse é o pai da família que admite a própria fragilidade ante os enormes obstáculos que superou objetivando solucionar alguns dramas. Depois disso, realizar viagem a Marte, na visão dele, pode ser considerada brincadeira infantil.

Relembrar a eleição de um presidente conservador que, junto com os evangélicos, abomina, entre outras, causas gays, e explicitar paralelos entre periferia negra e ricos brancos poderia transformar o roteiro num panfleto. Gabriel foge bem dessa armadilha ao ressaltar problemas humanos narrados dentro de uma história cuja força está em si mesma; portanto, dispensa palanques e discursos.

O elenco homogêneo e harmônico facilita a confecção do filme e desperta imediata empatia. Nos ambientes externos, a fotografia de Leonardo Feliciano valoriza a claridade natural e acompanha a forma de o diretor tratar, sem rodeios, temas espinhosos, e cria belas sequências nas tomadas internas com luz indireta – contraponto ao modo objetivo de se encenar o drama – com ênfase em belos efeitos azuis e sensíveis amarelos.

Marte Um nasce no cotidiano pequeno, o núcleo familiar, e se expande para tangenciar a grandiosidade do universo. Ante a essa magnificência que, por causa da exatidão da natureza concreta (matemática) dele, a ciência compreende (ou, pelo menos, tenta chegar o mais próximo possível da verdade), nós, humanos, ainda somos crianças aprendendo a andar.

Ocorre que nossos dramas se conjugam no abstrato. Na vida, somar dois mais dois pode ser qualquer outro número, menos o quatro. Talvez, quando deixarmos de ser crianças e atinjamos a evolução compreendida como adulta, viver seja um pouco mais simples e não existam tantos perigos. Tão simples como viajar para Marte.

* Publicado no site Hora Campinas em 2022

LUIZ VILLAÇA
CELEBRA AMIZADE*

Tony Ramos enfrentou certo preconceito por viver "mocinhos" de telenovelas – papel no qual importa menos o talento e mais a beleza –, mas o tempo se encarregou de mostrar as qualidades dele. A partir da própria TV, ele consumou a carreira no teatro e no cinema e tomou posse na seleta galeria dos grandes atores.

Entretanto, no cinema, faltava-lhe um filme que fosse sofisticado naquilo que se propõe dizer e, ao mesmo tempo, dialogasse com o grande público e lhe desse a chance de, na condição de protagonista, demonstrar (para quem ainda não sabia) o enorme talento dele.

Pois em *45 do Segundo Tempo* (Brasil, comédia dramática, 2022, 110 minutos), de Luiz Villaça, o ator exibe performance destinada a fazer parte de um desses momentos únicos da vida – no caso, o da carreira artística.

Pedro, que tem a cachorra Calabresa como companheira, é um grande personagem. Apesar de endividado, o modo falastrão, simpático, convincente, emotivo e histriônico de ser convence o açougueiro a lhe vender carne para fazer brachola, famoso prato da cantina Baresi comandado por ele. Mas não seduz o gerente do banco a renovar empréstimo nem a Vigilância Sanitária a voltar atrás na decisão de interditar o restaurante prestes a completar 56 anos.

Às vezes, Pedro assume o arquétipo de mestre e ensina sem discursos ou lições vazias sobre a vida. A palavra dele é certeira. Uma frase (mesmo óbvia) indica a Ivan (Cássio Gabus Mendes) a saída para o problema dele com o filho João (Filipe Bragança).

O mesmo comportamento destrambelhado pode ser afetivo e uma sugestão (na verdade, uma ordem) deixa os amigos tão desconcertados que eles se sentem incapazes de não aceitar o convite para uma viagem.

Tony Ramos domina o filme pela qualidade da construção do personagem feita por ele e, para isso, coloca todo o corpo à disposição: um olhar pode definir a intenção, os gestos são precisos e as expressões são ditas com base nas emoções geradas nos lugares, tempos e pontos certos. Uma beleza de interpretação. Um prazer vê-lo brincar a sério de ser o Pedro.

Mas é preciso ter em conta que o personagem nasceu de um bom roteiro. Há certa desconfiança em roteiro escrito por mais de duas pessoas; porém Luiz Villaça, Leonardo Moreira, Rafael Gomes e Luna Grimberg desmentem esse princípio. O roteiro é apurado, enxuto, desenhado nas minúcias e concebido a partir de ótimos diálogos.

Frases corriqueiras ganham roupagem nova e ficam críveis, como: "foi a melhor época da nossa vida" ou "parecia maior" (referindo-se à cidade de Areado (MG) onde eles viveram quando jovens).

Outras expressões, mesmo sem serem primor de criatividade, se tornam maiores quando ditas em determinadas situações, como: "no que o mundo fica melhor por minha causa"? – quando Pedro decide interromper a própria vida.

Ou, quando confrontados pela realidade, a fantasia dos três amigos (o outro é Mariano, vivido por Ary França) a respeito de Soninha (participação luminosa de Louise Cardoso) cai por terra – como se precisasse esse confronto e o tempo não tivesse passado e Soninha não tivesse envelhecido.

Ou, ainda, quando o roteiro estabelece virada a partir da história batida do reencontro de antigos amigos de escola – que demonstra uma vez mais que não importa a maneira como se escreve, mas como se conta a velha história. Porém, aqui, há ingrediente novo, o roteiro busca o detalhe que faz a diferença. Trata-se de encontro furtivo gestado por reportagem de jornal.

Pedro deixa claro a situação: "não somos amigos". Não eram, mas um elo perdido, acrescido da vida atual deles se despedaçando, os fazem embarcar na referida viagem ao passado. Não está no passado a solução, mas na inspiração para refazer a vida e desencavar a amizade perdida.

45 do Segundo Tempo tem um senão importante. Mesmo com as qualidades citadas, o roteiro abusa das metáforas, especialmente, quando toca no tema do futebol. Há impressões romantizadas (e bem-humoradas) que aceitamos como verdades indestrutíveis, como a defesa que Pedro faz ao assistir ao jogo do Palmeiras, a despeito da casa dele ruir de forma inapelável. "Futebol é vida, está acontecendo agora".

O mesmo futebol como metáfora se encarrega do desfecho; contudo, o excesso do uso faz a intenção passar do ponto. Não compromete um filme que não teme encarar algumas das situações mais duras da vida e, simultaneamente, busca recuperar, em meio às dificuldades, o que essa vida tem de bom e de positivo: ela própria e a amizade.

* Publicado no site Hora Campinas em 2022

LIBERTÁRIA NOITE DE

MULHER MADURA*

Boa Sorte, Leo Grande (Good Luck to you, Leo Grande, Reino Unido, 2022, 97 min.), de Sophie Hyde, comprova que os ingleses são recatados até em "condições extremas" – para usar expressão que caberia no roteiro do filme cujos diálogos estão repletos de eufemismos.

Na aristocrata Inglaterra, verdadeira "lady" e autêntico "sir" protagonizam (mais falam e sugerem do que executam) as possibilidades sexuais todas em cenas pudicas tendo por base diálogos escritos de modo a suavizar o sentido das palavras e ações. Exageros à parte, até a rainha se sentiria confortável em assisti-lo junto à família real.

Justificável, pois não há grosserias; afinal, o tema não é o sexo. O bom roteiro de Katy Brand se parece a peça teatral, gênero que os ingleses dominam muito bem. São dois personagens: a professora aposentada Nancy Stokes (Emma Thompson) e o garoto de programa Leo Grande (Daryl McCormack), autodenominado terapeuta sexual.

Eles estão em cena em quase todo o filme, que se passa no mesmo cenário, um quarto de hotel – há uma sequência no hall com a presença da ex-aluna de Nancy, Becky (Isabella Laughland).

Bom exercício para a diretora Sophie Hyde, que se vale das muitas variações no posicionamento da câmera e, em conjunto com a edição, estabelece ótimo ritmo à encenação. E há duas razões para isso: roteiro e atuações.

O roteiro não traz novidades. Nem as situações engraçadas resultam de cenas inusitadas ou surpreendentes – pelo contrário, são previsíveis. A força dele está na capacidade de acentuar a complexidade dos personagens.

Nancy, 31 anos de casada, desconhece o orgasmo e as comuns práticas sexuais de um casal. Segundo ela, o marido obedecia rígida rotina na qual, sem se preocupar com a parceira, apenas ele se satisfazia.

Ao contratar profissional do sexo, Nancy esnoba os idosos (da mesma forma que homens maduros procuram mulheres jovens) com a intenção de experimentar o que só existia na fantasia dela.

Em dado momento, ela sugere a Leo tirar a camisa e pede permissão para tocar-lhe ombros, costas, braços e peito. Fica atordoada porque experimentou sensação desconhecida. "É desejo sexual", diz Leo. Não só, pois podemos, também, desejar carros, apartamentos, viagens, doces.

Nancy anseia mais que sexo. Almeja se desvencilhar das amarras às quais a vida inteira se viu atada, esquecer o vício de acentuar os próprios defeitos e libertar a mente visando descobrir a beleza em um corpo no qual o tempo deixou inevitáveis marcas.

Sexo casual? Foi só a maneira encontrada por ela de vislumbrar essa libertação na prática, longe de casa, com desconhecido, sujeito com quem não precisará estabelecer laços e que será devidamente pago.

Porém, quebrar bloqueios requer custos. Os medos chegam de todos os lados, sente-se inferiorizada ante ao corpo jovem, bonito e perfeito de Leo, ameaça fugir, chora, lembra (sem saudade do marido), evoca os filhos, se culpa e dança uma bela dança. Faz o chamado "sexo oral", quer dizer, ansiosa, fala o tempo todo porque o tamanho da libertação desejada é proporcional ao medo de alcançá-la.

Leo, na visão da própria Nancy, deve ter sido abandonado ou sofreu com a pobreza. Nada disso. Ele se encontra confortável no papel assumido. Quando ela o investiga e pergunta se a mãe (ou o irmão) sabe da profissão dele, a resposta é desconcertante: "digo que trabalho em refinaria de petróleo".

Chega a elogiá-lo quando Leo afirma que paga a faculdade com o dinheiro ganho e, logo, desmente, rindo, porque encara a atividade como outra qualquer. Não há motivos nobres para praticá-la, mas nem por isso se sente sujeito torpe.

O filme homenageia *The Graduate* (1968), no qual a sra. Robinson (Anne Bancroft) seduz o recém-formado Braddock (Dustin Hoffman). O sobrenome real de Nancy também é Robinson. Assim, a primeira noite de um homem, título brasileiro do filme de Mike Nichols, não é do jovem inexperiente, mas da mulher de 55 anos que ignora meandros das relações sexuais.

Quanto as atuações, não é demais destacar Emma Thompson. Ela ocupa de modo consciente o claustrofóbico quarto e entrega interpretação minimalista adequada ao espaço. Para tanto, exercita com talento os gestos, as expressões, os movimentos e as intenções. Sem o mesmo porte da atriz, Daryl McCormack faz bem o que se espera dele.

A impactante cena final revela um corpo e seu tempo e a coragem de Emma Thompson em assumir o papel de Nancy. E demonstra que *Boa Sorte, Leo Grande* não é filme sobre sexo, mas sobre libertação.

* Publicado no site Hora Campinas em 2022

PRESLEY MERECIA UM
FILME COMO *ELVIS**

Demorou para que um dos ídolos da música internacional mais cultuados de todos os tempos recebesse biografia à altura do talento e da importância do fenômeno popular chamado Elvis Presley.

E que a direção de *Elvis* (Elvis, Estados Unidos, 2022, 160 min.) fosse de Baz Luhrmann, também roteirista, em parceria com Sam Bromell, Craig Pearce e Jeremy Doner e partir do agumento dele e de Doner. O rapaz nascido no Mississipi merecia filme com essa grandeza.

O cineasta australiano tem estilo. As cores vivas (valorizadas pela cinematografia de Mandy Walker) saltam na tela e conjugam com os caminhos do personagem concebido por direção vibrante – impossível não lembrar de como essa vibração marcou a diferença na releitura contemporânea que ele fez de *Romeu e Julieta* (1996).

Em alguns momentos, em especial nos shows em que o cantor entra em espécie de transe (herança da formação dele nas igrejas negras protestantes), Luhrmann estabelece charmoso diálogo entre as cores e o preto-e-branco em nítida remissão ao passado, mas também para exercitar, com êxito, a estética.

O mesmo acontece com o alucinante rodar da câmera e com os cortes em jogo constante de imagens fragmentadas e, aparentemente aleatórias, mas que conformam um todo de rara beleza.

Aqui, a conjugação ocorre com a excepcional edição de Matt Villa e Jonathan Redmond (que, afinal, se estende a todo o filme), na qual importa menos os fatos e muito mais a mise-én-scène: o cenário da música, a performance da dança eletrizante de Elvis, a histéria das fãs, o ritmo novo e espetacular (nascido, também, pelo contato direto com os negros) e que desencadeam apresentações próximas do caos.

E o objetivo é fazer o espectador adentrar a história que não está preocupada em, meramente, reconstituir um passado, mas mobilizá-lo para entender esse fenômeno artístico-cultural e a música executada por ele.

Todos esses efeitos passam pela direção e por preciso roteiro – aliás, aula para quem ambiciona escrever biografias para o audiovisual. É co-

Outro Olhar **67**

mum os roteiros tratarem da história completa do biografado – incluindo detalhes dispensáveis ou desinteressantes.

Luhrmann e seus parceiros centram numa única linha narrativa: a conflituosa (às vezes, dolorida; outras vezes, deliciosa) relação entre o artista e seu empresário Tom Parker (Tom Hanks em grande forma, interpretando figura grotesca, mesquinha e autoriária).

Ora ele faz o papel de carrasco implacável, ora representa o segundo pai de Élvis – o real, Vernon (Richard Roxburgh) tateia entre a insegurança e a fragilidade.

É da alternativa dessa relação repleta de controvérsias que a narrativa, segundo a ótica de Parker (o narrador) se sustenta. A duração do filme parecerá demasiada, mas não. Trata-se do tempo justo para se adentrar ao conflito dos dois personagens e no qual nada se desperdiça.

Desnecessário dizer que Elvis era figura passional extrema. Mesmo quando a direção tende ao exagero, como a cena da morte da mãe Gladys (Helen Thomson) ou o amor dedicado à mulher, Priscilla (Olivia DeJonge), não se pode dizer que houve desperdício de lágrimas. Trata-se de reforço para acentuar a personalidade do cantor.

E, ao lado de tantas virtudes, *Elvis* também é emocionante nas perfomances musicais, na impecável interpretação de Austin Butler (depois do filme, será temerário alguém tentar fazer cover de Elvis), na história vitoriosa do artista nascido e criado em condições sociais humildes e no desfecho melancólico de carreira tão brilhante.

E não há como não mencionar o fato de o filme atravessar um dos períodos mais férteis de mudanças culturais e de comportamento ocorridas na história recente da humanidade. Por conta disso, a história que corre como pano de fundo reaparece como em muitos outros filmes dessa época.

Entretanto, o diretor consegue rever fatos importantes e dar-lhes tom de novidade, como se contar a história de Elvis fosse contar a grande história política-social-cultural do mundo ocidental dos anos 1950 aos 1980.

Por fim, vale lembrar que o cantor foi produto de circunstâncias que o levaram a viver entre os negros. E, que, sem os negros não haveria Elvis Presley. E, como constatação final (não que não se saiba, mas como adendo): que espetacular é música negra, em geral, e a norte-americana em particular.

* Publicado no site Hora Campinas em 2022

O INCÔMODO TEMA DO ABORTO*

Na França, de 1963, abortar era considerado crime, como mostra *O Acontecimento* (L'Evénement, França, 2021, 100 min.,16 anos), da cineasta francesa de origem libanesa, Audrey Diwan. Hoje, no país governado por Emmanuel Macron, permite-se o procedimento desde que a gravidez não ultrapasse 14 semanas.

A relevância do tema está no fato de a história se passar cerca de 60 atrás e continuar atualíssimo: no direito (caso da juíza que descumpriu a lei que o permite em caso de estupro), na política (nas manifestações de candidatos nas eleições de outubro) e no cotidiano de todos nós porque, afinal, ele está conectado com a vida.

Vencedor do Leão de Ouro, em 2021, em Veneza, um dos mais importantes festivais de cinema do mundo, o filme se baseia no livro homônimo da escritora francesa, Annie Ernaux.

Fica evidente, desde o início, a proposta da direção, a partir do roteiro adaptado por ela (com Marcia Romano), em colocar Anne (Anamaria Vartolomei), sempre, em primeiro plano, a fim de mostrá-la sob todos os ângulos, ações e situações.

Claro, é a protagonista, mas há outro propósito: a diretora quer chamar a atenção do espectador para a personagem que tem alma e tem corpo. A constatação parece óbvia, mas não.

Alma, refere-se à pessoa preparada intelectualmente (em aula da universidade responde com classe a arguição a respeito de um poema), que tem desejos (faz sexo com sujeito que mal conheceu), é inteligente (estuda consciente do que pretende ser na vida), tem desígnios próprios (ninguém lhe impõe decisões) e não se faz de vítima (quando precisa de dinheiro, vende objetos pessoais).

E, corpo, a representação física dessa alma, mas não com a intenção de explorá-lo eroticamente; porém, a fim ressaltá-lo como ser humano nas mesmas condições que sempre foram dadas ao ser masculino, ou seja, a de dona do próprio corpo.

Assim, vemos Anne desnuda no banho, na relação sexual e na consulta com o médico Ravinsky (Fabricio Rongione) e, naturalmente, vestida, nas aulas da universidade, com os pais, com as amigas, dançando, viajando. Trata-se de um corpo livre (que vive de poucos prazeres e muitas dores) capacitado para dizer sim ou não, sempre que esteja em sintonia com as próprias vontades.

Só que para alcançar a plena liberdade há um preço: ficar grávida e não obter apoio do parceiro Maxime (Julien Frison), encarar tarefa de optar entre ter o filho e seguir carreira profissional, e guardar o segredo que não pode ser compartilhado com colegas, professor e pais. Liberdade, portanto, como sinônimo de solidão – sentimento manifestado por ela própria.

Para isso, Anne mune-se de determinação. Contudo, na hora mais dramática, entrega-se à fragilidade, conta com ajuda de alguém, busca suporte nos pais simplórios, que, mesmo pouco afáveis e distantes, são capazes de arrancar o único sorriso dela – instante delicado para o qual cabe música doce a encorajadora.

E faz sentido citar a referida música (em história narrada de forma seca e silenciosa e sem apoio de melodias que costumam embalar sonhos) porque a precisa trilha de Evgueni Galperine e Sacha Galperine remete a filmes de terror: sons rascantes, duros e tensos.

Não é fácil encarar o aborto. Nem mesmo falar sobre ele e expor opiniões ou estabelecer verdades irremovíveis – por acaso, alguém se interessa por nossa opinião, seja ela qual for?

Religiosos dirão que são contra; pessoas iguais a Anne, que são um tanto mais arejadas, se colocarão a favor. E não se pode esquecer a ética. Tampouco os sentimentos que vão além de princípios racionais – aqueles conectados com a espiritualidade.

O que *O Acontecimento* cumpre com segurança é capacidade da direção em compor essa narrativa com força suficiente para mobilizar nossos conceitos e teorias, e nos colocar emocionalmente conectados com a experiência de Anne.

Capacidade na concepção, nas escolhas e na forma de apresentá-las com fundamentos técnicos que complementam convenientemente a narrativa, como a bela edição de Géraldine Mangenot e a fotografia austera de Laurent Tangy. E, antes de tudo, coragem para defender a liberdade humana, seja ela do homem ou a da mulher.

* Publicado no site Hora Campinas em 2021

A RECONSTRUÇÃO DE
UMA BAILARINA*

No cinema, realizadores enfrentam um dilema de complexa equação: como alcançar o grande público com filmes de qualidade? Eles não podem ser herméticos; porém, precisam de um mínimo de profundidade.

O Próximo Passo (En corps, drama, 2022, 117min., 12 anos), de Cédric Klapisch, é uma amostra de como solucionar o dilema: passou no teste de público ao alcançar o terceiro lugar na história da cinematografia francesa em número de ingressos vendidos na primeira semana de exibição e, na tela, superou, com méritos, o da qualidade.

Escrito pelo próprio diretor (com Santiago Amigorena), o filme passa longe do óbvio, é acessível e mantem finíssima qualidade, que começa pelo modo de abordar o episódio do acidente definidor da mudança dos planos da protagonista. Histórias similares costumam tangenciar o piegas (quando não passam do ponto) na tentativa de ensinar algo sobre a vida.

A surpresa vem logo na abertura – quase escorrega, mas não teme ser ousada e criativa. Basta nos perguntarmos qual foi a última abertura de filme que nos chamou a atenção?

E não só pela expressiva arte gráfica, mas pela música e, ao longo do filme, pela coreografia do israelense Hofesh Shechter (que se dá ao luxo de interpretar ele próprio). O espetáculo de dança contemporânea do final arrebata o espectador por causa da exuberante e vigorosa coreografia e da música de Shechter.

Natural que o personagem Henri (Denis Podalydès), pai da protagonista, Élise (Marion Barbeau), tenha reagido como reagiu no momento mais bonito do filme, quando a dança pulsante ao som de música epifânica busca (e alcança) a catarse. Há quem critique tal busca; porém, se a emoção corre o risco de passar do ponto, também pode (quando genuína) fascinar.

Élise vê o namorado, na coxia, trocando afagos com outra garota, enquanto se preparava para entrar em cena de apresentação de balé clássico. No palco, perturbada, ela se desconcentra, cai, se machuca e ouve a médica dizer que não mais poderá dançar.

A sentença muda o rumo da vida dela. Com esse mote, o roteiro poderia ser mergulho impiedoso nas dores da menina com o desmoronamento da sonhada carreira em evolução.

Ou vitimizá-la por culpa do namorado infiel. Ou ser vale de lágrimas de onde ela renasce e, feito edificante fênix, está pronta para ensinar sobre o poder do pensamento positivo e da força de superação.

É possível encontrar pitadas destas e de outras características similares na história de Élise, mas ela, jamais, se coloca como vítima. Nem solicita piedade alheia. Nem fica a chorar pelos cantos. Tampouco abandona a vida.

Ela tem alguns acertos a fazer e vai em busca do que lhe resta. Ouvirá preciosos conselhos (sobre o pai, por exemplo) de Josiane (Muriel Robin) mulher sábia e dura nas palavras, conhecerá novo rapaz, Mehdi (Mehdi Baki), bailarino de hip hop; terá contato com novo coreógrafo e descobrirá a dança contemporânea.

A diferença deste para filmes piegas está na atitude, no manuseio desse tatear pela vida em busca de respostas, caminhos, horizontes. O contato com a dança contemporânea será a porta de um desses caminhos e lhe proporcionará amizades e bons momentos.

Como aquele passado na praia. Movimentos dos corpos, vento, pôr-do-sol, barulho do mar, maresia, combinação de cores e música formam cenário perfeito para suscitar nela (e no espectador) a sensação de libertação. E serve para evidenciar a bela cinematografia de Alexis Kavyrchine.

Experimentar o contemporâneo em contraposição ao clássico lhe traz outros elementos. Esse gênero de dança explora o chão, maior contato com o próprio corpo e com o do outro, gera aproximações, desperta sentimentos. Nada disso escapa a Élise. São reconstruções dela nascidas de buscas interiores antes de se tornarem externas e lhe transformar.

Marion Barbeau, a Élise, passa distante do símbolo de mulher exuberante. Pelo contrário, parece gente comum. Entretanto, possui carisma, simpatia e encanto. E há sinceridade no que faz, até por ser bailarina, profissional.

A mistura da atriz e da personagem acaba sendo o retrato do filme: bonito, emocionante, acessível, cativante. E profundo. Um achado que realizadores do cinema buscam incessantemente.

* Publicado no site Hora Campinas em 2022

MULHER SE IMPÕE EM
TERRENO MASCULINO*

A associação explícita da doença da comissária Lúcia (Glória Pires) como metáfora da enfermidade de que sofre a polícia (extensiva à sociedade como todo) em *A Suspeita* (Brasil, suspense/drama, 2021, 120 min.), de Pedro Peregrino, é deslize importante, mas não o suficiente para que não se exalte o bom roteiro de Thiago Dottori.

Em filme no qual o roteiro é um dos destaques, falta sutileza, como se o espectador não tivesse feito a associação e fosse necessária anunciá-la em legenda com todas as letras.

Curioso, porque é delicada a maneira como o roteiro faz a narrativa andar. Exemplo: mensagem de celular indica a que palestra Lúcia vai assistir como parte da investigação que ela empreende. Assim como as cenas nas quais ela "sai do ar", em consequência da doença, são construídas no tom da sutileza.

A propósito, há momentos muito bonitos (levando em conta o absurdo de se considerar belos os efeitos de doença degenerativa; no caso, Alzheimer) que o roteiro indica e o diretor exibe como imagem.

Em uma delas, a direção aproveita o cenário geométrico e encerra Lúcia em uma das formas a fim de ilustrar que ela sofre fuga da realidade – dispersão na narrativa desenhada com cuidado, afeto e poética.

O silêncio desses momentos é outro acerto da direção. E, em nenhuma dessas sequências há explicação. O espectador entende o que está acontecendo, assim como a doença não é anunciada; o roteiro dá sinais dela, como avisar Lúcia de que precisa tomar determinado remédio.

Estes elementos são importantes para entender como *A Suspeita* se estrutura. Trata-se suspense mesclado ao drama e que se passa no intrincado e complexo universo policial dominado por homens e cuja peça-chave é uma mulher.

Todo filme de gênero tem gramática própria e Pedro Peregrino segue o padrão; portanto, sem novidades – e nem precisa haver. O elogiável no roteiro é possibilidade de dispensar o uso de eventuais cenas de perseguições, sirenes e outras características comuns que podem ser agregadas ao gênero e, na direção (afinal, é quem assina o produto final), de referendar o trabalho de Joana Collier de que é possível fazer suspense sem edição acelerada.

Deve ter pesado bastante o protagonismo feminino na atuação e na edição, pois o filme cumpre trajeto baseado na particularidade feminina de dar atenção ao detalhe. Dispensa-se, pois, a pirotecnia, a exacerbação, o excesso.

Outra observação positiva sobre o roteiro é o modo como, até quase o final da história, o espectador sabe tão pouco da protagonista. Com isso, toma-se contato com Lúcia aos poucos e só lá pelas tantas será possível compreender melhor as ações dela, como a razão de ela digitar falando o texto ou de não ter nenhum familiar como companhia.

Não por acaso a cena do aniversário infantil torna-se tão significativa. E nostálgica. Nostalgia que também comporá as sequências finais – um bem desenhado desfecho, diga-se.

A direção acentua a tensão valorizando os silêncios, assim como se utiliza de locações austeras ou as que revelam um Rio de Janeiro longe do imaginário de "cidade de encantos mil". Junte-se a boa trilha de Edson Secco, a cuidadosa direção de arte de Thiago Marques Teixeira e a interpretação interiorizada (e, como sempre, permeada de brilhos) de Glória Pires.

Mesmo nos momentos decisivos, como um assassinato e, depois, no desfecho, existe o cuidado da direção em manter a narrativa sob controle emocional e longe de catarses.

Talvez, o espectador menos disponível se decepcione, mas o suspense misturado ao drama de uma mulher com doença degenerativa e tentando investigar crime em corporação policial, universo de predominância e cumplicidade masculina e de conhecido machismo é, na verdade, o grande trunfo do filme – baseado em argumento elogiável de Luiz Eduardo Soares.

E nem se trata de feminismo ou do recente discurso de "empoderamento" feminino. Trata-se, antes, de desmascarar esse mundo construído para homens que, para se referendar, usa o subterfúgio da doença para desmerecer a mulher. Portanto, sim, a metáfora usada faz todo sentido. Só não precisava ser tão explícita.

* Publicado no site Hora Campinas em 2022

A TERRÍVEL
CONDIÇÃO HUMANA*

Ao revisitar clássico da literatura mundial, o cineasta francês, Xavier Giannoli, conhecia os riscos de inevitáveis comparações com outras adaptações da obra de Honoré de Balzac (1799-1850) – não contam as relativas ao livro propriamente porque são linguagens distintas.

Pois *Ilusões Perdidas* (Illusions Perdues, França, drama, 2021, 149 min.) cumpre o papel de atualizar a história, como se, de tempos em tempos, alguém nos lembrasse da condição humana marcada por ambição, traições e profundo desrespeito para com nossos pares.

O filme traduz o relato cruel sobre os protagonistas da obra do escritor francês como pinceladas da terrível natureza humana, dominada pelo insaciável ego e suas exigências, e que nenhum esforço será suficientemente capaz de preencher.

Não se trata de julgamento porque ninguém está imune quando se fala dessa natureza. O peso dela se encontra em qualquer idade, mas na juventude estamos mais expostos – o tempo das ambições desmedidas e, no qual, o céu torna-se o limite.

E, no percurso para alcançá-lo, os jovens correm atrás do vento sem perceber que, cada vez mais, ficam menos sensíveis à ética, enquanto os velhos tornam-se destemidos porque o medo de feri-la se definhou e, calejados e com as consciências adormecidas, livram-se dos perigos porque os conhecem bem.

No início, a quase onipresente narração de Anastazio (Xavier Dolan) incomoda um tanto, mas, aos poucos, nos damos conta que se trata, exatamente, do sujeito encarregado de nos lembrar da tal condição humana.

Ele é o escritor que se faz amigo do protagonista Lucien de Rubempré (o ótimo Benjamin Voisin) e, de cara, revela o destino ("trágico") do também escritor, só que pobre e embriagado pela ambição de se tornar nobre e famoso.

Lucien enamora-se da bela e calculista Louise (Cécile de France), força o uso do nome da mãe a fim de alcançar a nobreza, afasta-se da protetora após recusa do meio aristocrata, acaba nos braços de atriz de teatro popular, troca a literatura pelo jornalismo "marrom" (no deprimente papel de "traficante de palavras"), vende a alma ao diabo e perde o medo de "fabricar" notícias falsas – e nem estamos em 2022, mas em meados do século 19.

Xavier Giannoli traduz esse universo de quase dois séculos atrás, de quando o livro foi publicado (1837), usando artimanha simples: as cenas são, em geral, concebidas em planos e em ambientes fechados e criam atmosfera claustrofóbica a denunciar a angústia dos personagens – mesmo quando alegres nas festas, nas cenas de sexo, ou comemorando "conquistas" regadas a champanhe.

Frases do narrador ilustram esse modo de vida. "Se for para fracassar que, ao menos, seja em Paris". Ou: "o amor dura o tempo de imprudência". Ou ainda: "Para escrever sobre tudo é preciso viver tudo".

A cinematografia de Christophe Beaucarne ressalta a ambientação se utilizando das luzes indiretas e de nuances de cores predominantemente amarelecidas que, com auxílio do figurino e da direção de arte, nos remetem ao passado.

O próprio diretor adaptou o livro e desenhou roteiro direto e didático para que qualquer espectador tenha acesso à história tão comum a todos, separados apenas do contexto em que plebeus e aristocratas duelam em campo de batalha que, ora um e outro segmento se sobressai e, ora, se juntam para atacar objeto comum. Neste caso, o trágico Lucien.

A música também permite o acesso do espectador menos acostumado a filmes históricos ou de época. São músicas que entraram para o seleto repertório de clássicos populares utilizados com frequência na dramaturgia. O mérito está na aproximação do público por meio de melodias bastante conhecidas.

Se Lucien, mesmo sem saber, encontra um amigo em Anastazio, seu oposto, Etienne (Vinvent Lacoste), investe no afeto enquanto for conveniente. Ele não é o único nem a personificação do vilão. Trata-se de uma faceta da vilania cheia de maldade das ficções. Depois de pagar alto preço pela ambição, Lucien enfrentará ação tão poderosa e maligna quanto, pois Etienne confia na vingança como melhor trunfo.

A vida está repleta dos ingredientes indigestos relatados por Balzac. Contudo, também há elementos dignos. Como na frase decisiva dita a Lucien, por Anastazio, ao final: ao contrário de sentimentos que entorpecem, a frase evoca algo mais edificante e com o poder de nos fazer despertar.

* Publicado no site Hora Campinas em 2022

OUTRO OLHAR SOBRE *TOP GUN**

Se o espectador quiser, *Top Gun – Maverick* (EUA, 2022, aventura, 2h17 min.), de Joseph Kosinski, pode ser muito mais que produto de entretenimento bem-produzido; porém, vazio de conteúdo. Basta afastar velhas teses, espanar a poeira de conceitos estratificados, rever pontos de vistas e ter mente aberta.

Por que Tom Cruise voltou ao velho *Top Gun – Ases Indomáveis* (Tony Scott, 1986)? Porque tem 59 anos e não serve mais para viver o mocinho-herói; tampouco é um grande ator para se arriscar em projeto de maior peso. Trata-se de conhecer o próprio limite.

Ele será lembrado por *Magnólia* (Paul Thomas Anderson) e *De Olhos bem Fechados* (Stanley Kubrick), ambos de 1999, entre uns poucos mais; no entanto, passa longe, por exemplo, de Anthony Hopkins, que aos 84 anos ganhou o segundo Oscar.

Assim, ressuscitar velho personagem (como fizeram outros) atende as exigências da indústria (que quer divisas, e por que não?), aposta em fórmulas conhecidas e vive na memória afetiva de quem, há muito, também deixou a juventude para trás. Ademais, é um astro e ainda tem carisma suficiente para seduzir o público mundo afora.

Nenhuma destas constatações contraria princípios éticos porque trata-se de jogo limpo no complexo mundo do entretenimento – claro, haverá quem interprete o referido mundo pelo viés oposto.

Seja limpo, sujo ou um pouco de ambos, há de se respeitar o sujeito que, na idade dele, com méritos, tenta manter (por que não?) a jovialidade e o espírito aventureiro, como se fosse mais jovem.

E surge de cabelos tingidos, maquiado, a câmera ainda o filma de cima para baixo a fim de torná-lo mais alto e dirige moto poderosa (signo de força, coragem e status) e sente-se em condições de pilotar máquina voadora própria de ficção científica.

São credenciais de quem merece ter divisa acima de capitão, conquistar o amor de Penny, (Jennifer Connelly) e acertar contas do passado na figura do filho de antigo parceiro, Bradley (Miles Teller).

Ele fará estripulias, mas não despertará fascínio por ser quase idoso e realizar proezas aéreas, mas porque, na juventude, se esforçou para acumular conhecimento e, maduro, pode passá-lo adiante. E não se trata de conhecimento qualquer. Dispensado do cargo de piloto, porque o futuro chegou e não o incluiu, segundo o superior dele, Pete 'Maverick' Mitchell dará nó na cabeça dos diretores da escola.

Começa jogando o manual dos pilotos no lixo. Para ele, não há idade nem tempo, mas competência, experiência e sabedoria. Não lhe interessa o herói jovem de olhos no futuro, mas o mestre de inexperientes jovens cheios de futuro dispostos a enfrentar a realidade, em vez de ficarem presos às teorias.

Sim, haverá aulas de patriotismo norte-americano e lições próprias de país bélico. O belicismo está impregnado na cultura dos Estados Unidos. Mas a indústria cultural também.

O cinema da "América" se coloca entre os principais segmentos econômicos do país. Não por acaso a França revitalizou o cinema local e a Coreia do Sul e, recentemente, a China, decidiram investir nesse mercado – como a Índia o faz há muito.

No Brasil, a visão de um governo equivocado resolveu incentivar a cultural bélica no indivíduo, ressuscitando a obsoleta imagem de cowboys cujo poder se encontra na arma, não no caráter. A cultura, entretanto, foi para o lixo.

O ensino de Maverick prepara jovens em país impregnado de guerra. Este ensino pode e deve ser esquecido, ainda que muitas lições de guerra sejam úteis aplicadas a outros segmentos.

Importante mesmo é o (quase) idoso ensinar saberes aos jovens, sabedoria da pessoa madura compartilhada com o inexperiente em um mundo de exacerbação do culto à juventude e desprezo à velhice. É o velho contribuindo para fazer desse mundo um lugar mais digno.

Não bastam estes argumentos para fazer de *Top Gun – Maverick* um grande filme. Entretanto, sim, são suficientes para ver na produção algo mais que a má vontade de taxá-lo de caça-níquel. Mesmo se for, ele pode ser mais que multiplicador de dinheiro e mero entretenimento bem-produzido e vazio.

Pode, se quisermos olhá-lo de um jeito diferente do nosso viciado jeito de olhar.

* Publicado no site Hora Campinas em 2022

TCHEKHOV DELINEIA CAMINHOS
DE *DRIVE MY CAR**

Se culpa tivesse cor, ela seria cinza, mistura dos extremos preto e branco que brota em terreno difuso. Vem da imprecisão dos contornos o poder a ela atribuído: pode ser sinal de humildade (assumi-la, por exemplo) ou exaltação ao ego – quando cremos que certas situações seriam diferentes sob nossa intervenção.

Em *Drive My Car* (Doraibu mai kâ, Japão, drama, 2022, 2h59 min.), de Ryusuke Hamaguchi, ganhador do Prêmio da Crítica, em Cannes, no ano passado e do Oscar de Filme Internacional, neste ano, a culpa norteia uma história na qual os acontecimentos tornam-se menos importantes que o reflexo deles sobre os personagens.

O resultado é poderosa narrativa de três horas constituída de dor e culpa e na qual sobressaem poucas lágrimas, muitas pausas e perplexidade ante as impossibilidades. Para descrever esse cenário, o diretor estabelece cadência na qual tem controle absoluto das emoções a fim de manter o devido distanciamento do espectador.

Tudo parece frio, como nós, tropicais, imaginamos que sejam os japoneses, longe das exacerbações, exaltações e proximidades. O flagra de uma cena de sexo que poderia, por si só, exalar erotismo ao som da sedutora música de Mozart tocada na vitrola, soa (de propósito) artificial.

A trilha-sonora de Eiko Ishibashi reproduz a atmosfera de distanciamento, mesmo nas composições mais densas – em que pese a qualidade das músicas e da execução delas – porque busca-se, exatamente, esse objetivo.

Dessa forma, acompanhamos os desencontros do diretor e ator de teatro Yûsuke Kafuku (Hidetoshi Nishijima), encantado por clássicos densos da dramaturgia universal. De início, o vemos entregue às vãs expectativas de Vladimir, personagem de *Esperando Godot* (Samuel Beckett, 1906-1989) e, logo, mergulhado nas descrenças delineadas em *Tio Vania* (Anton Tchekhov, 1860-1904).

Ele carrega culpa relacionada à mulher Oto (Reika Kirishima), roteirista de TV, que narra as histórias dela, no carro, a caminho dos res-

Outro Olhar **79**

pectivos trabalhos e o ensinou a ouvir textos gravados enquanto dirige. Foi assim que ele aprendeu decorar textos teatrais.

Um acidente recomenda que ele pare de dirigir. Como é, apenas, recomendação ele continua a manejar o carro até que a produção da peça *Tio Vania* contrata, a contragosto dele, a jovem motorista particular Misaki (Tôko Miura).

Espectadores viciados que somos, pensamos nos conflitos advindos do encontro. Mas o roteiro do diretor (com Haruki Murakai), autor do conto, base da história) passa longe do óbvio: Yûsuke Kafuku terá em Misaki uma companheira de culpa – neste caso, em relação à mãe.

E há o galã de TV Takatsuki (Masaki Okada), que está no elenco da peça; este, sim, culpado de uma morte. Amante de Oto, o sofrimento dele é outro, o que gera constante confronto com o ator/diretor.

São vivas as cores da cinematografia de Hidetoshi Shinomiya, que se aproveita bem da iluminação natural das locações, favorecido pelas inúmeras viagens de carro. Entretanto, o peso da culpa e das dores expostas em gestos, ações e palavras fazem de *Drive My Car* um filme, conceitualmente, cinza.

Tal conceito pertence aos personagens. Eles constroem narrativas nas quais acentuam as respectivas dores e tentam nos arrastar para a desilusão, a falta de sentido na vida e a incapacidade de lidar com a realidade. São assustadores gritos reverberando ao vento no meio da noite.

Sob controle de tudo, Hamaguchi permite aos personagens vagarem por caminhos tortuosos até valer-se de artimanha teatral – afinal, ensaiam uma peça. Da própria peça, ele estabelece o desfecho com a música de Ishibashi, desta vez, em tom de celebração e uma atriz especial, a coreana Yoo-rim Park. Para quem fugiu das comoções o tempo todo, o diretor japonês consegue a proeza de transformar o final em delicada e sutil epifania.

Não convém relatar a cena, mas o grande Tchekhov merece ter parte do longo trecho citado pela personagem Sonia: "O que podemos fazer? Nada, além de viver. Viveremos longa sucessão de dias e noites intermináveis suportando provações do destino. Descansaremos. Ouviremos anjos, veremos todo o céu em diamante. Não tiveste alegrias na tua vida, mas espera, tio Vânia. Havemos de ter".

Quando oferecemos nossa emoção em troca de um texto de tamanha transcendência, mesmo que não tenhamos ou não creiamos na esperança, que, ao menos, estas sejam, sem culpa, palavras que aplaquem nossas dores.

* Publicado no site Hora Campinas em 2022

ANIMAÇÃO ESCANCARA

EFEITOS DA GUERRA*

A invasão russa à Ucrânia deve servir para a velha esquerda, que sempre se referiu aos norte-americanos como imperialistas, se lembrar de incluir os russos nesse conceito. No passado, fazia-se questão de esquecer que a ex-União Soviética não era reunião fraterna de países do Leste Europeu, mas conglomerado de nações cooptadas pela Rússia.

Foi invadido por soldados do ditador soviético, Leonid Brejnev, que o Afeganistão acordou certa manhã de 1979. O objetivo era aniquilar rebeldes religiosos conhecidos como mujahidin; dez anos depois, Mikhail Gorbachev retirou os russos do país.

Este conflito é pano de fundo de *Flee – Nenhum Lugar para chamar de Lar*, conhecido como *Fuga* (Flee, Dinamarca, França, Noruega, Suécia, UK, EUA, Finlândia, Itália, Espanha, Estônia e Eslovênia, animação/documentário, 2021, 89 min.), do dinamarquês Jonas Poher Rasmussen.

Amin é um garoto refugiado afegão que chega, sozinho, à Dinamarca. Depois de ocultar a identidade por 20 anos, decidiu transformar a história dele no filme dirigido por Rasmussen, documentarista de Copenhague e amigo, que, desde a adolescência conhecia os detalhes da aventura que vivenciou.

Rasmussen opta pelo híbrido de animação e documentário que, em princípio, parece estranho, mas logo conquista o espectador, pois a mistura funciona muito bem.

Os conflitos entre guerrilha e russos, além de outros acontecimentos, são narrados em live-action (uso de atores reais) e a rotoscopia (técnica de animação que "desenha" em cima de imagens reais), enquanto o depoimento de Amin acontece no divã de analista, assim como os muitos deslocamentos encenados em forma de desenho animado.

Há motivos para essa opção. Usando pseudônimo, Amin não revela a identidade para proteger a família que retornou ao Afeganistão. E, para se proteger e ser aceito como refugiado, mente às autoridades da Dinamarca dizendo ser o único sobrevivente da família.

E há traumas próprios da guerra e a condição homossexual que vai sendo delineada até ser assumida – em dado momento, adolescente, ele procura médica a fim de lhe pedir remédio para combater atração por homens.

A animação serve, também, para o diretor criar constituições físicas diferentes das personagens reais e como forma de preservar a identidade do garoto. Mas não só. Trata-se de exercício de linguagem.

Ivonete Pinto, professora de animação da Universidade Federal de Pelotas (RS), diz no texto escrito sobre o filme, que ele foi concebido com técnica 2D. "Trata-se de simulação de animação tradicional cujos movimentos não são fluidos e a profundidade e volumetria das imagens são simuladas no 2D". Segundo ela, provavelmente, a pungência da história de guerras e separações "teria passado despercebida" se fosse todo representado em *live-action"*.

Mesmo quem não entende da técnica será capaz de se comover com Amin. Das brincadeiras de infância, como soltar pipas, ensinadas pelo irmão mais velho, dos muitos obstáculos que terá de superar para ficar em segurança, das mudanças físicas e mentais e dos diversos cenários até os contornos finais da história.

O mesmo espectador pouco afeito a animação perceberá a força do traço do diretor (o roteiro foi escrito por ele e por Amin). Um desenhista será bom na medida em que puder comunicar o máximo possível das intenções dos personagens e das cenas. Esse detalhe diferencia um desenho que nos toca daquele que não chama a atenção.

Do avião, quando Amin se vê obrigado a deixar o Afeganistão, ele vê as bombas explodindo e o rosto (olhos, boca, testa) expressa comovente e inexprimível dor.

Sabe que nunca mais voltará ao país, não mais verá o pai; a vida construída naquele lugar será mera lembrança e está consciente de que habitará nova terra repleta de desafios. Quando uma imagem dessas, concebida em animação, consegue mexer com nossos sentimentos é porque o autor alcançou o objetivo de chegar ao espectador.

É nesse diapasão de sensibilidade que *Flee – – Nenhum Lugar para chamar de Lar* se estrutura nessa história de guerra, mortes, perdas, separações e desencontros e que conquistou mais de 80 prêmios em festivais.

A história do mundo é a trajetória de dominação do ser humano sobre o outro, sobre outras criaturas e sobre a terra – luta sem complacência que jamais acabará. Contudo, a experiência do sobrevivente Amin ratifica a força individual da autopreservação e se insurge como libelo contra a guerra.

* Publicado no site Hora Campinas em 2022

MEDIDA PROVISÓRIA
DEFENDE CAUSA E SEDUZ*

Um filme com a pulsão e as tensões geradas pelo tema urgente e dramático de *Medida Provisória* (Brasil, 2022, drama-ficção científica, 94 min., 14 anos), de Lázaro Ramos, merecia título mais atraente e caloroso.

O nome burocrático coloca a determinação sórdida de um governo ignóbil em primeiro plano quando o protagonismo da trama deste primeiro longa de Lázaro como diretor se encontra na resistência. Desse lugar nasce o poder das imagens, das palavras e da narrativa do filme.

O lindo poema declamado pelo jornalista André (Seu Jorge), por exemplo, deve ocultar alguma expressão capaz de traduzir a energia do que se vê na tela quando o foco está nas ações dos negros. Seu contraponto, as figuras do ministro e da funcionária pública, representando os movimentos do governo, são meras caricaturas.

Inspirado na peça *Namíbia, Não!* (olhe que título significativo), de Aldri Assunção (também ator do filme), o roteiro do próprio diretor e de Lusa Silvestre constrói trama poderosa. *Medida Provisória* simboliza o grito político de maioria marginalizada (tida como minoria), sem jamais soar panfletário.

E seria fácil escorregar. Não faltam discursos nem palavras de ordem e tomadas contundentes de decisões, pois se está em guerra. O governo decide enviar os negros de volta para a África, na ambígua campanha "Repatriação Já", como se a identidade do Brasil não estivesse impregnada dos afrodescendentes – do DNA ao amplo leque de significados da cultura.

As manifestações dos diversos personagens é uma repetição de questões presentes no dia-a-dia dos negros, alvos constantes de preconceitos. E um filme que pretende tocar a ferida sem medo dos enfrentamentos precisa, mesmo, usar todas as armas à disposição. Entretanto, não há palavras fora de lugar. Os diálogos são fortes, mas inescapáveis.

Tecnicamente, o diretor Lázaro Ramos parece repetir o que fazem os jovens diretores que tentam colocar no primeiro filme tudo o que aprenderam sobre o fazer cinema. E tome movimentos e posições pouco usuais da câmera ou câmera na mão determinando ritmo acelerado condizente com a encenação e luzes teatrais modificando cenários naturais.

Outro Olhar **83**

Pois esse uso inusitado da câmera, a luz que gera belas fotos e o ritmo intenso da edição fazem parte da concepção do filme. Não são adereços bonitos para enfeitá-lo ou virtuosismo. O filme pede, mesmo, algo além do lugar comum. A começar do fato de ser uma ficção futurista e inconcebível. Portanto, não há porque ser conservador ante trama tão inusitada.

Assim como o uso do humor, uma vez que o filme dialoga com *Faça a Coisa Certa* (1989) naquilo que Spike Lee aproveita de melhor ao falar do preconceito, que é a presença próxima de outras etnias. O japonês que entrega arma a André, o branco (de sobrenome Blanco), que pode não merecer confiança, mas cujo afeto está mergulhado no universo negro, ou a fala de Emicida de que "quilombo é muito século 18".

E há bons complementos que, conjugados, fazem *Medida Provisória* alcançar o objetivo de ser um bom filme. Como a performance elogiável do ator britânico-brasileiro, Alfred Enoch (Antônio), de Tais Araújo (Capitu) e de Adriana Esteves (Isabel), além da citada fotografia, a luz, a direção de arte e a trilha oportuna se equilibrando entre alegre e tensa, como é, nas duas medidas, a música afro-brasileira.

Voltando ao título, *Medida Provisória* parece nome de peça do Brecht (Bertolt, 1898-1956). O dramaturgo e encenador alemão usava o distanciamento, técnica criada por ele, no qual toda a encenação deve prescindir da emoção para que o cérebro (e não o coração) entenda o que está sendo dito. Ele tem razões. O coração, movido por emoções, pode nos trair.

Mas é impossível não se comover com o encantador entusiasmo juvenil do caminho trilhado pelos heróis do filme. E há vislumbre de tempos melhores nas cenas paralelas do branco preso no Afrobunker e de André cercado pelos policiais na rua.

E, por fim, há um grito eloquente de Antônio na sacada do prédio onde está refugiado reivindicando o Brasil, também, para si. Grito catártico, sem distanciamentos. E justo. Como deve ser.

PS. Perdoem-me trazer a crítica para o plano pessoal. Sou branquelo e nunca precisei reivindicar brasilidade. Mas minha avó paterna, Paulina, talvez precisasse, pois era cafuza, filha de negro com indígena. Então, em nome do sangue dela que trago nas veias, reivindico brasilidade a todas e todos que quiserem ser brasileiros. Os preconceituosos que procurem outras causas (se possível, nobres) sobre as quais debruçar.

* Publicado no site Hora Campinas em 2022

BELLOCCHIO MITIFICA
DELATOR CRIMINOSO*

O Brasil assistiu, há alguns anos, ao deprimente espetáculo de pessoas envolvidas em negócios escusos que foram descobertas e condenadas. Surpreendentemente, alguns deles se apresentaram aos tribunais dispostos a denunciar seus pares e chefes. Teriam tomado oportuno banho de ética, ou estavam envergonhadas ante a família, a sociedade ou a nação?

Nenhuma das alternativas. Apesar de roubar, mergulhar em falcatruas e se fartar das benesses do dinheiro público, elas ganharam dois prêmios: se fizeram parecer honestas e corajosas ante a opinião pública e delataram – supostamente, para beneficiar o país quando, de fato, só queriam diminuir as próprias penas.

Em *O Traidor* (Il Traditore, Itália, França, Alemanha, Brasil, 2019, 153 min., 16 anos), o cineasta italiano Marco Bellocchio (roteiro dele e de Ludovica Rampoldi, Valia Santella e Francesco Piccolo) narra a história do mafioso Tommaso Buscetta (Pierfrancesco Favino) que, tomado de pudores, depois de exercer cargo de alto escalão em organização mafiosa italiana, decide denunciá-la.

No cargo, ele matou ou deu ordens para matar, e defendeu os "direitos" da organização de roubar, assassinar e se impor pela força; afinal, estava mergulhado na guerra generalizada de chefes da máfia siciliana pelo controle do tráfico de heroína.

Foragido no Brasil, soube que os mafiosos executaram o filho dele e que está sendo cassado. Um julgamento coloca os principais líderes na cadeia, enquanto a polícia brasileira o prende e o extradita para a Itália. Frente ao juiz Giovanni Falcone (Fausto Russo Alesi), ele resolve "trair" as normas da organização e contar os podres.

As sessões do julgamento são verdadeiro teatro, como diz alguém referindo-se aos valentões destemidos com armas na mão ou respaldados pela organização. Presos, parecem frágeis donzelas de contos de fadas: desamparados, injustiçados, inocentes e imaculados, pedindo clemência e fingindo ataques de pânico, desmaios e males súbitos.

E são estúpidos, mal-educados, gritões, avessos às regras sociais e profanadores do sagrado, pois fazem o sinal da cruz e invocam Deus e a moral. Um deles se diz casado com única mulher (assim como o pai), como se tal estado significasse virtude garantidora do direito de matar.

A primeira parte do filme é uma sequência insuportável de mortes perpetradas por gente que não tem o menor apreço pela vida. Algumas, como o atentado contra o juiz (comemorado com muita festa), de uma crueldade que nos faz repensar os valores humanos.

Tudo feito em nome do poder e do dinheiro e simbolicamente entregues à família de sangue como esforço do trabalho e modo de valorizar o laço afetuoso e justificar a violência.

E os rituais fúnebres são cercados pelos exageros (nos ritos propriamente e nas manifestações familiares), em especial das mães, responsáveis por cuidar da família, enquanto os maridos aumentam as contas das mortes executadas por eles dia após dia.

A fotografia de Vladan Rodovic capta bem a atmosfera de morte ao conceber imagens quase sempre na penumbra, porque é nas sombras que o horror se oculta. Os cenários, também, quase sempre claustrofóbicos, são casas soturnas, porões, igrejas ou tribunais e com figurinos que, quando muito, variam o tom para azuis, obviamente escuros.

Em meio a tudo, a direção tenta dar lugar mitológico a Tommaso Buscetta, como se ele tivesse contribuído para desmascarar a organização. A denúncia dele é base do filme; porém, torna-se impossível não lhe atribuir responsabilidades, pois ele comandou sob preceitos da organização – a cena final é atestado da índole desse homem, cujo ato atende, apenas, ao sentimento de vingança.

Filmes sobre máfia tendem emprestar glamour às famílias: elas adoram cantar e são amorosas e, os patriarcas, dóceis com netos, filhas e esposas – Cristina, a mulher de Buscetta é a brasileira Maria Fernanda Cândido. Esses elementos todos estão em *O Traidor*, mas nenhum afeto sobrevive a tanta violência.

* Publicado no site Hora Campinas em 2022

EM BUSCA DA ESSÊNCIA DA VIDA*

Tanto o tormento quanto seu oposto, a paz, não estão no lugar onde habitamos, mas dentro de nós. Contudo, é possível acontecer algo bom (ou negativo) em determinado espaço físico cujos efeitos nunca mais nos abandonam. E esse lugar pode ser Quixeramobim, Pasárgada, Nova York ou Lunana.

Os efeitos da experiência do professor Ugyen Dorji (Sherhab Dorji) na cidade de Lunana, no Butão (pequeno país da Ásia meridional) foram tão profundos que permanecerão dentro dele para sempre, não importa para onde vá ou o que realize. Este princípio fundamenta *A Felicidade das Pequenas Coisas* (Butão/China, drama, 2019, 110 min.), de Pawo Choyning Dorji.

Ugyen tem 20 anos e mora em Timbu, onde costuma se apresentar como cantor para pequeno grupo de fãs. Depois de concluir o contrato com o governo, ele sonha deixar as aulas para se dedicar à carreira artística na Austrália.

Porém; no último ano do contrato uma surpresa desagradável o espera: o governo o desloca para Lunana, aldeia a 4,8 mil metros de altitude na região do Himalaia, onde vivem 56 pessoas e cujos alunos nem sabem o significado da palavra carro.

O choque cultural desnorteia o rapaz ligado em música pop, celular, fone de ouvido, roupas modernas, gírias e tomado por total desprezo pelos valores culturais do próprio país. Para chegar ao local, terá de caminhar muitos quilômetros montanha acima, pernoitar em locais precários e comer comidas estranhas. E, quando chega, a reação imediata é voltar.

Há questões ligadas à cultura, ao comportamento, à sociedade e até à espiritualidade que cercam a vida do rapaz a partir de então. Trata-se de história tão bonita e comovente que corremos o risco de nos entregar à emoção e nos afastar do senso crítico.

Na busca pelo equilíbrio, valhamo-nos de pergunta racional: ensinar crianças isoladas do mundo para que não reduzam a vida a pastorear iaques e colher fungos é mais importante do que realizar o sonho de ser cantor pop? A pergunta maniqueísta se reduz por si só.

Mudemos o enfoque. Quanto valerá conhecer a utilidade de um iaque, o respeito devido a quem ensina, o despojamento (ao menos momentâneo) de si mesmo para se dedicar ao outro, o cuidado com a educação da criança (pois dela depende o futuro), o investimento na cultura e na tradição local e a música ancestral que nos remete ao passado, sua história, experimentos, vivências e evolução?

Este é o ponto central que o roteiro do próprio diretor se propõe a discutir. Cantar na Austrália para público desinteressado não precisa levar a tarja de algo ruim. Experiências desastrosas também ensinam – aliás, ensinaram o jovem Ugyen.

Atormentar-se numa aldeia do Himalaia como se aquele lugar fosse o passaporte para encontro da paz pode ser verdadeiro, mas serão necessárias disponibilidade, abertura e entrega. É preciso querer que seja assim; do contrário, será apenas frustração. De outro lado, o professor não queria ir a esse lugar, mas as circunstâncias o levaram e lhe ofertaram aprendizado.

A experiência de Ugyen, feito pêndulo, vai de um lado ao outro: da remota Lunana à cosmopolita Sidney e de Lunana para Los Angeles – *A Felicidade das Pequenas Coisas* concorreu ao Oscar na categoria filme internacional em 2022.

Ou seja, a experiência simples, mas carregada de símbolos de humanidade de uma aldeia do Himalaia pisou o tapete vermelho fake (trata-se de show de TV) de cerimônia repleta de pretensos brilhos e notoriedades mundanas.

Contudo, não demonizemos os falsos brilhos que se perdem no ar nem endeusemos a nobreza das coisas simples, que sugerem permanência. Tampouco desprezemos o simples e o obscuro e nos entreguemos às inconstâncias da fama.

O filme toca-nos na medida em que abrimos corações e mentes para o que ele tem a nos dizer. Mais importante do que escolher entre um ou outro caminho, é saber buscar, no mundo (e não importa o lugar), a essência humana. Encontrá-la exige sabedoria – que, se supõe, chega com a velhice.

Mas Ugyen tinha 20 anos quando descobriu a música-essência dele – prerrogativa adquirir tão cedo tamanho presente. E a descoberta facilita explicar (e entender) a comoção que o filme provoca ao final.

* Publicado no site Hora Campinas em 2022

BELFAST FOGE DOS
DRAMAS DA GUERRA*

O cartaz é bonito, a música de Van Morrison adequa-se ao tom memorialista, agregada à fotografia elegante do cipriota Haris Zambarloukos, os atores não comprometem (e Judie Dench, como sempre, sobra) e o roteiro do diretor se mostra eficiente.

As sete indicações ao Oscar, portanto, seria referendo aos bons elementos de *Belfast* (Reino Unido, 2021, comédia dramática, 1h38 min.), de Kenneth Branagh. Entretanto, o filme não alcança a expectativa que o conjunto de qualidades cria.

Filmes de guerra sob a ótica infantil sempre se revelou boa alternativa. Há muito sobre o que se debruçar: ingenuidade de seguir brincando, mesmo ante o perigo; medos que, mais tarde, parecerão ridículos, sensação de que o conflito, como nos contos de fada, pode ser dissolvido com poderes mágicos e capacidade de enxergar esperança em meio à morte.

Seria injusto dizer que *Belfast* desperdiça talentos, mas, certamente, lhe falta fôlego. O diretor carrega na memória tema com inequívocas possibilidades por ter vivenciado os acontecimentos – o confronto entre católicos e protestantes na Irlanda do Norte, a partir de 1968. Há sinceridade e empatia no que o menino Buddy (Jude Hill) vê e diz e existem verdades na descrição de um personagem espectador do evento.

E, claro, cabe o viés do humor para quebrar tensões. Rimos de ironias e piadas impiedosas, em geral frases que definem um povo, igual ao do avô (Ciarán Hinds), quando informa ao neto que a Irlanda do Norte é o primeiro lugar do mundo em consumo de um tipo de gordura. "Em alguma coisa, tínhamos de ser os primeiros".

Ou quando Buddy rouba caixa de produto de limpeza durante ataque da população protestante a mercado católico. Para ele, não há roubo, mas saque, elemento de guerra. Ou a ironia do menino tentando entrar para uma gangue – o prenúncio do conflito.

No entanto, o filme ressente-se do drama próprio da guerra, mesmo levando em conta que a narrativa se concentra no período dos primeiros movimentos dela.

Não por acaso, a cena da avó Granni (a sempre impecável Judi Dench) como o neto torna-se poderosa. Ela lhe conta do filme *Horizonte Perdido* (Frank Capra, 1937), onde existe cidade-paraíso chamada Sangri-La e Buddy lhe pergunta se ela gostaria de ir a esse lugar. Na resposta melancólica e pungente ela afirma que não há estradas ligando Belfast ao paraíso.

E não por acaso, a cena final torna-se, igualmente, dolorosa. Existe uma guerra anunciada, mas falta dar o peso devido a situações com as quais a população civil terá de conviver, como separação das famílias e a violência e mortes que virão como rescaldo do conflito.

Neste futuro cenário de guerra vive o menino de nove anos, com o irmão Will (Lewis McAskie), os pais (Jamie Dornan e Caitríona Balfe). Ele não quer deixar a rua onde mora, a escola onde estuda e nem ver parte da família atravessar o rio e viver em Londres enquanto outra parte ficará na cidade à espera das lutas.

Mas não há como fugir do drama que se desenha e da realidade a ser encarada. Há sofrimentos reais na vida do garoto que Kenneth Branagh não aproveita como matéria narrativa de inegável carga dramática. O riso serve como escape – claro, opção dele – e quem perde é o próprio filme.

Some-se problemas técnicos, como a mise-en-scène (encenação) mal executada em certos momentos, assim como a ambientação excessivamente limitada que não permite ao espectador vislumbrar a dimensão dos combates que se avizinham.

E, de outro lado, o diretor esbanja recursos como o músico que se dedica a exibir dotes. Todo enquadramento tem seu objetivo e, alguns, caso do plongée e contra-plongée (filmado de cima para baixo e de baixo para cima), devem ser usados com parcimônia. Quando aparecem demais, como em *Belfast*, passa a impressão de exercício de virtuosismo.

Por fim, preto e branco, recurso bonito e charmoso, tornou-se fetiche de diretor, especialmente para falar do passado. Porém, o excesso do uso fez com que o valioso efeito estético perdesse força.

Belfast poderia ser retrato consistente da história do país e, ao mesmo tempo, animador porque o tempo contou a história e tornou possível aprender com o passado. Da forma como se concretizou, assistimos, apenas, a uma espécie de crônica do pré-guerra.

* Publicado no site Hora Campinas em 2022

INVENÇÃO E POESIA EM
ADEUS, IDIOTAS*

Chama a atenção o fato de ser identificado como comédia o filme do francês Albert Dupontel, *Adeus, Idiotas* (Adieu Les Cons, França, 2020, 87 min.). Sim, há muitos elementos apropriados para provocar o riso, mas ele, também, traz ironia (a começar do título), inventividade na construção do roteiro do próprio diretor e até momentos de pura poesia imagética.

Se analisado pelo todo, o roteiro e a direção de Dupontel apontam decisivamente para a criatividade. Observe a riqueza das abordagens incomuns a temas batidos, como o da mãe, a cabeleireira Suze Trappet (Virginie Efira), que procura o filho que lhe foi tirado quando ele nasceu e, agora, aos 43 anos, recebe grave diagnóstico médico. Ou do competente veterano profissional de empresa de tecnologia, JB (interpretado pelo diretor) que está sendo substituído por jovem.

Também atraente é a opção do diretor/roteirista em criar para esses personagens situações bizarras e desfechos pouco convencionais que transitam pela chamada comédia de erros. Alguns deles, como a preciosa (para a história) descoberta, nascida de uma trapalhada, que o casal protagonista realiza na clínica do médico que fez o parto de Suze, – idêntica relação se estabelece na cena em que JB toma uma decisão trágica.

Não bastasse, o roteiro brinca sem pudores com a deficiência visual do personagem M. Blin (Nicholas Marié) e trata sem grandes dramas o Alzheimer do médico Dr. Lint (Jackie Berroyer), pivô no esclarecimento da história da mãe. São abordagens de comédia – isto está claro. Mas Dupontel está menos propenso ao riso e mais interessado em explorar as controvertidas possibilidades da história que criou e abusar do insólito.

Por exemplo, quando JB decide dar resposta à empresa e cria enorme confusão – a tal decisão trágica. Dá para rir? Sim. Mas, também, é possível evidenciar os medos humanos ou a irônica desfaçatez empresarial de, por exemplo, preencher a vaga de deficientes alocando alguém afetado na visão – no caso, M. Blin – para o arquivo morto às escuras, pois ninguém usa aquele departamento e, com isso, economiza energia.

E, apesar de evitar clichês melosos da mãe em busca do filho – Adrien (Bastien Ughetto) –, o roteiro cria belíssimo momento de aproximação deles por meio da tecnologia. E de Adrien com Clara (Marilou Aussilloux), a garota por quem ele se apaixona.

Poética como imagem, criativa pela maneira como foi concebida e bonita pelos significados que contém, a sequência lembra as artimanhas dos seres da floresta "manipulando" as ações dos humanos, em *Sonho de uma Noite de Verão*, de Shakespeare. Lá havia as artesanais poções mágicas; aqui, os tecnológicos controles remotos e computadores.

Para concretizar estas propostas, o filme conta com a excelente intervenção do editor Christophe Pinel. Ele acelera as sequências quando necessário (a citada cena de JB, por exemplo) e detém a edição quando a história pede sensibilidade, singeleza – caso da contemplação de Suze, à distância, do filho ou quando ela banca um ser da floresta tentando resolver determinada situação na qual ele está envolvido.

Completa esse elenco de elogios a música de Christophe Julien. Linda a trilha que acompanha os dois protagonistas, pessoas fragilizadas usando meios próprios para resolver os respectivos dramas, e que, ao contrário da comédia, é tensa, melodiosa e, às vezes, triste.

O principal atributo de *Adeus, Idiotas* é, portanto, sua capacidade de dialogar com os vários gêneros e tirar deles o melhor a fim de realizar mistura que poderia não dar certo, mas funciona.

Não surpreende que tenha ganhado sete César, o Oscar francês, incluindo o de melhor filme, e visto por dois milhões de espectadores na França, em plena pandemia.

* Publicado no site Hora Campinas em 2022

NEM TÃO SÉRIO NEM
TÃO SUPERFICIAL*

Há razão didática para *Matrix Resurrections* (EUA, ficção científica, 2021, 2h28 min.), de Lana Wachowski, recorrer tanto ao primeiro longa-metragem da saga, *Matrix* (Lana Wachowski e Lilly Wachowski): grande parte do espectador de hoje estava nascendo em 1999 e quem o assistiu no cinema necessita refrescar a memória vinte anos depois.

Mas também há motivo de natureza artística. *Matrix* se tornou referência geracional e, mesmo tão jovem, virou clássico. Não havendo como superá-lo, resta tê-lo como aliado em vez de disputar espaço com ele.

Portanto, não faz sentido declarar que o primeiro é superior. Até a diretora concorda; do contrário, não recorreria tanto a ele, feito a um guia. E ela seria gênio absoluto se conseguisse gerar novo filme tão bom ou superior ao primeiro. Quando Niobe (Jada Pinkett Smith) diz que envelheceu, mas se tornou sábia, talvez tenha querido explicar que sabedoria se aperfeiçoa, se aprofunda. E simplifica.

Prova disto é que *Resurrections* aparenta ser difícil, mas o roteiro escrito por Lana (e colaboração de Lilly, David Mitchell e Aleksandar Hemon) se encarrega de "traduzi-lo" para leigos, de modo que ninguém se sente perdido ante a parafernália de imagens e efeitos especiais a serviço de trama complexa.

Neo (Keanu Reeves) e Trinity (Carrie-Anne Moss) levam vida corriqueira na Matrix – muitos os consideram mortos. Neo, conhecido como Thomas Anderson, busca resolver no divã de analista (Jonathan Groff) os tormentos do passado e, ao se encontrar com o jovem Morpheus (Yahya Abdul-Mateen II), toma a pílula vermelha e reinicia a jornada.

Segundo um representante dessa corriqueira vida na Matrix, pode-se até querer encher o mundo de arco-íris, mas as pessoas gostam mesmo de cabresto que as controlem. De fato, há quem goste de prescindir do livre arbítrio e ser dirigido.

Obviamente, existem regras controladoras que estabelecem ordens – sinais de trânsito, por exemplo. Ou não matar, não roubar, respeitar onde termina o próprio limite e começa o do outro. Mas o ser humano foi feito para voar – liberdade é a maior herança recebida pelo Divino.

Daí, sonharmos em comer um morango com sabor morango, lutar por justiça, equilíbrio ecológico, por paz em vez de guerras. São sonhos humanos que, mesmo sem asas, nos fazem voar.

Lana Wachowski alcança algo difícil, porém, essencial ao cinema: atmosfera. Ela cria extraordinária ambientação usando todos os assessórios de que dispõe. Caso da música (de Johnny Klimek e Tom Tykwer), que sempre obedece padrões nesse tipo de filme. Ela começa sutil e alterna momentos de tensões e distensões a fim de acompanhar o ritmo da partitura impressa pelo roteiro. No ápice, se transforma em grandiosa ópera moderna.

A fotografia exacerba os contornos e as variações dessa ambientação, a edição é consequente (não acelera só para acelerar), as lutas em forma de balé coreográfico compõem os momentos de beleza do filme, e as cenas de perseguição concentradas em pequenos espaços emprestam o toque assustador que emergem delas, cercadas de luzes, explosões, sons gerados pelo caos e acompanhados de ruídos complementares de gritos e interjeições.

Trata-se de arsenal de opções regidas pelos efeitos especiais visando criar a tal atmosfera, jogar o espectador para dentro do filme e estabelecer jogo de sensações que entram pelos olhos e vão direto à mente.

Afinal, o mundo para além da Matrix está em nossas mentes. E, se Neo é nosso herói e, Trinity, nossa heroína, não queremos ser joguetes na sedutora Matrix de encantos escorregadios, falsos brilhantes e rastros toscos de luminosidade volátil.

Ainda que tais inferências estejam embutidas no filme porque são essência dele, elas surgem como mensagens subliminares, pois não se pode perder de vista que estamos diante de produto massificado de entretenimento.

Tanto que o humor passeia o tempo todo aqui e ali, mesmo quando parece criticar as sequências de filmes ou a transformação da profunda experiência de vida de Neo em game (algo trivial). O propósito está evidente: demonstrar que *Matrix Resurrections* nem é tão sério nem tão superficial.

* Publicado no site Hora Campinas em 2022

SPIELBERG ATUALIZA CLÁSSICO*

Duas questões se colocam, de início, ante *Amor, Sublime, Amor*, consagrado, mas péssimo título em português para *West Side Story* (EUA, 2021, 2h40), de Steven Spielberg: por que, feito crianças, gostamos de ouvir as mesmas histórias e por que refilmar um clássico?

Tentando responder a primeira: seria medo do novo? Melhor ouvir sobre tragédia antiga (continua trágica, mas sabemos onde toca e como reverbera em nós) do que a desconhecida, pois, sabe lá sobre quais sombras ela se assenta e como nos atinge.

A segunda é mais simples. Alguém com o currículo, cacife e competência de Spielberg pode se dar ao luxo de, aos 75 anos (a serem completados neste sábado, 18/12), conceber nova versão para o filme histórico adaptado do musical da Broadway e realizado por Robert Wise e Jerome Robbins, em 1961.

Cacife e convicção de que poderia apresentar algo novo e de qualidade porque, antes de tudo, teria de fazer a releitura do filme – e não apenas refilmá-lo. E ele consegue.

Durante muito tempo, deve ter estudado o material disponível para esse, se supõe, acalentado sonho. Enquanto germinava ideias, pensava em qual seria o ponto base da estrutura da releitura.

Pode haver outras intepretações, mas é difícil não crer que ele tenha construído sua visão do filme a partir de imagens decisivas. A começar do efeito impactante que os escombros no bairro de Upper West Side provocam no espectador.

Há, antes mesmo do cenário em si, as cores. Esmaecidas no início, acompanhando ritmo um tanto dispersivo da narrativa quando tudo, ainda, parece indefinido. E há um tom evocativo nessas imagens relembrando que a trama acontece na Nova York de 1957.

Então nos damos conta que a fotografia de Janusz Kaminski é toque da releitura de Spielberg; pela textura das cores o diretor define sobre como olhará o filme. E revemos nosso conceito de "dispersivo" porque a concepção começa a se encorpar até atingir o ápice.

Na cena do bailado no cruzamento de duas avenidas da grande cidade cheia de gente, carros dos anos 1950, e ao som de *America*, acontece uma explosão de cores (com leve acento no amarelo), figurino de época, dança exuberante, alegria por todos os poros. Na cena mais bonita do filme, a fotografia brilha, a fotografia reina.

Claro que a bela trilha de Leonard Bernstein foi mantida e não ficou restrita ao tempo. Canções como a citada e dançável *America*, ou a triste *Somewhere* ou a romântica *Maria* (lindamente cantada pelo protagonista Tony, interpretado por Ansel Elgort), assim como é linda e talentosa cantora a partner dele, Maria, vivida por Rachel Zegler, cantando *Tonight*.

E, se na tragédia de Shakespeare, base da história, são ricas as famílias de Romeu e de Julieta que brigam por status e proeminência, em *West Side Story* o fundamento é a convivência tumultuada da diversidade: brancos norte-americanos da gangue Jets em luta contra os Sharks, descendentes ou porto-riquenhos de pele negra ou com reflexos da miscigenação.

Quais são os motivos das constantes briga que soldados gastam enorme energia para conter? Preconceito racial e social – porque, além de tudo, porto-riquenhos vivem em espécie de favela (melhores que as nossas, diga-se), casas que se amontoam umas sobre as outras e sobre cujas varandas espalham roupas secando ao sol.

São essas casas modestas o cenário da, também, belíssima sequência do balcão, reencontro depois do baile onde se conhecem e na qual, como perfeitos Romeu e Julieta, Tony e Maria fazem juras de amor eterno. A cena antecede o canto de Tony, entoando *Maria*, enquanto avança em meio ao cortiço à procura da musa.

Está contada a velha história que com insistência queremos ouvir. Mortes, tragédia, violência. O palco onde se dá o desfecho é outro momento de esplendor da fotografia formando desenhos de cores ao mesmo tempo sinistras e belas.

O filme busca a diversidade, um dos bens mais preciosos da humanidade, mas enfrenta barreiras. Idiomas (espanhol e inglês) se estrilam, preconceitos tentam impedir união de brancos e negros, classes sociais se digladiam.

Como não gostar da velha história e até se surpreender com ela? Surpreender com a releitura, a atualização e a contextualização que Steven Spielberg faz de *West Side Story* aos não menos conturbados dias de hoje.

* Publicado no site Hora Campinas em 2021

YALDA É IRANIANO
SEM HERMETISMO*

Quando extrapolou fronteiras, décadas atrás, o moderno cinema iraniano foi tido como hermético e pouco popular. Nada disso era verdade – só não sabíamos compreender o novo, o inusitado e, portanto, torna-se mais fácil adjetivá-lo como estranho. Hoje, um tipo de cinema que vem do Irã está cada vez mais distante do hermetismo e impressiona pela forma como dialoga com o público disposto a vê-lo.

Yalda – Uma Noite de Perdão (Yalda, França, Alemanha, Suíça, Luxemburgo, Líbano e Irã, 89 min.), direção e roteiro de Massoud Bakhshi, e vencedor do prêmio do júri do Festival Sundance 2020, instiga com trama e narrativa eletrizantes.

E chega arrombando a porta. Não há preâmbulos, prefácios, prólogos. A história está posta desde o início: carro de polícia conduz Maryam (Sadaf Asgari), de 22 anos, a programa de TV que transformou a trágica vida dela em show – reality show, entretenimento a ser consumido durante nosso jantar, sofrimento alheio oferecido como cardápio a embalar nossa solidão.

Mais demagógico não poderia ser o apresentador (Arman Darvish) que saúda Alá "piedosamente" e se revela ser humano impiedoso quando Maryam desvia os propósitos do programa dele. "Não estou nem aí pra você" – assim é tratada a garota que, acidentalmente, mata o marido e terá de cumprir alguns anos na cadeia.

E, no *Yalda*, ela aguarda ser perdoada pela filha do morto numa espécie cruel de *Você Decide*, com direito a voto dos telespectadores, sorteio de prêmios, presença de atriz famosa lendo poema encomendado pela produção, aplausos e audiência incapaz de enxergar o sofrimento alheio; antes, está interessada em passar o tempo, divertir-se, esconder-se de si mesma projetando as próprias dores no outro.

Ninguém está nem aí para o desespero de Maryam, nem a irresponsável mãe dela (Fereshteh Sadre Orafaee). Querem o perdão menos para libertá-la e muito mais para desfrutar do show. A graça, segundo a direção do programa e aceita passivamente pelo público, está em tudo

Outro Olhar **97**

terminar bem. O perdão de Maryam é o perdão dos nossos muitos desacertos diários e dos quais tentamos fugir.

Massoud Bakhshi toca com extrema felicidade no tema, o mais difícil (e o mais nobre) ato humano, e aproveita para juntá-lo ao mais fácil: o julgamento, o apontar os dedos, o atirar pedras. O que julga, se julga detentor do poder da infalibilidade, não erra nunca, trata-se de ser inumano.

E quando erra (triste descoberta) e se vê obrigado a, também, pedir clemência, desvela diante dele a fragilidade de ser falível. Só, então, ele será capaz de enxergar a própria humanidade, a condição, afinal, de todos nós.

Narrado em tom de suspense, o diretor/roteirista se incumbe de criar todas as tensões possíveis. Dos gestos de temor e de insegurança da protagonista, à aflição da mãe irresponsável, do diretor impassível do programa (Babak Karimi), da frieza do apresentador, dos números da audiência e de um bastidor que culminará com virada espetacular.

A propósito, nesta virada, se encontra a único revés que sofre o bom roteiro. Inverossímil a vilã Mona (espetacular performance de Behnaz Jafari), do nada, escapa do camarim e depara com o fato que mudará o rumo da história. O erro, embora evidente, acaba suplantado pelos acertos do conjunto do roteiro.

Pena que um filme com estas características seja quase ignorado pelo grande público por vir de país remoto (para nós) e nascido em cinematografia que ficou conhecido por causa de um estigma.

Eis um bom momento para quebrar modelos: não tema assistir a *Yalda – Uma Noite de Perdão*. Pelo contrário, ofereça a si mesmo (a) a oportunidade de ter contato com esse cinema (ainda) obscuro no ocidente e descubra o talento do diretor Massoud Bakhshi e sua capacidade de dirigir bem o filme e o elenco inteiro.

O plano final, aberto, câmera parada mostrando em silêncio os últimos passos da história é um dos exemplos desse talento. Quando sobe a música e apaga a luz percebemos o peso da narrativa e os motes dela explicitados.

Trata-se de superficial show de TV que, no entanto, se esteia em poderosos temas da grande tragédia humana e, com os quais, ainda não sabemos lidar, apesar de alguns milhares de anos de vivência na terra.

* Publicado no site Hora Campinas em 2022

A UTOPIA DA UNIÃO
IMPROVÁVEL*

A espinha dorsal do roteiro de *Deserto Particular* (Brasil/Portugal, 2021, 120 min.), escrito pelo diretor Aly Muritiba e Henrique Santos, tem alicerces na psicanálise de Freud, para quem existe "disposição bissexual inata ao ser humano" – mais tarde, ele afirmaria que corpos bissexualmente construídos atendem à demanda cultural.

Ao mesmo tempo, o roteiro desdenha o princípio de fé estabelecido pelos evangélicos a respeito da "cura gay", supõe-se, por insuficiência de base científica – de fato, cura gay não existe. Contraditoriamente, mesmo sem respaldo freudiano, para a bissexualidade enrustida e violenta de Daniel (Antonio Saboia), policial acusado de agressão a um rapaz gay, sim, há cura.

Daniel teria interesses homossexuais por causa da tal disposição bissexual inata. Entretanto, apaixonado, deixará a violência contra homossexuais. Não duvidemos da força do amor. Ele é, mesmo, capaz de transformações implausíveis.

Contudo, mesmo a improbabilidade do amor necessita de sustentação mínima. *Deserto Particular* aposta no encontro dos diametralmente opostos: o mito gay do policial masculino forte, seguro, imponente (quase super-herói) jogado aos pés do masculino sensível, gentil e amável travestido de mulher, o suposto sexo frágil.

Não surpreende que a bissexualidade do policial se refugie na figura detentora do dom de iludir, conjunção do masculino com o feminino, em vez de se direcionar para o lado mais tormentoso dele, o seu igual homossexual.

Ocorre que a atração pelo feminino no corpo do ser masculino esconde a própria porção feminina "que até então se resguardava", enquanto o papel da ilusão é iludir, fazer parecer "normal", tornar-se mais palatável. Tanto que, ainda devidamente resguardado, o encontro terá de ser longe de casa: Daniel viajará de Curitiba até a divisa de Pernambuco com Bahia a fim de encontrar o grande amor.

Mas não acredite no argumento de Daniel de que foi enganado – a defesa desesperada dele é arma ineficiente. Com a vida dominada pela tecnologia, perdemos a ingenuidade e aprendemos a detectar o falso e o artificial; portanto, ninguém mais se engana com imagens voláteis de qualquer natureza que povoam de modo incessante os nossos dias.

"Pra que mentir tanto assim", Daniel? Para quê, se você está consciente de que buscou a ilusão em Sara (Pedro Fasanaro) preparado para ouvir: "Se não tá mais à vontade, sai por onde entrei". Ele não está à vontade; porém, se recusa a sair.

Muritiba se dispôs a falar de amor por conta do ódio instalado no Brasil polarizado politicamente (ódio dos dois lados, a propósito) e que seria um gesto de generosidade da parte dele.

Mas não funciona a tentativa do diretor/roteirista de colocar mundos antípodas sentados à mesma mesa: o da disciplina, da ordem e das palavras imperativas junto com o universo do caos, do que brinca com a transparência, com o obscuro, o escondido os becos, as brechas, as esquinas.

Para confundir um pouco mais, ele acredita nessa via como solução para o Brasil contemporâneo nestes difíceis dias em que aumentaram nossos abismos sociais, econômicos e políticos.

Trata-se da tentativa de humanizar a imagem construída e reafirmada na prática do sujeito violento que temos do policial, ao mesmo tempo em que ameniza a imagem do homem travestido de mulher – o pior dos homens (feito "pra apanhar/ feito pra cuspir") e, não por acaso, alvo da violência policial e religiosa.

A policial, ao menos, se explicita; a religiosa (leia-se, evangélicos), sem parecerem violentos, enviam homossexuais para o inferno todos os dias e baseados na Bíblia (portanto, sob suposta anuência de Deus), como se cristãos fossem modelos de virtude. Tamanha violência contradiz a pregação do próprio mestre que seguem, arauto do amor, da paz, da graça e da misericórdia.

Tecnicamente, *Deserto Particular* tem muitas qualidades. Trilha bonita de Felipe Ayres, edição fluida de Patrícia Saramago, fotografia sóbria de Luis Armando Arteaga), ambientação adequada, condução correta, bom desempenho do elenco. Quanto ao objetivo proposto, apesar das boas intenções, trata-se, apenas, do exercício de utopia da união improvável.

* Publicado no site Hora Campinas em 2022

MORTE ENSINANDO

SOBRE A VIDA*

Depois de passarmos por tantos desconfortos nos últimos quase dois anos, uma das muitas sequelas herdadas da pandemia é nossa recusa, às vezes, inconsciente de encarar filmes (e outras manifestações artísticas) que remetam à dor e ao sofrimento.

Filmes como *Algum Lugar Especial* (Nowhere Special, Itália, Romênia e Reino Unido, 2020, 96 min.), de Uberto Pasolini, sobre um pai que, sabendo-se com pouco tempo de vida, busca alguém para cuidar do filho, pois a mãe do garoto o abandonou e voltou ao país de origem, a Rússia.

Por que reservaríamos o espaço do descanso e do lazer para acompanhar tamanha aflição? Puro masoquismo? Não. Há várias razões e uma delas é que a experiência do outro ensina.

O roteiro do próprio diretor (também produtor), baseia-se em história real – portanto, trata-se da vida do modo como a vida se apresenta. Não custa evocar a tragédia grega que reunia milhares de pessoas para assistirem à encenação do grande drama humano e, uma vez identificada com o que se passava no palco, as pessoas atingiam a catarse, como se as dores dos personagens fossem (e eram) delas.

Com ou sem pandemia, seguiremos vivendo nossos problemas, uns mais, outros menos penosos. A história triste do garoto, claro, provoca-nos empatia – que gera identificação – porque somos todos iguais na dor.

O filme não revela a doença do pai, o limpador de vidros John (James Norton) nem os motivos pelas quais a mãe decidiu partir. Em dado momento, o pai afirma que ela não suportou viver longe do país natal.

Sem ela, John se vê sozinho com o filho Michael (Daniel Lamont) e acaba assumindo papel duplo de pai e mãe: dá banho no garoto, leva-o e busca-o na escola, prepara-lhe a comida, passeia e conta histórias para ele dormir.

Este dado do personagem mostra como os homens contemporâneos evoluíram, pois assumiram participar da vida familiar de maneira mais efetiva e afetiva. E o afeto fica evidente – prova do quanto ganham filho, pai e toda a família quando a participação masculina ocorre. E não faz mal algum, como se concebia em gerações passadas, pelo contrário, beneficia.

O filme trata dessa dedicação de John para com Michael, enquanto cumpre programa social que busca famílias interessadas em adotar o menino. Poderia até usar certo humor nessa busca ante algumas bizarrices enfrentadas por John e a assistente social Shona (Eileen O'Higgins).

Porém, o diretor escolhe ter absoluta reverência no trato do problema e desperta a simpatia do espectador no envolvimento dos personagens com os casais dispostos a adotar. Casais e até mulher solteira, pois uma das interessadas é Lorreine (a irlandesa Niamh McGrady), que perdeu um filho.

O respeito do diretor pelo drama real do outro faz de *Algum Lugar Especial* um filme tocante que jamais exacerba as emoções nem extrapola os limites do sofrimento, por si só, explícito na narrativa. A condução serena e minuciosa obedece seguidos silêncios porque a ideia é, mesmo, evitar o espalhafato e centrar as atenções na espera do pai e do filho por solução.

A sobriedade vem acompanhada por atuações compenetradas, sem exibicionismo, e na qual chama a atenção o trabalho de Daniel Lamont na maneira tristonha de interpretar o garoto manifesta no olhar e nos diálogos de poucas falas – como se não tivesse ou não soubesse o que dizer. Mesmo assim, devolve afeto ao pai – característica que este tem de melhor – e gera empatia do espectador.

A música de Andrew Simon McAllister obedece o mesmo padrão: melancólica, mas bonita e capaz de transmitir calor e aconchego. A fotografia de Marius Panduru não se sobressai porque não quer aparecer mais do que a história; ela, apenas, cumpre com competência o papel devido.

Em *Divino Maravilhoso*, Gilberto Gil e Caetano Veloso assinam um verso extraordinário. "É preciso estar atento e forte/ não temos tempo de temer a morte". Ela é inevitável, não há porque temer e nem adianta. Ao tocar nesses dois grandes temas, *Algum Lugar Especial* ensina que, se não há tempo de ter receio da morte, aproveitemos para, sem medo, desfrutar da vida.

* Publicado no site Hora Campinas em 2022

DRAMA SOFRIDO E UM
FIO DE ESPERANÇA*

O título brasileiro *Enquanto Houver Amor* (Hope Gap, Reino Unido, 2019, 100 min.), de William Nicholson, sugere comédia romântica ou história edificante e adocicada. O original (algo como "vão de esperança"), no entanto, revela-se drama melancólico, quase desesperançado, que vislumbra uma brecha, não a da salvação catártica, mas da opção, da possibilidade e resulta em filme tenso e doce, poético e árido, construído entre fechaduras e aberturas.

Observe a sequência em que Grace (Annette Bening) tenta convencer o filho Jamie (Josh O'Connor) a refazer a fé perdida e pede ao marido Edward (Bill Nighy) para definir Deus. "Deus não é informação. Seria como tentar definir amor". O casal serve a conversa teológica no cardápio do jantar no qual recepciona o filho na casa localizada em Hope Gap, lugarejo próximo da litorânea Seaford Beach, Inglaterra.

Grace está tão convicta da fé que bravamente confessa e que a leva à missa todos os domingos quanto do amor dedicado a Edward, como se a teologia fosse espécie de variações sobre o tema do amor e, este, extensão da teologia – ambos arraigados feito as rochas que rodeiam o mar onde ela costuma referendar (ou questionar) suas crenças.

Quando a aparente infalibilidade da fé e do amor troca a firmeza das rochas pela porosidade da areia ela entende a formulação do marido: Deus e o amor não são informações. Então, a fé, impalpável crença que dispensa provas, e o amor, que parece sólido, mas insiste em ser escorregadio, tornam-se impossibilidades.

E a mulher que prepara antologia de poemas descobre a vida sem poesia, apegada ao amargor das memórias: a mala "horrorosa" de quem partiu levando poucos pertences, o peso dos sapatos fazendo ranger a escada, a batida seca da porta, a ausência de despedida e das últimas palavras que poderiam ocultar sinais vitais capazes de lhe acender esperanças, a penumbra da casa silenciosa, o filho em desamparo buscando salva-vidas no mar da infância, ou na TV que relata um lugar de colinas e vales verdes e de rios caudalosos.

Outro Olhar **103**

Edward está em busca de coisas simples, porém, valiosas. Como professor, relata os horrores de uma guerra na qual carroças com corpos feridos adentram terrenos pedregosos para que, no balançar, caiam sugerindo acidente; para evitar a culpa, os condutores não olham para trás – prova inconteste de que fracos morrem e fortes sobrevivem.

O solidário e sensível Jamie mora só. Diz ter namoradas, mas nunca está acompanhado e se divide, angustiado, entre pai e mãe. A solidão poderia ser aplacada no contato com o referido mar da infância onde, parece, ter conhecido a alegria, mas, este, tampouco consegue levantar-lhe o ânimo. Grace, por sua vez, troca a expressão de mulher de convicções inabaláveis que lhe emolduravam o rosto pela máscara da dor.

Enquanto Houver Amor parece avançar de modo irreversível rumo ao trágico, mas o belo roteiro autobiográfico do próprio William Nicholson se encarrega de equilibrar emoções. Ele o recheia de ótimos diálogos e cuida para que, encenados, não pareçam artificiais, e que os poemas ditos e as dores e sofrimento dos personagens passem pelo filtro da sutileza.

E, claro, o humor, igualmente sutil, ao sabor dos britânicos, tem o importante papel de aliviar tensões, como o expresso na cena em que Jamie e o parceiro de trabalho, Dev (Ryan McKen), trocam, via computador, ótimo diálogo a respeito da morte. Ou de como a autoritária Grace supre carências afetivas adquirindo um cão fiel.

No papel de diretor, Nicholson conduz a história com segurança contando com a parceria do excepcional trio principal de atores e não se deixa seduzir pelo encanto das imagens bonitas da cidade turística, mas as integra como parte essencial da narrativa. Idêntico direcionamento se nota na trilha de Alex Heffes, melancólica na medida certa e tão bela quanto delicada.

Por contar a história de casal maduro que completa 29 anos de convivência e por não estabelecer a clássica divisão de heróis e heroínas em contraponto com vilãs ou vilões, trata-se de filme raro. São personagens criados da mesma matéria-prima de homens e mulheres comuns; portanto, humanamente contraditórios e humanamente coerentes.

* Publicado no site Hora Campinas em 2022

LIBERDADE QUE PASSA
PELO EROTISMO*

Filha de argelinos, a parisiense Kamir Aÿnouz é irmã de Karim Aÿmouz, o brasileiro diretor, entre outros, do ótimo *A Vida Invisível* (2019). Por esta conexão afetiva com o Brasil, não há como prescindir desses dados para apresentar *Charuto de Mel* (Cigare au Miel, França/Bélgica/Argélia, 2020, drama, 1h36 min.), primeiro longa-metragem da cineasta.

Nos créditos finais, vemos que ela dedica o filme à mãe. Primeiro, porque Kamir assume contar história com toques autobiográficos (razão de citarmos o irmão e a ligação com o Brasil) e, segundo, porque ela conhece as implicações de ser mulher em sociedade patriarcal aferrada a costumes tradicionais.

"Por que a preocupação com os estudos, se vocês só pensam no meu casamento"? O questionamento é da protagonista Selma (Zoé Adjani) dirigido ao pai (Lyes Salem) e à mãe (Amira Casar, em destacada performance). E ela ainda poderia enunciar em quais condições se daria tal união: guardando a virgindade para um moço argelino.

Selma não se interessa pelos estudos nem pela virgindade e tampouco pela insistência dos pais em lhe arranjar casamentos com moços da Argélia. Ela quer ser livre para fazer o que lhe parecer melhor com a própria sexualidade.

O conflito se estabelece a partir dessa intenção da garota, mas a permissão entregue de graça aos homens de famílias conservadoras é negada de forma veemente às mulheres. Ademais, o que ela ganhará se casar com a alguém de idêntica nacionalidade?

A tentativa com o bem-sucedido executivo de banco, Luka Toumi (Idir Chender), se revela um desastre. Se os pais soubessem o que aconteceu, talvez aprendessem que caráter não se mede pela procedência e que pouco importa se o sujeito nasceu na Argélia, França, Itália ou Rússia.

O francês Julien (Louis Peres) foi mais nobre – ela até dá sinais de ter se apaixonado –, mas dispensaria o também francês, amigo e parceiro de república dele, um machista tolo.

O texto parece induzir que Selma fez uma escolha e, agora, não quer correr os riscos próprios dessa escolha e começa a posar de vítima? Se esta é a impressão, aclaremos. O filme assume a postura de Selma em se deleitar no sexo, prazer explicitado nas cenas nas quais se masturba, no jeito de aceitar o trote sexista dada à caloura na universidade, nas noites com Julien, nos podcasts sobre o tema que ela costuma ouvir, etc.

Porém, há a entrelinha, a camada mais abaixo do dito e revelado da história dessa garota de 17 anos, superprotegida, com hora para chegar em casa e com pai que mais parece vigia. Militante contrário ao regime islâmico instalado na Argélia (estamos em 1993) ele não titubeia em desrespeitar a esposa, assim como pretender ser eterno tutor da filha e levá-la de volta ao país de origem, a fim de protegê-la.

Mais uma lição para o pai aprender. Para ser respeitado faz-se necessário respeitar, pois ninguém é melhor que ninguém – somos todos (homens e mulheres) iguais perante a lei e perante Deus.

Cercada de religiosos dominados por preceitos e pelo terror da guerra e seus soldados armados, a viagem de Selma para a Argélia tem o poder de fazê-la pensar na ancestralidade, em meio às montanhas solenes, ao mar carregado de pedras que parecem flutuar naquele ambiente há milhões de anos, aos cactos do terreno dela comprado pelos pais e que lhe dão fruto saboroso, o convívio com as mulheres da família, em especial a avó materna, e o preparo afetivo da comida.

Acompanhada da ótima trilha de Julie Roué, no bom roteiro escrito pela própria diretora Selma está a um passo de ser seduzida pela cultura impregnada nela. Se ficar no país, em breve estará condicionada aos princípios locais e terá de lutar contra o preconceito, pelo direito de ser gente e de ter idênticos privilégios – temas que amedrontam regimes autoritários e religiões que transformam fieis em escravos.

A volta à França não será diferente, pois sofrerá preconceito por levantar bandeira masculina da sexualidade livre. Em *Charuto de Mel*, a luta passa pelo erótico, mas ela sabe que o erotismo é só uma das facetas dessa luta. Que o diga a mãe de Selma. Que o diga a própria Kamir Aÿnouz ao dedicar o filme à mãe.

* Publicado no site Hora Campinas em 2022

PAI E FILHO SE
REDESCOBREM*

Prazeroso ver Liam Neeson retomar papéis mais consistentes longe dos tipos infalíveis dos filmes de ação. Em *De volta à Itália* (Made in Italy, Inglaterra/Itália, 2020, 97 min.), o bom ator irlandês mergulha com sensibilidade na história de um artista amargo cercado por fantasmas do passado.

Em tempos de espectadores irritados quando se antecipa detalhes da história, o título em português se encarrega de contá-la um pouco. Mas nem precisa se preocupar com spoiler porque o filme não tem enredo intrincado ou grandes viradas.

Há, sim, elementos de outras películas do gênero, como o clichê de mencionar a região da Toscana e fazer dele lugar místico por conta da beleza e da história – algo como chamar o Rio de Cidade Maravilhosa.

No entanto, os clichês que passeiam aqui e ali ganham graça, humor e simpatia por conta do olhar particular do ator britânico, James D'Arcy, encarregado da escrita do roteiro e da direção.

Observe a perfeita solução da cena do jantar entre os três principais personagens: Robert (Liam), o filho Jack (Micheál Richardson) e Natalia (a italiana Valeria Bilello). Ou na sequência simples e cativante em que Natalia apresenta a filha de oito anos a Jack.

Ou, de como D'Arcy aprendeu bem as lições do manual de roteiro, delineando com cuidado cada passo da história; porém, ousa ao criar atmosfera que desperta empatia do espectador desde o começo.

O pintor Robert e o filho galerista retomam à casa da família, na Itália, a fim de vendê-la. Jack está se separando e necessita de dinheiro para comprar a parte da mulher de uma galeria em Londres. A casa, caindo aos pedaços, começa a renascer e, pai e filho, que protagonizam relação distanciada até então, vão se descobrir.

É difícil não falar de comida na Itália? Ou do cinema que gerou cineastas como Fellini, Visconti, De Sica e Antonioni? Ou da alegria dos italianos demonstrada na música acelerada e na simplicidade da vida no interior e disposição em ajudar o vizinho?

São todos lugares comuns. Mas por que há certo encantamento nas pessoas assistindo a um filme ao ar-livre em calorosa noite de sábado após comer massa no ótimo restaurante de Natalia?

O roteirista e diretor usa imagens recorrentes não apenas para dar toque de sofisticação ou de nostalgia ao filme, mas como elementos a serviço do roteiro. Uma cena sutil informa e faz a história seguir adiante.

Caso da referência à mãe de Jack no cochicho de um casal durante a sessão de cinema. A sequência indica os próximos passos do personagem. Ou, no citado jantar a três, quando Natalia descobre o quanto Jack e Robert são capazes de preparar um ragu. São detalhes que nos conquistam, aos poucos.

Quando as verdades do pai e do filho começam aparecer, estamos dominados pela capacidade do diretor em nos seduzir com história simples. Talvez porque o filme se aproveita de alguns ingredientes incomuns: Liam e Micheál são pai e filho na vida real, e a história (também real) da mulher de Liam repercute no filme e lhe confere veracidade e sinceridade nas emoções.

Micheál se revela carismático ator. Veja a cena na qual, embriagado, confronta o pai pela primeira vez. Difícil fazer alcoolizado sem cair no estereótipo. Pois o ator demonstra sofrimento usando palavras fortes, mas é a voz aflitiva que nos convence da emoção que ele experimenta.

De volta à Itália é um filme comum, mas é, também, terno, aconchegante e que cabe bem em um sábado à noite antes de comer massas em restaurante italiano. Vejam que o próprio comentário esbarra no clichê. Que seja.

Depois de mencionar o modo afetuoso de os italianos lidarem com o ato de comer, cantar e referir-se a filmes da respeitadíssima cinematografia do país, some-se mais um: cultivar contatos espalhafatosos sem irritar ingleses frios e medrosos de se tocarem ou mexerem nas emoções.

Em dado momento, Jack diz uma frase com toque de humor, mas de enorme peso emocional. "Aos sete anos, fiquei orgulhoso por não ter chorado no enterro da minha mãe. Hoje, moleques choram quando derrubam sorvetes".

Se para nada servisse a curta viagem que fariam à Itália, os britânicos Robert e Jack, já teriam ganhado a vida. Mas eles ganharam muito mais: perderam o medo e aprenderam a chorar.

* Publicado no site Hora Campinas em 2022

METÁFORAS DE UMA
HISTÓRIA DE AMOR*

Boa parte de *O Jardim Secreto de Mariana* (Brasil, 2021, 1h27 min.) se passa em Brumadinho, cidade da Região Metropolitana de Belo Horizonte, Minas, que, há dois anos, virou notícia no mundo inteiro depois do rompimento da barragem que quase a destruiu. Hoje, ela passa pelo processo de reconstrução.

Não é fácil usar metáforas porque nem sempre funcionam. No filme de Sergio Rezende quase sempre dá certo. A começar dessa referência à cidade mineira. Mariana (Andréia Horta) e João (Gustavo Vaz), ambos, bem no papel, vivem história de reconstrução. A propósito, a cidade de Mariana, também em Minas, viveu tragédia semelhante em 2015. E, igualmente, se reconstruiu.

Há outras metáforas. Como a paixão dos dois, acolhida na exuberância da fazenda herdada do pai de João, Zé Cristiano (Paulo Gorgulho), que ele sonhava ver tomada por família grande, e na qual a vida pulsa. E existem os canteiros onde Mariana cultiva flores, que (péssimo prenúncio) acabam tomadas por pragas; tem, ainda, a decomposição da relação do casal e a ironia da botânica especialista em reprodução encontrar barreiras para se realizar no papel de mãe.

Segue-se a busca pela maternidade, o doloroso processo de juntar cacos, a profissão que permite Mariana fazer palestras e descobrir que flores podem reproduzir sem parceiros, e o convívio com o jardim real – palco das discussões com o marido.

Há excesso de metáforas. Daí se dizer que "quase sempre dá certo" porque ficam aquelas sobras, arestas que, eliminadas, deixariam mais consistente e arejado o roteiro escrito pelo próprio cineasta – no qual, também, há descuidos, como os artificiais diálogos iniciais.

Existem outros excessos. A nudez, por exemplo. Sergio Rezende inicia a carreira no tempo em que o cinema brasileiro abusava da nudez e de palavrões, tendência tida como contestatória – e havia razões para se contestar.

Outro Olhar **109**

A internet mudou tudo. Entre muitas coisas, acabou com revistas masculinas e sessões de filmes eróticos na TV (hoje, canais pornôs passeiam pela sala de estar). Não se trata de moralismo e de castigo à nudez; tampouco de hipocrisia.

Hoje, com sexo explícito em profusão, bastaria recorrer à melhor aliada do cinema, a imagem, e com uma cena erótica síntese induzir o espectador a imaginar a dimensão da paixão daquele casal. Síntese que, em meio atmosfera idílica, ele cria na bela sequência em preto e branco e evoca o François Truffaut de *Jules et Jim* (1962).

Em se tratando de linguagem, o diretor, talvez, entre na lista do estudante de cinema que classificou *ET- O Extraterrestre* (Steven Spielberg, 1982) de "parado demais". Afinal, os tempos atuais exigem de todo filme ter edição acelerada, planos curtos, fragmentação, poucos diálogos.

O Jardim Secreto de Mariana tem ritmo, tempo e diálogos corretos. Até porque a editora do filme é Maria Rezende, filha de Sergio – outra geração. Tê-la como parceria de trabalho seria suficiente, mas ele ainda tem a filha cineasta, Julia Rezende, com quem, imagina-se, troca impressões.

Quem sabe seja esta a razão de o filme ter postura contemporânea no conteúdo, como sugere a família que se forma ao final. Se havia dúvida, ela desaparece quando sabemos que a editora Maria Rezende também colaborou no roteiro.

Mas é bom lembrar que a mudança de comportamento, notadamente a sexual, começou no final dos 1950 e varreu os anos 1960. Jovens de hoje, sim, formam famílias cada vez mais inusitadas – iguais às do filme.

Mas há diferença e independe de mudanças sociais, históricas e comportamentais. A sociedade moderna se acostumou a deixar o passado (a herança de que falava o pai de João) para trás, se desapegar do que construiu e, avidamente, mergulhar nas experiências novas, quase sempre voláteis e, que, aos poucos, também ficarão pelo caminho.

Na história criada por Sergio, Mariana e João apostam na solução mais difícil, complicada e desgastante: a reconstrução, porque debaixo dos escombros ficou a marca indelével de uma história. Conhecê-la para não repeti-la, eis a sabedoria impressa no filme e nascida de alguém que já viveu uns quantos anos mais.

* Publicado no site Hora Campinas em 2022

POÉTICA E DOR EM
DRAMA IRANIANO*

Impressionante como Mahnaz Mohammadi, diretora de *Filho-Mãe* (Pesar-Madar Irã/República Tcheca, 102 min. 2010), consegue obter poesia em filme permeado de dor e sofrimento. Este é o primeiro elogio ao trabalho desta mulher – uma incômoda raridade – que faz cinema no Irã. E realiza com extrema competência, sensibilidade, consciente de onde deseja chegar ao conceber um drama com características de suspense.

O ritmo imposto por Mahnaz Mohammadi lembra o thriller porque está recheado de acontecimentos que provocam tensões, atropelos e constantes mudanças de rumo na história. Ao mesmo tempo, a diretora não perde de vista que está narrando um drama com todos os ingredientes próprios do gênero – que, em última análise, define o filme.

A poética da narrativa se estabelece a partir das esvoaçantes vestes negras da protagonista Leila (Raha Khodayari). Na sociedade instituída para homens, o traje que, supostamente, simboliza respeito escancara a opressão e revela o quanto o poder da ancestral culpa presente na tradicionalista e mesquinha sociedade islâmica iraniana pesa sobre os ombros das mulheres.

Não se trata de crítica à fé, mas ao machismo e à submissão feminina presentes nas religiões. Neste caso, o islamismo; porém, evangélicos conservadores do Brasil também exigem das mulheres, por idênticos motivos, desnecessários cabelos e vestidos longos.

O fato de a direção estar entregue a uma mulher faz a diferença. A sensibilidade de compreender a força do simbolismo dessa roupa impregnada na cultura iraniana dentro do complexo e misterioso sistema social do país permite a Mahnaz Mohammadi encontrar o fio poético.

Circulando nas ruas da grande cidade, correndo para tomar ônibus, levando a filha doente para o hospital, Leila está permanentemente coberta pela vestimenta – apenas mãos e rosto ficam à mostra.

A imagem, que esconde o corpo tenso e dividido da sofrida mãe, paradoxalmente, explicita o momento mais bonito do filme: as esvoaçantes roupas pretas em meio à neve parecerão vestir um anjo e comporão

Outro Olhar **111**

preciso contraponto. No confronto entre as cores extremas, o signo de opressão é o mesmo que desvela a beleza.

Leila é mãe solteira e trabalha duro em uma fábrica para sustentar os dois filhos: uma menina de colo e o garoto Amir (Mahan Nasiri), que tem por volta de doze anos. Prestes a ser demitida, encontra possível saída para o drama, na proposta de casamento feita por Kazem (Reza Behboodi), motorista terceirizado do ônibus que transporta trabalhadores da fábrica.

Um casamento àquelas alturas e, claro, naquele contexto, cairia muito bem à Leila, mas ele embute inescapável exigência: Amir não poderá acompanhá-la, pois o motorista tem uma filha na idade do menino e não convém que morem juntos, pois seria motivo de fofoca e poderia inviabilizar futuro casamento da menina.

Quem estabelece insistente ponte entre o futuro casal é a alcoviteira Bibi (Maryam Boubani). Ela tem interesse em que o menino seja internado em escola de deficientes físicos, pois ganhará parte da mensalidade paga pela mãe do garoto. Um dos bizarros argumentos usados por ela para convencer Leila a se casar. "Você ainda é bonita, daqui dois anos ninguém olhará na sua cara".

A dúvida e o sofrimento de Leila e a dor de Amir, por separar-se dela, fazem de *Filho-Mãe* um filme de cortar o coração do espectador mais sensível. O olhar desconfiado do garoto ao saber que Bibi trama essa separação e o olhar perdido depois que a separação se consuma, provoca sentimento de raiva ante a um sistema tão determinista que parece feito com o objetivo de ver as pessoas sofrerem.

Ao mesmo tempo, desperta-nos ternura pelo garoto desamparado e solidariedade à mãe obrigada a fazer tão dolorosa escolha. Torcemos pelo fim do drama de Leila e queremos Amir junto da única pessoa confiável e a quem ama que ele possui. E se não há um mocinho e uma mocinha, certamente, existe uma vilã, Bibi. A ela não interessa o sofrimento da mãe nem do filho, mas os dividendos financeiros.

Um conflito e tanto colocado nas mãos de Leila. O filme triste e doloroso, no entanto, está posto nas mãos da diretora que soube dosar a dor e usar a poética como bálsamo. No belíssimo plano final, ainda vemos o olhar perdido de Amir, mas é também um olhar de esperança.

* Publicado no site Hora Campinas em 2022

IMPOSSÍVEL FICAR
INDIFERENTE*

A pandemia mudou nossa vida, das questões mais drásticas ao lazer – ir ao cinema, por exemplo. *Nomadland* (Nomadland, EUA, 2020,1h48 min.), de Chloé Zhao, ganhou o Leão de Ouro, em Veneza, no ano passado, e neste 2021, recebeu o Oscar de filme, diretora e atriz, todos merecidos. Chegou aos cinemas do Brasil em abril, mas quem, em meio à quarentena, se aventurou a vê-lo?

Parece estranho publicar a crítica do filme agora. Ocorre que a rede Telecine acaba de colocá-lo na grade tornando-o acessível a um público mais amplo. E não dá para ficar indiferente.

Estruturalmente, trata-se de híbrido de ficção (concebido como história ficcional) com documentário, porque há personagens nômades reais, como Linda May, Swankie e Bob Wells, que representam eles mesmos.

Tal estrutura beneficia a narrativa porque esses personagens são a materialidade da crise econômica de 2008, nos Estados Unidos, quando começa o filme e Fern (Frances McDormand) se vê obrigada a pôr o pé na estrada, tendo uma van como casa, porque já havia perdido o marido e, Empire, Nevada, a cidade onde vivia, desapareceu com o fechamento da fábrica onde trabalhava.

Ver pessoas acima dos 60 anos sofrendo efeitos cruéis da crise permite-nos enxergar o grande e rico país capitalista sob outra perspectiva: na terra das oportunidades, quem não serve mais ao mercado é lançado fora.

E quem precisa, ou gosta de trabalhar, como Fern, até poderá até usar o crachá da poderosa Amazon por tempo determinado, mas terá de esquecer a condição de professora para se submeter a qualquer serviço (limpar banheiros imundos e ser desrespeitada por homens grosseiros, colher beterraba no Nebraska, trabalhar na cozinha de fast food).

A chinesa Chloé Zhao, também roteirista, soube usar bem o drama descrito no livro homônimo de Jessica Bruder. E soube explicitar a dramaticidade do norte-americano ciente da própria dignidade, autosuficiência e aversão à vitimização, como mostra a cena em que alguém oferece lugar mais aquecido para Fern dormir e ela declina.

Chloé também evita a comoção. As histórias são tristes, pois as personagens estão solitárias, longe das famílias e lutando para sobreviver; portanto, a drama está posto e não há necessidade de lhe acrescer dimensão maior.

Assim, a diretora se apega às imagens porque elas dizem palavras. São paisagens solenes e cenários com nasceres e pores do sol nos quais os personagens são colocados à prova o tempo todo, pois elas são um chamado à melancolia ante a saudade de casa e de entes queridos.

Para além de adereços bonitos, a trilha sonora de Ludovico Einaudi desperta sentimentos profundos de tristeza e de beleza em casamento que cai à perfeição a uma história de grandes perdas e de pequenas conquistas geradas em contexto no qual sobressaem generosidade, cuidado com o outro, afeto (que, muitos, talvez, nunca tivessem experimentado) e amizade iguais à de Fern com Dave (David Strathairn).

Frances McDormand traduz esses sentimentos com poucas palavras, expressões de rosto do rico repertório que possui, gestos, postura corporal, olhar que pode ser terno e ríspido e a incorporação da solidão de um modo a não parecer derrotada e, ao mesmo tempo, incapaz de esconder a carência.

Lindo quando ouve poema de ex-aluna ensinado por ela; lindo quando declama outro poema ao jovem nômade Derek (Derek Endres) tão cheio de vida e de futuro e, no entanto, largado na estrada como se não houvesse um destino, um ponto de chegada, saídas possíveis.

Nomadland é quase desesperançado. Não, quando Swankie atinge o objetivo que havia traçado de chegar ao Alasca e se encanta com os filhotes das andorinhas saindo das cascas e os pedaços do invólucro que as abrigou na gestação caindo no rio formando pontinhos brilhantes e desvelando espetáculo de exuberância da vida.

Ou quando, ao redor da fogueira, amigos homenageiam alguém que partiu, ou, ainda quando a forte, corajosa e decisiva Fern decide se desfazer do passado e ir ao encontro do que lhe pode dar esperança.

Afinal, a vida é feita de tribulações, tragédias, muitos perigos e não poucos desassossegos e desencontros e, para encará-los, faz-se necessário superar os medos. Mas a vida também oferece encontros, alegrias, belezas, renascimentos e encantos e seremos sábios quando tivermos a coragem para receber as oferendas e desfrutar delas.

* Publicado no site Hora Campinas em 2022

AMIGOS SONHAM COM
LUGAR IDEAL*

Cidadãos do Mundo (Lontano Lontano, Itália, comédia, 2020, 91 min.), de Gianni Di Gregorio, escancara como a insatisfação, para o bem ou para o mal, é parte essencial do ser humano. O adolescente Abu (Salih Saadin Khalid), natural de Mali, país sem saída para o mar na África Ocidental, tinha todos os motivos do mundo para abandonar a aldeia onde vivia. Uma bomba matou a mãe dele e a avó, ele fugiu para a Itália e sonha ir mais longe: chegar ao Canadá a fim de ficar ao lado do irmão.

Mas, e três homens adultos, dois deles aposentados, que estão infelizes com a situação econômica da Itália e querem deixar Roma em busca de lugar melhor? A velha Roma imperial, do coliseu, da Fontana di Trevi, do panteão, da Capela Sistina de Michelangelo (o momento epifânico em que o dedo de Deus toca o homem), nada tem que atraia esses senhores? Pelo jeito, não. E onde estaria esse paraíso?

Eles decidem consultar um idoso entendido no assunto, que mostra as vantagens e desvantagens oferecidas pelos países. A Austrália, por exemplo, é maravilhosa; porém, os mares que a cercam estão tomadas de águas-vivas, ser aquático que pode ferir e matar o humano em cinco minutos. A Tailândia exige do aventureiro que eles se casem com mulheres locais. Açores, ilha localizada no Atlântico, acaba sendo escolhida como o lugar onde todos os sonhos poderão ser realizados – seja lá o que isso signifique.

Então, bora aprender português. É fácil, parecido com o italiano. Ledo engano. A primeira aula revela-se um fracasso, pois os alunos não conseguem nem articular a palavra cavalo. Quer dizer, o Professor (Gianni Di Gregorio) consegue. Ele foi professor de latim e grego, é o mais centrado dos três, tem bom salário como aposentado, toma vinho, lê o jornal do dia no café da esquina e gasta horas em prosa como amigo Giorgetto (Giorgio Colanseli).

Este, sim, está de mal com a vida. Resmunga com o irmão dono de banca de frutas, reclama da vida, do salário e, veja bem, está infeliz vivendo em Paris. Quero dizer, em Roma. E ele conhece o garoto de Mali, pois cede o banheiro da casa para o menino se lavar todas as noites. Pobre Giorgetto: nessa idade e ainda não aprendeu muita coisa.

O terceiro chama-se Attilio (Ennio Fantastichini). Bem, esse é free as bird (será que caberia citação dos Beatles? Sim, Beatles cabe em qualquer lugar). Então, Attilio é livre como um pássaro e o que vier será bem-vindo. Ele nem sabe a razão da visita do Professor e de Giorgetto à casa dele, aliás, nem os conhece e, mesmo assim, topa viajar – e Açores está de bom tamanho.

Talvez até Mali servisse. Soa estranho? Pois veja o filme para saber o motivo da afirmação. Detentor de vasto currículo, já fez de tudo na vida; atualmente, comercializa objetos antigos. Com um detalhe: um espelho quebrado, segue quebrado para manter a autenticidade de antigo.

A preparação dura uns quantos dias e, nesse período, a vida dos três sofre sutis transformações. O professor paquera mulher que frequenta o mesmo café onde ele lê jornal e toma vinho; Giogertto precisa de um favor do irmão e vislumbra algo até então obscuro e Attilio conhece Abu, o menino que viu uma bomba destruir a família dele.

A partir do roteiro do próprio diretor (com Marco Pettenello), Giorgio Colanseli dirige a comédia construída de pequenos achados engraçados – está mais para o sorriso que a risada, a graça se coloca nas entrelinhas, nos detalhes, nas ironias econômicas. Eis a força do filme.

A primeira foto que ilustra este texto é perfeita para corroborar com a ideia de sutileza da comédia do diretor italiano. Tal imagem pode parecer banal, superficial e até faça adormecer nossos sonhos mais profundos ou domesticar nossos desejos ou, ainda, amenizar nossas insatisfações.

Ocorre que, às vezes, é necessário descobrir a grandeza do que nos parece modesto, desprovido de imponência, distante do grandioso, como desfrutar do prazer de saborear um pedaço de melancia. Ou estar em casa, mesmo que a casa seja um lugar em desalinho, escurecido, sem brilhos e longe da nobreza. Só então entenderemos porque a obra de Michelangelo pode provocar epifanias.

* Publicado no site Hora Campinas em 2021

SIMPÁTICO CONTO DE NATAL*

O veterano ator, roteirista e diretor Michel Blanc é o protagonista e domina a cena em *O Bom Doutor* (Docteur?, França, 2019, 90 min.), de Tristan Séguéla. Domina até a entrada do comediante e youtuber Hakim Jemili, com quem terá de dividir espaço. Bom para o espectador que tem a chance de assistir ao lúdico embate entre o artista de larga experiência e o jovem talentoso.

Impressiona a performance dos dois atores em jogo de interpretação que parecer fácil (mas não é), como as antigas e famosas duplas do futebol. Um olhar, um aceno, um gesto. Pronto: cena está resolvida. Claro que existe a mão do condutor, que dá vida cênica a esse jogo a partir dos roteiristas (Jim Birmant e o próprio diretor) que o conceberam. É assim que nascem bons filmes.

O Bom Doutor pode ser definido como simpático conto de Natal que tem na simplicidade a característica principal, pois se trata de história sem grandes alternâncias e edificada a partir de situações inusitadas, que, às vezes pendem para o drama, outras vezes para o humor.

Trabalhar com roteiro dessa natureza e tornar o resultado final efetivo, eis o mérito do filme. Ele não tem a pretensão de ser grandioso nem de se concentrar em temas eloquentes ou entrar para a história do cinema mundial. O único objetivo é sensibilizar o espectador.

Daí a necessidade da presença dos dois bons atores que estão, praticamente, o tempo todo em cena. Daí a boa direção, a fotografia difícil de Frédéric Noirhomme, escura ou na penumbra, porque toda a trama acontece durante a noite.

E, ademais, são situações nas quais as pessoas estão enfermas, atendidas pelo médico em casa, nos hospitais e nas ambulâncias, ou que contemplam a solidão de um médico de plantão se locomovendo pelas ruas noturnas e desertas de Paris – uma vez que a maioria da população está trancada em casa se empanturrando da comida do Natal.

E Serge Mamou-Mani é um velho médico cansado de guerra, capaz de dormir durante a consulta, tratar de modo grosseiro a um bebê, na divertida sequência inicial, ou ser indiferente com o sofrimento alheio em momento tão sensível como encarar a enfermidade.

Ocorre que ele também passou por maus bocados na vida. Não justifica, mas explica porque tamanho distanciamento dos doentes. Foi durante o Natal, seis anos antes, que uma tragédia se abateu sobre a vida dele. Portanto, a data lhe traz más lembranças e ainda tem de trabalhar de plantão.

Malek Aknoun, entregador de comida, é pobre, usa bicicleta alugada do serviço público para trabalhar e, igualmente, está longe das festas familiares, tendo de ralar em plena noite de Natal.

O encontro casual de ambos obedecerá as velhas tramas entre o velho e jovem, o sujeito mal-humorado e cara otimista, um desastrado porque está ansioso e triste, outro porque a natureza o fez assim. Do manjado desconforto inicial à amizade e ao envolvimento profissional, será um pulo.

Mamou-Mani atropela Malek e, machucado, não poderá continuar atendendo. No entanto, os prováveis substitutos dele estão em viagem das festas de fim de ano e as chamadas da atendente do hospital não param de chegar. A solução absurda será transformar um entregador de comida em médico.

O filme se construirá, portanto, do absurdo. Nada que não tenhamos visto antes do cinema: confusões de todas as naturezas, sustos e situações limites e, apesar das tensões, tudo levado com o devido humor, como pede a comédia ou o conto de Natal. Sim, porque o roteiro aproveita a data para dar aquele toque que sempre nos comove, como reconciliações, mudanças de perspectivas, sonhos que renascem.

A vida tem sido dura para todos nós, mas para quem se faz receptivo, o despretensioso *O Bom Doutor* embute poder que nem sempre permitimos aflorar: ele não desmente a complexidade da vida, mas nos lembra que ela também é simples. E simplicidade pode estar na arte de domar instintos autodestruidores e encarar a jornada do dia-a-dia com mais leveza.

* Publicado no site Hora Campinas em 2022

ATROCIDADES DE REGIMES
AUTORITÁRIOS*

Quando Agnieszka Holland narra a história na qual predominam o uso da força e da ideologia do tempo em que a antiga Tchecoslováquia vivia sob domínio soviético os cenários de *O Charlatão* (Charlatan, República Checa/ Irlanda/ Eslováquia/ Polônia, 2020, drama, 118 min.) são lugares, em geral, fechados e de cores em tons quase sempre escuros do acinzentado ou do ocre. Ou seja, um mundo encoberto e sombrio.

Ao remeter ao passado do protagonista Mikolášek adulto (Ivan Trojan; Josef Trojan interpreta o personagem jovem) descobrindo a vocação para a cura de doenças ou nos idílicos passeios com o namorado Frantisek Palko (Juraj Loj) os espaços se tornam abertos e a tela se enche de cores – signos de esperança.

Os dois tempos em contraponto são, portanto, determinantes na narrativa da diretora polonesa. Não importa a ideologia nem o país, tampouco as motivações: ditadura ou qualquer regime que flerte com algum tipo de ausência de liberdade é inadmissível.

O garoto Mikolášek, que tem o poder de prever o futuro, desenvolveu o dom da cura a partir do estudo das plantas e o aperfeiçoou com ajuda de curandeira. Ele curou muitos pobres que não tinham acesso aos cuidados médicos do país e até Antonin Zápotocký, o presidente da Tchecoslováquia entre 1953 e 1957.

Assim agem governos de exceção: se o sujeito pode curar o ditador, tudo bem, ele está prestando serviços à nação. Se, no entanto, começa a chamar excessiva atenção para si e a conhecer meandros do poder – como Mikolášek conhecia, ao ponto de se sentir protegido pelo regime – alguma providência precisa ser tomada.

Pior para o rapaz de dons especiais se ele não se comporta de acordo com os princípios morais dos detentores do poder. Pois, junto com o dom da cura, Mikolášek desenvolveu o estranho (para os ditadores) hábito de, sexualmente, apreciar homens, em vez de mulheres, como determina o padrão (ainda segundo os ditadores).

Mas os tempos mudaram. O presidente está morto, Mikolášek perde a influência que julgava ter no governo, passa a ser vigiado 24 horas por dia e, de repente, as truculentas autoridades comprovam os tais "estranhos" hábitos e ele passa a ser vítima de perseguição implacável.

Em uma das buscas, um "gentil" policial remete ao ditador russo, Josef Stalin (que havia morrido em 1953), como alguém capaz de colocar o curandeiro "nos eixos".

Enquanto trava a luta inglória contra donos da verdade de um poder imposto pela força enfrenta outro opositor maior que ideológico: ele mesmo, corroído pela culpa que espia com terríveis torturas.

Incapaz de vencer o amor socialmente proibido pelas autoridades e, que, ele próprio renega, Mikolášek se entrega ao prazer e, para isso, usa armas nem um pouco generosas. O sujeito iluminado por Deus para atenuar a dor do outro também sofre dores e comete pecados – nada mais humano.

Obviamente, ele não será indiciado por gostar de rapazes. Ditadores não se sujam por tão pouco. Ele será preso e irá a julgamento depois de ser encontrada estricnina nos corpos de dois homens que ele havia tratado. Mentira que encobre outra mentira e se estabelece como verdade em meio ao ambiente corrupto.

As atrocidades cometidas por governos dessa natureza, tanto da esquerda quanto da direita, são inumeráveis. Servem-nos hoje para, uma vez conhecida a história, não repeti-la. Serve-nos como documentos comprobatórios de que, com todos os defeitos da democracia, ainda não inventaram nada melhor que ela.

Inacreditável que, de tempos em tempos, alguém ouse ressuscitar regimes de exceção. Ou não sabem o que eles significam ou estão, pacientemente, preparando o ninho no qual insuspeitos ovos gestam sinistras serpentes.

* Publicado no site Hora Campinas em 2022

A DELICADEZA DE
MÃES DE VERDADE*

A vida só terá sentido para a jovem Hikari (Aju Makita), se ela encontrar o filho amado. E só há um princípio capaz de dar sentido à vida da dona-de-casa Satoko (Hiromi Nagasaku): desfrutar da alegria da maternidade desde que não seja a qualquer preço. Estes conflitos norteiam *Mães de Verdade* (Japão, 2020, 2h20 min.), da premiada nipônica Naomi Kawase, considerada uma das mais importantes cineastas da atualidade.

O roteiro da diretora e de Izumi Takahashi e An Tôn Thât, escrito a partir do romance de Mizuki Tsujimura (2015), evita mergulhar no lado sombrio do ser humano. Antes, são conflitos que ressaltam nossa porção iluminada: amor, no caso de Hikari e ética, no de Satoko (que nasce de sentimentos bons, como misericórdia e desapego).

Coincidência ou não (certamente, não), trata-se de um filme quase todo realizado por mulheres: autora do romance, diretora, roteiristas, personagens centrais e a temática. Corre o risco de cair no clichê quem aposta que o olhar feminino no cinema é mais delicado e sensível que o dos homens, mas, em *Mães de Verdade*, esta tese resulta corretíssima.

Uma das razões, como foi dito, é a capacidade de criar situações antagônicas sem ressaltar o lado obscuro do ser humano – um mérito e tanto. Claro que há sofrimento. A ausência do filho desperta dor, saudade e revolta em Hikari por causa das circunstâncias que determinam a separação. A possibilidade de perder o filho gera medo, insegurança e raiva em Sotoko. E, no conceito moralista da sociedade, em especial da mãe de Hikari, surge nossa porção desprezível; porém, esta não a temática protagonista.

Outra razão é a delicadeza da direção no tratamento dos temas. De um lado, Hikari fica grávida aos 14 anos e a família a obriga a se internar em clínica longe da cidade dela e onde ninguém saberá do nascimento da criança. De outro, casal impossibilitado de ter filhos adota Asato (Reo Sato) sem mensurar, inicialmente, as razões de a garota se desfazer do bebê.

São assuntos complexos. Em história similares, contadas em outros filmes, é comum haver um vilão (ã) fazendo o jogo do mal contra o bem. Nas mãos de Naomi Kawase, a história ganha força não pelo embate entre as partes, mas pela busca soluções. Aqui, a dor é dividida e a compreensão compartida.

A delicadeza da direção vem acompanhada da beleza. As cenas iniciais da mãe adotiva Sakoto com Asato são comoventes. Sim, é fácil se encantar com crianças, mas também há espaço de encanto com a mãe, que é adulta, porque Hiromi Nagasaku alcança performance brilhante ao expressar ternura com apreensão e felicidade e com insegurança e consciência do papel dela – qualidades que demonstram o tamanho do talento da atriz.

E é sutil e, ao mesmo tempo, exuberante a maneira como a direção se utiliza das paisagens dos vários cenários do filme como se fossem vinhetas que nos distanciam da dura realidade: pode ser panorâmica sobre a cidade, ou as famosas flores de cerejeiras, passeio de Hikari com o namorado Takumi (Taketo Tanaka) em uma ponte, ou cuidado com as variações de cores nos flashbacks; estes, quase sempre, associados ao sépia.

Obviamente, o filme desperta a empatia do espectador. E, mesmo sendo um melodrama, e de as lágrimas aparecerem em diversos momentos na vida dos personagens, a diretora evita eloquência na encenação. O choro de Hikari, ao entregar o filho, por exemplo, é tão sofrido, mas tão contido que parece querer esconder a dor. Entretanto, provoca poderoso efeito dramático.

Ao terminar a sessão, ficamos com a impressão de termos visto um filme sombrio e, de fato, a sensação se confirma se pensarmos que a vida de Hikari tem desacertos de sobra. Ocorre que a direção trata colorir as dificuldades porque estas fazem parte do drama. Passada a impressão inicial, percebemos que o filme tem várias camadas e então ele se revela triste, mas, também, generoso.

* Publicado no site Hora Campinas em 2022

DRAMA DA MORTE ANUNCIADA*

Um dos prazeres de assistir a uma boa trama, para a maioria dos espectadores, está no desafio de imaginar o desfecho. Em *A Despedida* (Blackbird, EUA, 2019, 97 min.), de Roger Michell (do delicioso *Um Lugar Chamado Notting Hill,* 1999), o título em português entrega parte da história: no início, não sabemos quem nem como, mas alguém irá partir.

Há quem entenda que o mais importante não é a narrativa da história, mas o modo como se conta e, portanto, não existem preocupações sobre se o texto crítico contém ou não spoilers. Porém, para os que se preocupam com a história, há necessidade de adiantar pelo menos um detalhe porque a trama está longe de ser digerível e é justo que o espectador saiba do que se trata: o filme toca o tema da morte anunciada.

A carismática Susan Sarandon sabe, como poucas atrizes, explorar a delicadeza. Bom exemplo está na comovente cena inicial. No café da manhã, em espaço aberto da casa, ela baila sozinha, sob olhares do marido. A música deve lhe trazer boas lembranças porque a maneira como dança, arqueando o corpo em suave balanço, é bonito e amoroso, como se fosse um sutil gesto de agradecimento à vida.

Se a trama envolve partida, traz, também, acerto de contas. A família está convidada pelos pais para fim de semana na casa da praia. Susan interpreta a mãe Liv e, Sam Neill, o pai, Paul. As duas filhas são a comportada Jennifer (Kate Winslet) e a destrambelhada Anna (Mia Wasikowska).

A primeira está acompanhada do marido Michael (Rainn Wilson) e do filho Jonathan (Anson Boon) e, a segunda, da namorada Chris (Bex Taylor-Klaus). E tem a personagem importantíssima da amiga do casal, Liz (Lindsay Duncan). Faz sentido citar todo mundo porque são personagens fortes e decisivos.

Liz, por exemplo, está envolvida em história do passado, que irá mexer com Jennifer, mulher cheia de recatos, que traz Kate Winslet de volta para um papel digno de seu talento. A presença de Chris colocará lenha na fogueira da relação entre as irmãs. Elas passaram a vida brigando e, a mãe, pela postura frente à vida, sempre se sobrepôs às filhas.

Outro Olhar **123**

O adolescente Jonathan, escondido no início da trama, crescerá ao ponto de virar referência de futuro no sentido de apostar na realização pessoal e de tirar dos ombros o peso de viver em família marcada por ressentimentos e frustrações.

Dois dos momentos mais bonitos envolvem, justamente, Jonathan: em conversa franca com a avó sobre os planos dele e quando acompanha o pai na tarefa de cortar pinheiro para se montar árvore de Natal. A força da primeira cena está no fato de que aquele, talvez, tenha sido o momento no qual a vida do garoto tomou novo rumo. Na segunda, a singeleza de comemorar o Natal quando ainda o Natal está bem longe; porém, esta foi a data escolhida para marcar a despedida.

O bom roteiro de Christian Torpe, a partir da ideia original do diretor dinamarquês Bille August, reúne todos os ingredientes de bom drama familiar. Anda difícil falar sobre assuntos dramáticos nestes tristes tempos em que vivemos – no Brasil, em especial –, mas bom modo de lidar com dramas pessoais é observar o outro.

Pode haver identificação ou empatia e, nos dois casos, nos aproximamos de nós mesmos, o que pode provocar o choro. Pois era o que faziam os gregos reunidos em arena para assistir à encenação das tragédias e gerava a catarse.

Em *A Despedida,* olhar para nós mesmos será inevitável, pois famílias são todas iguais. Basta que nos identifiquemos com os personagens. Ou, no mínimo, que façamos brotar nossa empatia por eles.

* Publicado no site Hora Campinas em 2022

MULHERES E O MAIO DE 1968*

O emblemático Maio de 1968 não sai da cabeça dos franceses. De tempos em tempos, filmes e outros meios trazem à memória a revolta dos estudantes parisienses que modificou conceitos de uma época. *A Boa Esposa* (La Bonne Épouse, França/Bélgica, 2020, 109 min.), de Martin Provost, retoma o tema de modo um tanto exagerado, mas perdoável por ser comédia – com traços de drama. Mulheres dominam a cena; dois ou três homens que surgem são meros coadjuvantes.

O tom de comédia se vê logo de início. No lugar de meninas grávidas escondidas pelas próprias famílias, como ocorre em filmes dramáticos como *Philomena* (Stephen Frears, 2013), para ficar em um exemplo, adolescentes são levadas a um local a fim de se formarem ótimas esposas. É com esse material que nasce a trama.

Quem dirige a instituição é o casal Robert (François Berléand) e Paulette van der Beck (Juliette Binoche). A morte hilária dele, devorando osso de coelho, iguaria preparado pela dedicada irmã Gilberte (Yolande Moreau), serve como bom exemplo da subserviência feminina: casado, Robert ainda precisa dos serviços da irmã. Com a morte do personagem, a história toma novo rumo.

Bom que seja assim porque no referido ato se vê repetições exaustivas de imposição de autoridade sobre as garotas (em geral, vindas de famílias pobres). Tudo é proibido, regrado, controlado. E tome aulas de como preparar frango ou tecer bordados ou ser atenciosa com o marido.

No segundo ato, o roteiro de Séverine Werba e do próprio diretor se abre para novas possibilidades, pois Paulette descobre que a empresa está cheia de dívidas e, ao recorrer a um banco, depara com o grande amor do passado na figura do gerente André (Edouard Baer).

Então, de história machista na qual o homem se impõe sobre a mulher – como rezava (ainda reza) a tradição, ocorre o equilíbrio. As mulheres esquecerão como se deve preparar pratos ao gosto do marido, assumirão o protagonismo da história e ainda se permitirão amar e serem amadas – ao contrário do casamento formal que Paulette mantinha com Robert. E, no caso do antigo amor, André passará pelo teste de como se prepara um chucrute antes de ser aceito por Paulette.

Estamos no final dos anos 1960, especificamente em maio de 1968 e as ruas de Paris estão tomadas pelas revoltas estudantis, enquanto as meninas viajam para a mesma cidade a fim de participar de competição gastronômica em canal de TV – a cena do programa de TV que mostra as meninas que vão competir é engraçadíssima. Eis a chance de liberdade: enorme engarrafamento muda o foco da caravana.

A coreografia ao final do filme tem o caráter teatral próprio do final daquela década de emitir "mensagens" ao espectador, seja política, social ou comportamental. A referência faz sentido, mesmo que destoe da narrativa que o filme assumiu desde o início.

O diretor talvez queira que dizer que mudaram os costumes, mudou a história e o filme virou quase musical. E, se em Paris, há reivindicação política que envolve até o presidente francês, o general De Gaulle, *A Boa Esposa* aproveita a chance para reivindicar o legítimo lugar da mulher na sociedade, hoje, felizmente, realidade, a despeito de o velho machismo tentar (ainda) resistir.

E se o protagonismo é feminino, a grande Juliette Binoche se encarrega de, uma vez mais, mostrar o talento dela. Não apenas se transforma da mulher certinha que vestia taller e passa a usar a masculina calça, como expõe a alegria de atuar.

Na referida dança, ela parece garota; portanto, a transformação também foi interna – lembra Meryl Streep em *Mamma Mia* (Phyllida Lloyd, 2008), que, aos 59 anos, canta, dança e nada. Tal entrega valoriza o filme e a carreira de Juliette, uma jovem de 57 anos.

* Publicado no site Hora Campinas em 2022

O ONÍRICO E O TRÁGICO

DE *VENEZA**

Veneza (Brasil, 2019, 87 min.), direção de Miguel Falabella e roteiro dele adaptado da peça homônima do argentino Jorge Accame, se sustenta sobre três pilares dramáticos: brincadeiras infantilizadas e dramalhões catárticos que evocam a inocência perdida do circo, a crença de que prostitutas ganham para fazer sexo, mas no coração delas habita o amor (e empresta certa ingenuidade, igualmente, perdida à profissão) e a tragédia da prostituição masculina.

Há um tanto de realidade e muito de fantasia nos três universos retratados. Circos e prostíbulos naqueles moldes quase nem mais existem, pois representam um tempo remoto no qual boleros eram trilha sonora e máquinas de tocar música uma novidade.

O primeiro foi engolido pela imagem eletrônica onipresente e, o segundo, pelo sexo virtual. E, se é possível encontrar restos de romantismo entre as mulheres prostitutas, violência e preconceito fazem parte quase integral do mundo dos pares masculinos, como vivencia o personagem Julio (Caio Manhente).

O diretor tem consciência da limitação imposta pelo inocente, pelo ingênuo e pela realidade crua e assume, sem medo, a nostalgia, a evocação e a dramaticidade como forma de tocar a emoção do espectador. E consegue. Eis a grande virtude de *Veneza*.

Uma maneira de manter viva a atmosfera emocional são diálogos de linhagem poética. Nem o fato de soarem sofisticados na boca de prostitutas os fazem perder a força porque estamos no terreno da fantasia – como se vê em todo terceiro ato. "Será que existe mesmo uma cidade que flutua sobre as águas?", diz a prostituta Rita (Dira Paes). Ou a Gringa jovem (Camila Vives): "Não se pode ser feliz nem por uma hora, se o amor for comprado". Ou Tonho (Eduardo Moscovis), trabalhador da casa: "Estamos perto do sol".

Não importa a procedência dos versos, mas a destinação: o texto busca a intenção, pois se reconhece o tempo todo mergulhado no universo irreal do sonho, o lugar onde tudo se realiza. Neste caso, a insis-

Outro Olhar **127**

tência da antiga dona de bordel Ginga (Carmem Maura) em conhecer a cidade italiana. Quando jovem teve a chance de viver naquela cidade – presente de admirador italiano apaixonado – mas se negou a viajar.

Falabella constrói belas imagens e eleva a capacidade de os personagens sonharem e reproduzirem essa atmosfera ao espectador, seja nos bonitos travellings, planos abertos (iguais ao da abertura), ou na valorização do close que acentua o trabalho dos atores – linda a cena em que Rita ri deliciosamente diante da graça do palhaço. E o ótimo fotógrafo Gustavo Hadba consegue tirar o espectador da realidade e transportá-lo para o plano onírico com cores e olhar que remetem a passado impreciso.

Completam a equipe com destaque a bela direção de arte de Tulé Peak, a montagem de Diana Vasconcellos, que dá ao filme o ritmo que ele pede, sem a pressão contemporânea do cinema de acelerar a cena, como se o andamento fosse mais importante que a própria cena, e a música de Josimar Carneiro, em especial o bonito tema de abertura. Alguém poderá se incomodar com cenas de sexo e linguagem vulgar, mas não se pode esquecer que o cenário é uma zona de prostituição.

Mérito da direção, a encenação crível e minuciosa de cada movimento é coreografada de modo a valorizar o essencial – o que interfere diretamente na performance dos atores. E que prazer assistir a Dira Paes dizer falas comuns com peso e verdade que só as grandes atrizes conseguem. Imagine quando lhe dão frases que exigem trabalho árduo para encontrar a correta intenção, como: "Vou, mas em busca do teu amor, é outra viagem".

Se Carmen Maura tem carisma, capacidade de encantar com olhar poderoso e força interpretativa capaz de fazer vibrar o texto, Dira reúne beleza que a tela grande acentua, delicadeza no jeito de interpretar, intuição que nos convence em tudo que faz e talento para jogar com a personagem como craque de futebol brinca com a bola. Ver Carmen e Dira abraçadas no desfecho é um presente de Miguel Falabella ao espectador de *Veneza*.

* Publicado no site Hora Campinas em 2021

PEQUENO RETRATO DE
GRANDES LOUCURAS*

Débora Falabella é uma atriz de indiscutíveis recursos técnicos e de enorme talento. Com 42 anos, mantém a cara de menina que lhe permitiu protagonizar a jovem e a adulta Dani em *Depois a Louca Sou* Eu (Brasil, 2021, 91 min.), de Júlia Rezende.

E que prazer vê-la atuar. Ela trafega com extrema habilidade no papel de uma mulher que alterna depressão e euforia e todas as nuances entre os dois extemos e expressa, no rosto e nos gestos e com idêntica qualidade e convencimento, as intenções da personagem.

Não bastasse, Débora tem no próprio corpo aliado vigoroso. Diferentemente do teatro, que exige persuasivo trabalho porque este se encontra exposto o tempo todo, no cinema, o diretor e o editor podem se dar ao direito de selecionar as imagens e, quase sempre, a prioridade é o rosto.

Em *Depois a Louca Sou Eu*, Júlia Rezende explora os movimentos do corpo da atriz porque esta sabe usá-lo devidamente como linguagem, seja em uma dança, nos diversos ataques de pânico, seja para embelezar coreografias sexuais ou em sequências corriqueiras nas quais uma atriz comum faria o óbvio. Débora, ao contrário, utiliza-o como recurso para enriquecer a mise-en-scène, o que, no cinema, é um luxo. Mérito dela e de Júlia Rezende.

Os merecidos elogios ao trabalho da atriz devem ser divididos com a diretora, com o roteirista Gustavo Lipstzein, que adaptou o livro homônimo e autobiográfico de Tati Bernardi (Companhia das Letras, 2016), e com a própria escritora.

Aos 35 anos, Júlia tem carreira invejável em se tratando de cinema brasileiro, pois chegou ao oitavo longa-metragem nos quais, no geral, acentua o humor. Aqui, ela mistura gêneros. Trata-se de filme dramático sem ser trágico e bem-humorado sem se assumir como comédia.

Impossível rir da sensação de Dani de se identificar como figura "estranha", da insegurança, da luta contra remédios e do desajuste social.

A cena aflitiva dela sozinha na noite da cidade depois de ser dispensada pelo namorado é um bom exemplo.

E impossível não rir das reuniões envolvendo telenovelas nas quais participou como autora ou das terapias alternativas. Júlia entrega ao espectador uma narrativa fluida, sem invenções, mas, segura, plasticamente bonita e com locações e posições de câmera que fogem ao banal.

Gustavo se apropria, também com segurança, do livro e cria um roteiro que obedece a técnica da escrita e desenvolve alguns momentos de tensão e muitos de desconcerto absoluto, como a desastrada entrevista em programa de TV, e acerta no uso do rico material de histórias do livro. Tati Bernardi apresenta um texto cheio de boas tiradas, irônico e sagaz e, com isso, permite que os diálogos (quase sempre deficitários no cinema nacional) se destaquem.

Com todas estas qualidades, o filme ainda se sobressai por uma edição que respeita o tempo da cena e dispensa o ritmo acelerado. Ele tem o ritmo dele – em perfeita sintonia com o espírito do texto. E com dois complementos importantes: possui saborosa e diversificada trilha assinada por Berna Ceppas e o trabalho eficiente dos coadjuvantes Yara de Novaes (Sílvia, a mãe) e Gustavo Vaz (Gilberto, o namorado).

Quem trabalha com criação sabe o quão difícil é começar e terminar bem um trabalho – em geral há certo desiquilíbrio nestes que são os pontos cruciais da narrativa. Pois nisto também o filme acerta. Podia ser careta ou não querer abrir do espírito libertário de Dani e transformá-la em personagem incapaz de encontrar saídas. Pois o desfecho aposta no tom simpático e esperançoso passando longe do piegas.

Animador que em um ano tão desesperançado possamos ver um filme nacional que mistura drama e comédia e não cai na facilidade preguiçosa de explorar humor grosseiro ou drama convencional. *Depois a Louca Sou Eu* nada tem de humor tosco ou drama corriqueiro. Antes, é um pequeno retrato das nossas grandes loucuras.

* Publicado no site Hora Campinas em 2022

2.
QUASE CRÔNICA

Crônica é considerada subliteratura. Ou, para não ser impiedoso comigo mesmo, pois fui cronista em um dos jornais onde trabalhei, trata-se de gênero que se pretende literatura e até atinge esse patamar; porém, na maioria das vezes, não passa de texto simpático que flerta com o fazer literário. E, nesse flerte, pode acontecer momentos surpreendentes - tanto que a imprensa brasileira sempre cultivou cronistas de primeira linha.

O que faço nesta parte do livro, chamada *Quase Crônica*, é trazer o cinema para esse gênero. De vez em quando, na minha coluna de crônica do Correio Popular eu falava de cinema. Não se tratava de crítica, mas descrições de episódios bons, tristes ou nostálgicos que evocavam o cotidiano a partir dos filmes, como se fosse uma conversa com o leitor.

Aos poucos, fui introduzindo esse estilo de texto nas críticas, notadamente, no tempo em que escrevi para o blog Sessão de Cinema, pois tinha a oportunidade de usar a primeira pessoa no texto e falar de emoções e sensações sem medo de misturar o profissional com o pessoal. Assim, surgiu na minha escrita essa mistura de crônica com crítica. Ou quase crônica, ou quase crítica.

ENIGMA DA REPRESENTAÇÃO*

Tentei me aproximar de *Holy Motors* (2012), do francês Leos Carax (também roteirista), de modo inusitado (para mim), porque ele não aceita leitura simplista, uma vez que não há narrativa tradicional: história com início, meio e fim.

Assim, tomei duas imagens. A primeira é a máscara (símbolo do disfarce e que oculta a real identidade de quem a usa) da personagem Céline (Edith Scob), que poderia explicar alguma coisa. Mas explicar não parece ser a intenção. Ao contrário, a máscara sugere a explicitação do caráter enigmático do filme.

Na segunda, um dos muitos personagens do "senhor Oscar" (Denis Lavant) come flores retiradas de túmulos de um cemitério e provoca um instante de rejeição não só nas pessoas em volta dele, mas no espectador. Toda a sequência é desagradável, assim como o belíssimo traveling pelos corredores de outro cemitério cujo desfecho se embaça como num pesadelo.

Junto, portanto, as duas sensações: a do enigma a ser decifrado (ou não) e a das imagens que assaltam nossos inconscientes como em um sonho/pesadelo. Estes dois momentos sugerem alguns dos caminhos tomados pelo diretor para narrar esta história hipnótica e cheia de percalços.

Sim, porque, afinal, o filme nos hipnotiza mesmo nos momentos mais incômodos. Como, por exemplo, quando o personagem, excitado sexualmente, se aconchega no colo de uma modelo (Eva Mendes), só que no inóspito labirinto dos bueiros de Paris.

A atração pode vir do bizarro – palavra usada pelo fotógrafo da modelo e perfeitamente adequada aos personagens criados pelo senhor Oscar –, mas não se trata só de bizarrice. Não diria que seja palatável, mas sigo com os olhos presos à tela.

O tal personagem, aparentemente rico, precisa cumprir alguns compromissos (nove naquela noite). E, no primeiro encontro, Oscar se transforma em velha caquética pedindo esmola. Então sabemos que se trata de um transformista (sem referências a gêneros sexuais) que sugere o teatro – incluindo o espelho de camarim – de onde surgem todos os personagens; o mergulho no espelho como ponto de partida das transformações.

Faz sentido mencionar um detalhe importante: Oscar cumpre os compromissos a partir de uma limusine e, como comparação inevitável, em *Cosmópolis* (David Cronenberg, 2012) há um homem enigmático, que passa a maior parte do filme dentro de limusine.

Encontro uma chave na ideia de transformação pela qual passa o personagem (chave aqui não usada aleatoriamente). Estamos no teatro e suas representações. Nada a ver com o real, portanto. O ator finge, interpreta, joga (para usar a expressão do inglês). O senhor Oscar é um ator que, fingindo, incorpora diversos personagens (a velha, o louco do cemitério, o assassino etc).

E qual a razão dessas representações? Eis um enigma. Poderia ser pelo puro prazer da representação – entendendo-a como arte e todas as implicações de beleza, enlevo, alimento do espírito. Poderia ser o cumprimento de algum dever ou promessa religiosa (carma, culpa, qualquer coisa). Um homem rico se prestando a cumprir diversos papéis públicos como meio de redenção, purificação etc.

E em dado momento, alguém lhe entrega, de fato, uma chave – gesto associado à imagem do início em que o personagem perfura com o dedo uma porta que vai dar em um cinema. Estivemos no teatro (na representação). Mas, antes, passamos por um cinema.

Estou fazendo ilações, pois a pergunta (qual a razão dessas representações?) continua sem resposta. Justamente por isso, paro de me perguntar, porque *Holy Motors* não busca o racional – e nem buscaria mesmo sendo teatro ou cinema.

Mas como é um filme, ouso dizer que a presença do onírico (naquilo que ele tem de mais perturbador; o traveling do cemitério, por exemplo) não está no teatro (por ser convenção), mas no cinema, que tenta ser a encenação da realidade (ou dos sonhos).

Como no cinema tudo parece verdade, *Holy Motors* fascina mesmo cercado pelo nebuloso – o fato de não entendermos o que está acontecendo naquela sucessão de bizarrices (de novo usando a expressão do sentido dado pelo fotógrafo, que seria o senso comum).

Assim, o fascínio de *Holy Motors* vem do difuso, do obscuro, do misterioso, do que não quer explicar – e não precisa. Mas com outro detalhe igualmente importante: se agregarmos à belíssima trilha, que pontua todo a narrativa, duas canções (*Revivre*, de Gérard Manset, e *Who Were*

We, com Kylie Minogue), vamos perceber que elas desmontam qualquer estranheza que tenhamos com o filme.

Tais músicas possuem a capacidade de nos aproximar da humanidade dos personagens (de Oscar, em especial). Por isso, elas nos tocam. Assim, nos acercamos do filme também por outro canal: não apenas por meio do fascínio pelo obscuro, mas pela emoção que canções tão belíssimas (e tristes), podem produzir em nós.

* Publicado no blog Sessão de Cinema, do
jornal Correio Popular de Campinas

O ÁSPERO E BELO
WINTER SLEEP*

Winter Sleep, do turco Nuri Bilge Ceylan, deve ser entendido, inicialmente, a partir das características externas, como a duração, por exemplo: são 3h16 minutos de projeção, o que demanda disponibilidade, entrega e descanso prévio do espectador, para absorvê-lo como merece.

Depois, nossa atenção passa necessariamente pelo aspecto formal estabelecido pelo diretor e roteirista, pois se trata de narrativa não convencional – sempre bem-vinda para quem aprecia a linguagem cinematográfica. Assim, num primeiro momento, ficamos meio perdidos tentando decifrar qual é o objeto do filme e qual a maneira como este está sendo abordado.

Só aos poucos (e há esforço do espectador em descobrir para onde o roteiro nos leva) vamos decifrando como a história está sendo contada. A narrativa se dá em blocos, quase como esquetes que, no geral, envolvem dois personagens, mas há cenas nas quais há mais de dois.

Em alguns desses blocos Ceylan apenas nos situa a história. Por exemplo, ficamos sabendo que o protagonista Aydin (o magnífico Haluk Bilginer) é ator afastado dos palcos que administra o hotel herdado do pai na Anatólia, região da Capadócia (Turquia).

Como alívio dramático, temos pequenas conversas entre Aydin e alguns hóspedes o que nos lançam dentro do cotidiano trivial dos personagens. Esses encontros parecem furtivos e desimportantes, pois os assuntos são comezinhos.

Mas não percamos de vista que mesmo estas conversas se inserem num contexto mais profundo de relações e significados, como o fato de um dos hóspedes sentir falta de cavalos no hotel. Pois Aydin decide adquirir um cavalo e as cenas da caça ao animal selvagem são alguns dos momentos mais belos do filme – além de emprestar simbologias ao protagonista em relação ao selvagem e à liberdade.

Portanto, só depois de um bom tempo de projeção começamos a nos acostumar com a narrativa e, então, mergulhamos na história que estabelece desde o início uma série de confrontos: o marido (Aydin) e a mulher Nihal (Melisa Sözen), Aydin e a irmã Necla (Demet Akbag), Aydin (na pessoa do capataz) e os inquilinos da fazenda que estão com o aluguel atrasado.

O encontro entre três amigos numa noite de bebedeira e confissões também podem ser considerados confrontos, mas, aqui, as relações de amizade se sobrepõem, além de preparar espécie de catarse que nos levará ao desfecho.

Confronto é uma palavra amena para definir essas relações, pois eles, de fato, se digladiam. Contudo, quase nunca levantam a voz – o que aumenta a tensão – em diálogos amargos, ácidos, ferinos e doloridos. São ofensas de ambos os lados que mais parecem troca de impressões sobre as relações deles, quando, pelo contrário, estão se destruindo uns aos outros.

E, mesmo assim, parece que nada está acontecendo naquele mundo perdido entre rochas e em meio a inverno implacável. No entanto, o diretor vai traçando lentamente profundo painel de relações afetivas e profissionais que revelam a dureza (existencial para uns, material para outros) da vida daqueles personagens.

Assim, quando nos damos conta estamos por inteiro sofrendo com os ataques mútuos do casal que não se suporta e se obriga a viver debaixo do mesmo teto. Ou com a amargura da irmã, separada do marido, que se debate numa troca de agressões infindável com Aydin.

Saindo das relações familiares para as profissionais, deparamos com o confronto do homem rico com o pobre e que gera momentos tão tensos quanto e as cenas mais dolorosas do filme: o filho do inquilino joga uma pedra e quebra o vidro do carro de Aydin com pesadas consequências; Nihal visita os inquilinos com proposta que gera desenlace de impacto assombroso.

BELEZA

E, apesar da aspereza das relações, Ceylan consegue imprimir ao filme uma estética que, em princípio, pareceria mero artifício. Afinal, onde encontrar o belo em meio a tanto amargura?

Sim, os longos blocos recheados de diálogos angustiantes são emoldurados de luz, fotografia e direção de arte deslumbrantes, como se fossem telas, tamanho o esmero. E quando saímos dos ambientes internos deparamos com as paisagens espetaculares das casas encravadas na rocha e do predomínio fascinante da neve ou de campos – a caçada ao cavalo selvagem, por exemplo, expõe toda a beleza do cenário e o modo como o diretor busca um caminho estético como linguagem.

E para quê? Há um arco dramático que se encaminha para a reconciliação do personagem consigo mesmo e com o outro. E nisto há uma beleza interna que move a externa. Os planos finais se tornam, assim, encanto para os olhos e para a alma. E, quando o filme termina, não há como não se sentir arrebatado por eles.

* Publicado em 30/10/2014 no blog Sessão de Cinema, do jornal Correio Popular de Campinas

HISTÓRIA TRISTE EM

GRANDE FILME*

Enfim, consegui (em condições aceitáveis) ver *Ida*, do polonês Pawel Pawlilowski. Eu o tinha assistido na correria da premiação do Oscar num estado lamentável de sono que me impediu de avaliá-lo como deve ser. Tanto que indiquei o russo *Leviatã* (Andrey Zvyagintsev) como favorito.

Corrijo o equívoco, pois independentemente de ser sobre judeus na Segunda Guerra, que pode ser passaporte para atenção especial da Academia – como afirmei ao me referir ao Oscar ganho –, *Ida* não somente é um excelente filme como conquistou merecidamente o prêmio.

Meu primeiro olhar foi para a fotografia em branco e preto de Lukasz Zal e Ryszard Lenczewski (indicada ao Oscar). Poderia ser fetiche do diretor, mas não. O tempo no qual se desenrola o drama está impregnado desde sempre em nossas retinas pela ausência de cores. Era um tempo escuro aquele, que só poderia ser retratado em branco e preto. Pensado assim, todos os filmes sobre a Segunda Guerra teriam de ser desprovidos da cor.

Entretanto, existe outro elemento que justifica a opção dos diretores de fotografia, pois um dos temas do filme é a obscuridade: alguém decide trazer à luz uma história destinada a ficar escondida para sempre. Se quisesse, no belíssimo plano final, o diretor poderia oferecer-lhe um pouco dessa luz (mesmo correndo o risco da redundância) porque, afinal, a verdade foi revelada.

A tal verdade: a jovem noviça Anna (Agata Trzebuchowska) está prestes a prestar os votos e se tornar freira, mas a madre superiora insiste em que ela visite a única sobrevivente da família, a tia Wanda (Agata Kulesza), e ela descobre a real identidade – outro tema do filme.

A judia Anna teve os pais e um irmão assassinados durante a guerra. Agora, ela e Wanda, mulher devassa e apoiadora dos comunistas poloneses, farão dolorosa viagem em busca do passado.

138 João Nunes

Falando da fotografia de novo, ela nos faz mergulhar nesse passado sinistro como se voltássemos ao tempo no qual a cor não poderia mesmo existir: na melancolia do preto e branco há o espaço devido para que fique expressa a dor vivenciada pelas duas personagens em cada momento da viagem.

Wanda na trajetória decadente, alcoolizada o tempo todo, saindo com qualquer homem, remoendo o passado, sentindo culpas e saudades da irmã. Anna, perdida porque, agora, tem nova identidade. E o que fazer com ela? Além disto, se vê obrigada a frequentar lugares inconvenientes para quem deve se tornar freira. E pior (ou seria melhor?): descobre desejos que uma freira não deve ter – ou não faria votos de castidade.

Em princípio, o mundo de Anna desaba não só porque não sabe mais quem ela é (por si só, enorme conflito), mas porque, longe da onipresença de mulheres do convento, conhece a gentileza e o afeto do jovem músico Lis (Dawid Ogrodnik). E ele ainda lhe apresenta John Coltrane – Ida apreciou a música e queria saber quem era o compositor.

Provavelmente, Mozart também foi uma primeira audição de Anna – desta vez apresentado por Wanda. Não por acaso, sozinha na casa da tia ela a imita em alguns movimentos: fuma, bebe e ouve a *Sinfonia 41* de Mozart.

Há necessidade absoluta em Ida de experimentar o que poderia ser o outro lado dela – espelhada na tia, ou no contato com Lis. E há, ao mesmo tempo, profundo desconforto em como lidar com as duas faces que agora surgem como antípodas e desafiadoras. Por isto é tão linda e significativa a cena do espelho em que ela retira o véu, solta os cabelos e revela ao espectador a beleza que possui. O que fazer com essa beleza até então escondida? (Wanda diz: "ela tem cabelos tão lindos e os esconde"). O que fazer com a Anna desconhecida que agora vem à tona?

Eis o drama que Pawel Pawlilowski dirige com extremo afeto (até porque há traços autobiográficos no filme) e para o qual cria atmosfera que remete a uma tragédia e, no entanto, não existe espalhafato nem exageros. Tudo é contido, o drama se explicando por ele mesmo sem necessidade de artifícios de nenhuma natureza.

Tanto que a música entra sempre como parte da narrativa: nos bares, na casa de Wanda e em situações nas quais se integram à história e não como acessório para realçar emoções. No mais, ouvimos o silêncio dos cotidianos dos personagens.

O único momento em que o diretor se utiliza do artifício é justamente no citado plano-sequência final. Com a câmera pregada ao rosto Ida caminha pela estrada na direção do destino que ela se impôs (ou que lhe foi imposto) ao som de um belíssimo concerto de Bach.

E o filme abandona o distanciamento e nos carrega para o terreno da emoção. Que seja. Gosto de ser provocado na emoção, até porque estamos no plano final. E o concerto *Ich Ruf Zu Dir Herr Jesu Christ*, de Bach, com todo seu contexto religioso (mesmo protestante), faz todo sentido no fecho da história de uma religiosa católica. História triste de um grande filme.

* Publicado em 11/3/2015 no blog Sessão de Cinema
do jornal Correio Popular de Campinas

AULA DE JORNALISMO
E BOM CINEMA*

Em tempos de fake news e das variantes delas, que vão da má-fé à precariedade com a qual amadores "exercem a profissão" nos dias de hoje, constitui-se enorme prazer assistir a *Ela Disse* (She Said, drama, EUA, 2022, 129 min.) e deparar com verdadeira aula de jornalismo investigativo e, ao mesmo, ver cinema de qualidade.

Um filme que se debruça sobre bastidores dos assédios a atrizes de Hollywood e funcionárias da Miramax perpetrada pelo produtor Harvey Weinstein e detona o processo contra ele, culminando com a condenação a 23 anos de prisão, só poderia ser realizado por mulheres.

A direção é de Maria Schrader, o roteiro foi escrito por Rebecca Lenkiewicz, Natasha Braier se encarregou da cinematografia e as protagonistas são Zoe Kazan (Jodi) e Carey Mulligan (Megan).

Não, apenas, para cumprir o princípio do chamado "lugar de fala", mas porque, ao longo do tempo, a trajetória do cinema foi narrada por homens e a proeminência deles relegou as mulheres a segundo plano. E, no caso deste filme, o olhar feminino torna-se fundamental para entender os meandros do episódio escabroso.

Além disso, se a direção fosse masculina, o diretor, mesmo com boa vontade, poderia cair na tentação de levar em conta o argumento do advogado de Weinstein de que seu cliente era homem do tempo no qual não havia clareza ou debate sobre consenso sexual e, a partir dessa premissa, ele recomenda que se ressalte não os pecados passados e, sim, a "evolução" masculina nessa área.

No entanto, a falácia do argumento cairia de vez por terra quando se descobrisse que o produtor cometeu crimes de assédio nos anos 1990 e seguiu com eles até meados da segunda década dos dois mil, época em que se inicia a investigação do New York Times. Ou seja, pelo menos para Weinstein, não houve evolução alguma.

E vem da mirada feminina da diretora a sensibilidade de, apesar do tema árido para se evocar algum tipo de poética, criar momentos de ternura (o bebê de Megan ao final e o abraço dela em Jodi, ante o choro catártico da colega) e de humanidade (insegurança das duas supondo que não poderiam dar conta do que lhes foi encarregado e culpa por não cumprirem, apenas, o papel de mãe, atribuído às mulheres desde sempre).

De outro lado, ao narrar história tão cara às mulheres, havia o risco de Maria Schrader exacerbar os referidos momentos; afinal, emoções não faltam, especialmente nas sequências envolvendo as personagens alvo dos assédios e que herdaram traumas irremediáveis.

A direção faz o certo: trata cada história em particular com o devido respeito e cerimônia – como deve ser. Para isso, conta com preciosas atuações das protagonistas, em especial, Zoe Kazan.

São dela as performances mais próximas da mistura de mergulho na emoção conjugado com sutileza, como o espanto dela diante dos relatos, o citado choro catártico, o desconcerto no encontro com o marido de uma das atrizes assediadas e a emocionante entrevista com Ashley Judd, interpretando ela mesma.

E causa ótima impressão a beleza e a adequação da trilha sonora de Nicholas Britell. Também a música, em produções do gênero, pode errar o ponto. Contudo, as belas composições entram discretas no filme e, em dado momento, passam a marcar presença positiva de modo decisivo.

Depois de algum tempo, tem-se a impressão de que a história de *Ela Disse* fica maior que o próprio filme, mas, ao final, vê-se encaixe perfeito. Se a contribuição cinematográfica – seguindo o ótimo caminho dos filmes investigativos na história do cinema – é boa, o mesmo se pode dizer da maneira como é mostrado a prática honesta e competente do jornalismo.

Trata-se de trabalho duro, desgastante, perigoso e, claro, compensador. A credibilidade de veículos de comunicação pode ter sofrido queda brutal. Mas o jornalismo não. Nem os profissionais sérios que se doam em busca da tal merecida compensação pessoal, mas, também, estão ávidos para falar e vivenciar a verdade.

* Publicado no site Hora Campinas em 2022

ESPERANÇA EM *OS*

*PRIMEIROS SOLDADOS**

Em passado recente (ainda persiste em alguns segmentos), a palavra "viado" era usada como ofensa. Hoje, pode ser rebatida pelo vocábulo orgulho – nem tão adequado assim, mas forte o suficiente para contrapor-se ao poder do estigma da expressão que remete ao bicho elegante, bonito e dócil.

Em *Os Primeiros Soldados* (Brasil, 2021, drama, 107 min.), a ofensa é o de menos, pois no roteiro escrito e dirigido por Rodrigo de Oliveira, trata-se de seguir vivo. É questão de vida e morte, como demonstra um momento iluminado e outro revelador – ambos impactantes.

No primeiro, em meio às assustadoras notícias da "peste" que mata gays, a transexual Rose (Renata Carvalho, bem no papel) canta no réveillon de 1983 a música do Gonzaguinha, no qual o compositor fala da impossibilidade: "não dá pra ser feliz". Ela para o show e muda a letra para verso de duplo sentido e menos irreverente do que parece, porque surge como grito de desespero: "vai dar pra ser feliz".

No outro, tempos depois, na danceteria Genet (referência ao dramaturgo francês, gay, Jean, 1910-1986), o biólogo Suzano (o ótimo Johnny Massaro) realiza cena que funciona como alerta. Os rapazes bailam, como se não houvesse amanhã, ao som de *Linda Juventude* (14 Bis), quando Suzano invade o baile e executa macabra performance.

Todos os significados trágicos que embutem a situação em que se está marcado para morrer se erguem contra geração de jovens para a qual sexo livre, leve e prazeroso era palavra de ordem. Agora, ela será quase aniquilada em todo mundo, pois nova palavra de ordem estipula que o tal sexo libertário carrega a morte no ventre.

Rose, Suzano e Umberto (Vitor Camilo) erguerão refúgio, suposto porto seguro onde haverá resistência e testarão remédios dos mais diversos matizes vindos da França. Acreditava-se, na época (talvez nunca saibamos a verdade), que a Aids tinha sido criada em laboratório a fim de exterminar gays.

Outro Olhar **143**

Por isso, sensibiliza tanto a cena em que Rose expõe parte do corpo ante a câmera do videomarker Humberto, que realiza filme no qual a narrativa se encerra, e diz trágica, mas esperançosa frase: "Vocês nunca vão acabar com isto". A tragédia permeia este triste e incômodo filme, mas a esperança dá a carta final.

Sim, o segmento LGBTQIA+ continua a sofrer preconceitos, servido em bandeja nas piadas de mau gosto e mortos. Mas o mundo melhorou desde então. Realizar, exibir e debater um filme como *Os Primeiros Soldados* atesta esta constatação.

* Publicado no site Hora Campinas em 2022

O JOGO DA IMITAÇÃO
É BOA SURPRESA*

O que se destaca de início em *O Jogo da Imitação* (*The Imitation Game*, EUA, Reino Unido, 2013), do norueguês Morten Tyldum, são os brilhantes diálogos de Graham Moore e a habilidade com a qual ele confeccionou o roteiro. Diálogos bons são preciosa raridade. Além de irônicos e cheios de graça, eles têm consistência na construção lógica – e faz todo o sentido, pois o protagonista é o matemático Alan Turing (Benedict Cumberbatch), que poderia ser um chato, mas é adorável na maneira como argumenta e defende os pontos de vista.

O roteiro também poderia escorregar numa narrativa aborrecida, pois são jovens britânicos tentando descobrir um jeito de decifrar mensagens da máquina alemã durante a Segunda Guerra chamada Enigma. Para isso, se valem de conhecimentos da matemática, lógica e ciência da computação e nos envolvem no universo da tecnologia. Que esse mundo tão específico tenha gerado ótimo filme demonstra a importância do roteiro.

Depois, temos um Benedict Cumberbatch em estado de graça com atuação não menos que brilhante. Impressiona o modo como o ator mergulhou no personagem. É o que os teóricos e os próprios atores chamam de interpretação que nasce de dentro para fora. Benedict não deve ter buscado construir trejeitos do personagem homossexual no início do trabalho – a construção veio mais tarde e naturalmente.

A expressão corporal (incluindo voz, expressões faciais etc) nasce, portanto, em um segundo momento. No primeiro, ele é apenas um homem entregue ao projeto de vencer a guerra contra o nazismo. A questão pessoal, mesmo com todo o peso que tinha na época, e por aparecer desde o início, entra para enfatizar as dimensões humanas do personagem. E entra quando necessário. E, sim, é necessário.

A história começa com Alan preso por atentado ao pudor. Estamos em 1951 e a guerra (o grande objetivo) foi ganha. Mas Alan perdeu por ser gay – tristes tempos; na Inglaterra, tal condição era passível de prisão. Há, aqui, boa discussão, pois o homem que ajudou a ganhar a

Outro Olhar **145**

guerra (veterano de guerra) se vê acusado de crime banal ao ponto de migrar das páginas dedicadas aos heróis para as policiais. Uma grande ironia, como se vê.

Junte estas qualidades todas à da excelente encenação (que faz vibrar uma história que corria o risco de ficar circunscrita aos fanáticos por tecnologia), o competente elenco de apoio (do qual se sobressaem Keira Knightley e Matthew Goode), a boa trilha de Alexandre Deplatz (que às vezes passa um pouco do ponto) e a ambientação precisa.

O cenário são os bastidores da guerra; portanto, a direção evita imagens lugares-comuns do conflito exibidas exaustivamente pelo cinema e opta por captar o drama interno de Alan (incluindo parte da infância) e o que se desenrola com os parceiros do projeto.

E, apesar do drama, o filme explora simpático humor que nasce de situações cotidianas, várias delas protagonizadas por Keira Knightley, como a entrada da personagem dela para o projeto ultrasecreto. O anúncio atrai candidatos dispostos a decifrar prosaicas palavras cruzadas. Joan Clarke, a única mulher, comparece à prova – num mundo machista, ela se encaixaria no papel de secretária.

Com tantos méritos, *O Jogo da Imitação* se revela grata surpresa. Consegue narrar episódio marcante e pouco conhecido da Segunda Guerra com leveza que pareceria impossível. Além disto, permite-nos aproximar de sujeito arrogante (porque inseguro) e dócil, como Alan Turing, e reconhecer a importância de personagem decisivo para a guerra que, por décadas, permaneceu longe dos holofotes.

* Publicado em 28/1/2015 no Correio Popular de Campinas

FILME CUMPRE O QUE PROPÕE*

Seria injusto classificar *A Teoria de Tudo* (*The Theory of Everything,* *Reino* Unido, 2014), de James Marsh, de decepcionante. Para o que se propõe – melodrama sobre a vida íntima de um grande cientista – ele cumpre o papel. A decepção está na pouca atenção que o roteiro dá às grandes ideias do astrofísico Stephen Hawking que são brilhantes de um lado e polêmicas de outro.

A única polêmica é a mais clichê: o fato de ele proclamar que não acredita em Deus em contraponto à mulher crente Jane Wide (Felicity Jones). E o resumo da discussão se dá num debate nos Estados Unidos quando alguém da plateia questiona se Hawking tem algo para se apoiar – uma vez que não tem Deus. A resposta dúbia e evasiva serve para o diretor coroar o personagem, pois o público irrompe em aplausos.

E, como se pode imaginar, não há nada que deponha contra o personagem, nenhuma mancha, nenhum desvio – e deve haver, pois se trata de ser humano com todas as contradições, incoerências e defeitos. Ou não seria humano.

Compreende-se que não é fácil biografar alguém vivo, mas o roteiro poderia ir um pouco além do óbvio e mostrar Hawking tendo crises (afinal, ele sofre doença terrível) em vez de enfatizar apenas o sujeito bacana, super-humorado, incapaz de um momento sequer de baixo astral ou, por que não?, alguma imprecação, explosão que fosse. Não. Ele é simpático e compreensivo o tempo todo – o que pode estimular quem sofre de problemas similares, ou ter efeito contrário.

Mas, como foi dito, dentro da proposta, o filme funciona – ainda que a sequência final lembre *Titanic* (James Cameron, 1997) cuja tragédia termina inacreditavelmente bem, com o finado Jack levando Rose pelos braços para um grande baile no transatlântico.

O grande responsável desse "funciona" chama-se Eddie Redmayne, ótimo ator britânico que cria um Stephen Hawking memorável quando ele tinha 21 anos e estudava em Cambridge (Inglaterra) no começo dos anos 1960. Além de lembrar o biografado fisicamente e na postura, ele teve repertório suficiente para criar interpretação brilhante.

O foco de *A Teoria de Tudo* está na vida familiar e na doença degenerativa de Hawking. O diagnóstico lhe previa dois anos de vida – ele tem 73 anos. Paralelamente, temos a relação com a mulher e os filhos, e passagens sobre as teorias do cientista – que não vão muito além do citado ateísmo.

Igualmente se compreende a dificuldade de traduzir a física para grandes plateias. Daí, a atenção excessiva com o lado pessoal, incluindo os romances paralelos dele e da mulher. Aliás, a abordagem se dá dessa forma porque o roteiro se baseia nas memórias de Jane Wide.

E para completar a preocupação de querer se aproximar de público mais amplo, o roteiro se vale do humor. Ou melhor, da graça, pois cria situações que permitem ao espectador se afastar do drama propriamente – ou teríamos um dramalhão. Nisto, de novo, o filme acerta. Ao final, entende-se que a proposta era mostrar Hawking como inspiração, pois a extraordinária história dele é o que fica *A Teoria de Tudo*.

* Publicado em 1/2/2015 no Correio Popular de Campinas

CENA ILUMINA FILME
SOMBRIO*

Em *Foxcatcher – Uma História que Chocou o Mundo* (*Foxcatcher*, EUA 2014), de Bennett Miller, a grande Vanessa Redgrave vive personagem importante, mas pequeno – uma ponta. Entretanto, na cena em que o diretor desloca a atriz para o primeiro plano a fim de captar a reação sem palavras dela diante de ação constrangedora do filho John du Pont (Steve Carell), estamos diante de momento raro no cinema: a interpretação ilumina um filme sombrio. Só grandes atores protagonizam instantes iguais a esses.

Aliás, outros atores contribuem com um tanto de luz para um filme que tem o esporte como pano de fundo, atividade ligada à vida saudável e a conquistas, mas cujo centro da atenção é história de horror. A começar pelo surpreendente Steve Carel, a que acostumamos ver em papéis cômicos.

Quase irreconhecível, ele carrega sombra aterradora embutida na fala mansa e envolvente e na própria proposta oferecida aos campeões olímpicos de luta greco-romana, Mark Schultz (Channing Tatum) e o irmão David (Mark Ruffalo), em Los Angeles (1984): milionário, quer apoiá-los financeiramente e com infraestrutura para o campeonato mundial e para as olimpíadas de Seul (1988).

Channing Tatum, que há tempos se revelou talentoso ator, cresce exponencialmente com este trabalho, e Mark Ruffalo, que, por fazer filmes demais, se repete, mas aqui cria personagem rico e minucioso. Completa esse painel de elenco na melhor forma, a mise-en-scène perfeita que inclui a coreografia das lutas – tarefa nada simples, ainda que a técnica do cinema consiga nos iludir.

Bennett Miller, que tem histórico de coreografias esportivas, pois lidou com beisebol em *O Homem que mudou o Jogo* (2011), consegue ser convincente ao revelar o estranho esporte nada popular da luta greco-romana. Mesmo que o enfoque não esteja na modalidade é preciso parecer real – ainda que cinema seja a representação do real. Mas nós

Outro Olhar **149**

acreditamos que Channing Tatum e Mark Ruffalo são verdadeiros atletas olímpicos.

O roteiro deixa propositais buracos, talvez porque John du Pont tenha sido diagnosticado como esquizofrênico; portanto, faltaria coerência aos atos dele: oferecer drogas ao seu comandado, por exemplo, ou o ato final – ainda que tenhamos algumas deduções a respeito.

Mas esses lapsos misteriosos servem para aumentar o clima de suspense que paira sobre o filme. Acertadamente, Bennett Miller despreza o uso de trilha sonora em toda a primeira parte. É uma secura igualmente proposital, pois o drama se estabelece desde o início e, portanto, não há necessidade alguma de acentuá-lo. Interessa ao diretor a apresentação pura dos personagens, que nos encaminhará para entender o que virá.

O verdadeiro Mark Schultz andou reclamando da cena (segundo ele, inexistente) de assédio sexual de John du Pont de que é vítima. Independentemente de ter sido ou não real, importa para a narrativa compreender as motivações desse homem – ele assume o arquétipo de mestre e vilão ao mesmo tempo, o que empresta riqueza ao personagem. Daí a valorização da cena. E, afinal, o interesse sexual por Mark está patente desde o primeiro encontro.

Além do dinheiro e da infraestrutura, o campeão olímpico receberia salários e incentivos. Há outros atletas no centro esportivo, porém, Mark se torna o queridinho do milionário. Estamos diante de uma história de dominação de quem tem o poder (neste caso, financeiro) nas mãos e, por isto, apostou todas as fichas. O dominador achou que tinha um script perfeito; só não se deu conta de que o escrevia em linhas tortas.

* Publicado em 22/1/2015 no Correio Popular de Campinas

FANTASIA E FÁBULA
NA DOSE CERTA*

Apesar de ser coprodução entre França e Canadá e de o diretor Jean-Pierre Jeunet ser francês, *Uma Viagem Extraordinária (L'Extravagant voyage du jeune et Prodigieux T.S. Spivet*, 2014), foi baseado no livro *O Mundo Explicado por T.S. Spivet*, do jovem americano de 34 anos, Reif Larsen. Isso responde à questão de o porquê de a cultura dos Estados Unidos estar tão impregnada no filme.

Estão lá todos os signos que ao longo de décadas vimos e ouvimos sobre o modo de vida da América, especialmente através do cinema: cowboy, hot dog, trailer, atravessar o país de trem, sair de casa, nerds, armas, o rural em contraponto com o urbano, o heroísmo, a TV como show etc.

Larsen/Jeunet (mais o co-roteirista Guillaume Laurant) condensam todos esses elementos e os usam no sentido dramatúrgico. Daí soar familiar, mas não reiterativo. A viagem de trem empreendida pelo nerd T.S. (o ótimo Kyle Catlett) é a jornada do herói. E este também protagoniza atos corajosos, mas diferentemente dos super-heróis, ele se machuca como seres humanos comuns. Na hora da fome, compra o proibido (pela mãe) cachorro quente, e é no trailer levado pelo trem que ele se aconchega.

Estas referências todas norteiam a história, mas o ponto central é outro. Jeunet não teme contar história infantil de jovem cientista no tom da fábula e abusar do excêntrico – como já havia feito com *Delicatessen* (1991) e *O Fabuloso Destino de Amélie Poulain* (2001).

Importa que o garoto que inventa a máquina de movimento perpétuo e ganha prêmio nacional serve também como rito de passagem. Ninguém acredita nele e suas invenções e, para piorar, ele vivencia dura tragédia. Assim, o jeito de se afirmar é empreender a tal viagem na pele do mito do vagabundo em busca de aventuras.

Para isso, o diretor se vale do humor e da fantasia. O humor está nos diálogos muito bons e no próprio personagem principal – a mala que ele leva na viagem tem na extravagância o toque da graça, só para ficar num exemplo. E a fantasia porque ninguém imagina um garoto sobrevivendo à tamanha aventura; porém, é dela que o filme se nutre para envolver o espectador.

E, para acentuá-la, usa o recurso visual da saturação das cores da belíssima fotografia e faz muito bom uso do 3D, especialmente, quando gera comentários que, em geral, estão na cabeça do protagonista, usando diagramas ou recorte de imagens que passeiam pela tela – eis criativa maneira de usar o suporte para além do mero artifício tecnológico.

Outro ponto de sedução é a emoção sem pieguices. A tragédia infantil comove tanto quanto imaginar que está voltando para casa porque, no trem, o trailer está colocado no sentido contrário. A sensação de que retrocede em vez de seguir adiante (lhe provocando mal-estar) é uma das melhores tiradas de T.S, assim como o comentário sobre o trágico. "Ninguém na família nunca tocou no assunto. Ninguém".

Uma Viagem Extraordinária nunca ultrapassa os limites, pois sabe usar tudo na dose certa. Vem daí a eficiência dele e a razão pela qual provoca empatia.

* Publicado em 17/12/2014 no blog Sessão de Cinema, do Correio Popular de Campinas

SAINT LAURENT SEDUZ
PELOS ARTIFÍCIOS*

Em princípio, as 2h30 de *Saint Laurent*, do francês Bertrand Bonello, parecem exageradas; porém, a duração se justifica, pois o filme cresce muito a partir de determinado momento, de modo que se perde a noção do tempo.

E, também, em princípio, incomoda que o diretor acumule a função de roteirista e autor da bela trilha sonora – além da afinada seleção musical de apoio. Em muitos casos, seria mesmo excessivo. Aqui, demonstra o quanto o diretor tem o projeto nas mãos – e o quanto isso o favorece no resultado final. Para tanto, se faz necessário criatividade e ousadia e isso Bonello tem.

Ele começa desconstruindo o roteiro tradicional das biografias. Sim, existe o relato histórico sobre o estilista Yves Saint-Laurent (Gaspard Ulliel) que, entre os anos 1967 e 1976, foi o grande nome da alta costura francesa; porém, a preocupação é menos retratar os fatos supostamente como eles se deram e mais despertar sensações no espectador sobre esses fatos.

Daí que o diretor se esmera em criar sequências nas quais a beleza dos planos e a maneira como narra e filma determinado episódio se torna mais importante que o próprio fato. Como na cena em que Saint-Laurent conhece o futuro amante Jacques de Bascher (um ótimo Louis Garrel).

Numa festa, os protagonistas em lados opostos não se veem. A câmera passeia num vaivém entre os lados até que eles se descobrem. Se o encontro deles foi ou não assim não tem a menor importância. O que conta é como o diretor desenha uma sequência precisa e bela para falar de sedução.

Há outras, também de sedução. Quando o estilista convence a modelo da Chanel, Betty Catroux (Aymeline Valade), a trabalhar para ele numa festa em que ela dança ao som de *I Put a Spell on You* (com o Credence) – e não haveria música mais adequada.

E quando uma cliente experimenta roupa dele e não se sente à vontade. Mas ele lhe apresenta cinto dourado e pede que ela solte o cabelo; a mulher se olha no espelho e se encanta com o que vê.

São sequências que não têm necessariamente compromisso com a verdade, pois estamos no cinema. Sim, a história real está lá, mas ao diretor não interessa o fato e a narrativa linear e didática, mas em como um acontecimento pode ganhar charme, glamour e beleza na encenação com tudo o que a envolve, da luz à trilha, atuação, marcações, câmera etc.

Cito uma quarta que não tem sedução, mas perspicácia narrativa, quando o diretor divide a tela em duas partes e narra, de um lado, a história política (Maio de 1968, Guerra do Vietnã etc); na outra, o lançamento das coleções de Yves Saint Laurent naqueles respectivos anos.

Os dois lados da tela noticiam acontecimentos; a diferença está na natureza deles, mas todos têm relevância histórico-cultural. Não importa se os militantes estão mais interessados nos conflitos das ruas de Paris; ao estilista só lhe cabe fazer o trabalho dele, que é criar.

A verdade é que o filme nos envolve não exatamente por causa da história conhecida, mas em função dos artifícios que o diretor usa para contá-la. Daí que a cronologia começa em 1974, retrocede a 1967 e chega a 1977. Cronologia que serve unicamente como orientação ao espectador para que ele se localize no tempo. Resta ao espectador ter disponibilidade para embarcar numa história real fascinante, tendo em conta que mais importante que a própria história é o jeito de narrar.

E há que se fazer justiça a interpretação de Gaspard Ulliel e a do grande Helmut Berger no papel de Yves Saint Laurent em 1989 – em atuação comovente. Por fim, o desfecho (sempre tão difícil) completa o elogiável roteiro.

* Publicado em 23/11/2014 no blog Sessão de
Cinema do Correio Popular de Campinas

MERGULHO NA

ESCURIDÃO HUMANA*

A concepção de Boyhood – da Infância à Juventude (Boyhood, Estados Unidos, 2014), de Richard Linklater, é uma experiência extraordinária. Filmado entre 2002 e 2013, acompanha a vida de um garoto (Ellar Coltrane) por 12 anos – dos seis aos dezoito. Entretanto, não se trata da história de Ellar, mas de Mason, personagem ficcional.

Existe mérito só por estas circunstâncias, mas o filme possui tamanha força que merece elogios para muito além do inusitado. Há uma aura que emana do ator que o transforma no próprio Mason – para o bem e para o mal, pois torna tênue o limite entre o ficcional e o documental.

Percebemos as transformações físicas, emocionais e comportamentais que se operam em Mason/Ellar e nos perguntamos: são de Ellar o olhar triste, a expressão corporal desajeitada e um jeito distanciado de encarar os fatos? Ou são do ator, mas cabem perfeitamente no personagem?

Como se vê, fica difícil imaginar o que pertence ao ator e o que este emprestou a Mason e, desta forma, identificar o terreno onde pisamos. Por isto, a melhor postura não é identificar, mas esquecer a realidade e embarcar na ficção.

Existem razões para Mason ser inseguro, inconstante e frágil. Os pais separados nunca fizeram as melhores opções na vida. A mãe carente (Patricia Arquette) se junta a professor que tem dois filhos, mas não dá certo. Então se envolve com ex-combatente no Iraque e, igualmente, a coisa desanda. E Mason muda de casa e de escola o tempo inteiro e vive fazendo o que não gosta, enquanto o escorregadio pai (Ethan Hawke) não lhe oferece confiança.

Os efeitos são proporcionais ao número de problemas e tão decisivos assim? Não necessariamente. No caso de Mason, o ambiente disfuncional onde vive tem efeitos, sim, contudo, as dores dele são existenciais e não seriam diferentes caso a família fosse "normal". A disfunção apenas acentuaria o drama.

São mitos, responde o pai quando Mason lhe pergunta sobre elfos e o lembra da baleia, animal tão assombroso que existe de fato. Porém, o garoto está interessado em seres extraordinários; baleia é real demais. Isto define o personagem.

O mundo dele está distante do burburinho das redes sociais, da cultura do entretenimento, das festas oficiais. Mason não se enquadra nos padrões, é um outsider – daí as dores, a solidão, o isolamento, os silêncios.

Richard Linklater desestrutura o roteiro tradicional ao narrar de modo linear história sem grandes acontecimentos. Existem as pequenas viradas (as constantes mudanças), mas parece não terem peso para se sustentar dramaturgicamente. Além disso, temos a impressão (falsa) de que nada acontece.

Sim, acontece. A história de Mason se repete em interminável círculo no qual não há saídas à vista. E, se as circunstâncias não lhe favorecem, as lutas internas dele (indecisão sobre escolhas profissionais, frustração amorosa, e o peso de algo mais íntimo que ele próprio não consegue identificar) tampouco. Seria fácil repetir o clichê de que crescer é difícil, mas o drama vai além.

Eis a razão de *Boyhood* ser tão sedutor: o diretor e roteirista e seu projeto espetacular propõe que leiamos as entrelinhas desta história de formação. O cotidiano ordinário de Mason, da irmã (Lorelei Linklater) e da mãe (sem falar do pai, avós, meio-irmão, filhos do padrasto etc) serve apenas de arcabouço para abordar novos núcleos familiares, preconceito, política, religião, mas, principalmente, a dor do ato mesmo de viver.

Todos nós sabemos que a vida é complexa e dura, mas por que Mason sofre tão intensamente para vivê-la? Não poderia encará-la com mais leveza como ocorre com qualquer colega da idade dele? Sim, porém Richard Linklater preferiu criar um personagem que escolhe fazer verdadeiro mergulho na escuridão da alma humana e, com isso, transformou *Boyhood* num grande filme.

* Publicado em 20/11/2014 no Correio Popular de Campinas

A JORNADA ÉPICA DE

*INTERESTELAR**

Mesmo sendo mau-caráter, o personagem dr. Mann (Matt Damon) diz uma frase que serve como síntese de *Interestelar* (*Interstellar*, Estados Unidos, 2014), de Christopher Nolan. Desperto num planeta inóspito, onde hibernava solitário, ele chora nos braços de Cooper (Matthew McConaughey) e diz algo como: "não existe experiência melhor do que rever o rosto de um ser humano".

A missão dele era encontrar um planeta habitável para onde levar a população da Terra, pois esta, em declínio, se encontra coberta de poeira. Na verdade, dr. Mann se considera o próprio futuro e pouco se importa com os que ficaram na Terra; por isto, surpreende que seja dele uma fala tão solidária.

A reação do personagem revela o motivo de lutarmos tanto pela sobrevivência a despeito dos nossos muitos equívocos como espécie. E o risco que corremos nessa busca (as perigosas viagens intergalácticas do filme) reafirma "quem nós somos como seres humanos", para usar palavras do próprio diretor.

Nunca a expressão "salvar o planeta" foi tão bem aplicada a um filme como em *Interestelar,* pois não se trata de tirá-lo das mãos do vilão caricato das HQs disposto a explodir tudo. Estamos em outro terreno e não há heróis com superpoderes para nos salvar; cabe a ciência tentar resolver enigmas. Tanto que o roteiro do diretor (com Jonathan Nolan) está baseado nos conceitos do físico americano Kip Thorne.

Há complexidade difícil de ser captada por nós, leigos, pois os diálogos são repletos de princípios da física; porém, enunciá-los não nos impede de entender o básico. Cooper é convencido a viajar para tentar encontrar outros cientistas que se foram antes dele ou achar o tal planeta habitável.

Ele pensa na salvação dos filhos, em especial em Murph (Mackenzie Foy e Jessica Chastain), apegada a ele depois da morte da mãe. Contudo, fica claro que Cooper está diante de missão humanitária – a família dele é apenas mais uma, apesar de o núcleo central envolver diretamente Murph, pois, como física, terá papel essencial na história.

Nolan conduz essa jornada épica como ópera, seja pela dramaticidade, ou pelo tom grandiloquente. E nisto cabe o papel de protagonista à magnífica trilha sonora. A música de Hans Zimmer nos devolve o prazer entorpecido por trilhas anódinas. Ela empresta alento e grandiosidade devidos à obra e, além de respeitar os silêncios, soube encontrar o equilíbrio emocional solicitado pelo filme.

Há evidente preocupação do diretor em não se fiar nos efeitos – eles existem, mas não se sobressaem. Na espetacular sequência em que a nave adentra galáxia fora do sistema solar poderíamos assistir a um balé de efeitos especiais. Entretanto, a cena nos arrebata não pela profusão de tecnologia, mas porque o diretor soube criar atmosfera de rompimento de limites que nenhum efeito substitui e conferiu alma a *Interestelar*.

Interestelar tem alma, portanto. E por isto encanta, envolve, emociona. As mensagens dos filhos recebidas por Cooper têm o real poder de comover porque são sinceras; não se trata de embuste narrativo. Quando a parceira de Cooper, Brand (Anne Hathaway), fala sobre a importância do amor não soa como algo tirado de algum livro de autoajuda. São palavras profundas que nos convencem a respeito desse sentimento tão humano.

Filosoficamente, *Interestelar* trata do tempo – que se modifica dependendo de onde se está. Tal conceito tem tamanha complexidade que pode fugir à nossa compreensão. A assumida inspiração de *2001 – Uma Odisseia no Espaço* (Stanley Kubrick, 1969), entre outros filmes do gênero, não parece acaso.

Em ambos, o tempo é um mistério, assim como o ser humano e o universo. Sim, a ciência tem formulações e teorias, porém, diante do mistério (que o leigo não entende e a ciência tenta explicar) prevalece o fascínio – a sensação que carregamos conosco ao final do filme.

* Publicado em 8/11/2014 no Correio Popular de Campinas

OUSADIAS ÀS ÚLTIMAS
CONSEQUÊNCIAS*

De Pedro Almodóvar, o argentino Damián Szifrón tem em *Relatos Selvagens* (*Relatos Salvajes*, Argentina e Espanha, 2014), a coprodução e algumas ousadias de nunca temer ir até as últimas consequências naquilo a que se propõe e acredita. A Damián, também roteirista, lhe interessa falar da ausência de limite da selvageria humana e ele vai fundo no intento. Não lhe falta coragem.

De Quentin Tarantino ele traz o descompromisso com a realidade, o onipresente tema da vingança nos seis episódios e o tratamento com humor – nonsense e incorreto – dado às histórias. O resultado é arrebatador.

Mas antes de tudo Damián é ele mesmo com uma inventividade incomum e com uma visualidade impressionante nas ações. Ele diz que escreve de olhos fechados pensando não no texto, mas nas imagens.

E tem um olhar ágil, sabe até onde textos e imagens funcionam. Daí a edição frenética, daí caber seis episódios num filme de 122 minutos – que voam sem que percebamos. Para ele, o segredo está na funcionalidade da história e tudo o que é supérfluo fica de fora.

O primeiro breve conto funciona como prólogo, mas é tão alucinante que ficamos com o desejo de que fosse mais longo. Assim, numa pequena anedota dentro de um avião ele é capaz de tratar de temas que vão da crítica de música ao complexo de Édipo e, claro, da vingança. E o desfecho poderia ser o final do filme de tão apoteótico.

E não deveria ter sido o último porque o diretor o apresenta como cartão de visitas. A partir dele, tudo está liberado, entramos no universo delirante do diretor para rir muito. No entanto, atenção, eis a comédia que realmente serve de crítica social – ainda que nunca tenha qualquer resquício de lições de moral.

Assim, pode-se falar de burocracia (o homem vivido por Ricardo Darín tem quatro de seus carros guinchados e perde a paciência), de corrupção (o pai rico que se permite subornar para salvar o filho que atropelou e matou mulher grávida), ou da violência embutida na vida de todos nós atualmente que faz dois motoristas se engalfinharem brutalmente por quase nada, ou que a dona de restaurante deseje matar um político.

E quando tudo parece concluído surge o episódio mais espetacular numa festa de casamento. Filmar festas, assim como danças e sexo caiu na vala comum. Raros diretores escapam ao clichê. Pois Damián Szifrón consegue. A maneira como filma a festa é um deslumbre capaz de contagiar os mais duros espectadores.

E tem uma atriz brilhante. O nome dela: Érica Rivas. Ela dá show, faz caras e bocas, chora, se deprime, porém, vira o jogo a seu favor, evoca Dionísio e apavora o noivo, a sogro e os convidados num ritual que mistura dor e felicidade no mesmo prato para ser consumido frio – pois assim é a vingança.

Quando termina, nos damos conta de que rimos muito e que os personagens fizeram na tela tudo o que, no fundo, temos vontade de fazer na vida real. Ao mesmo tempo, ficamos satisfeitos e aliviados pelo fato de as ações se darem na tela. Isso se chama catarse.

Damián Szifrón é catártico. E por que não? Desde os gregos é assim que se constrói dramaturgia. E estamos na comédia – feita para rir. O diretor não quer mudar o mundo nem conscientizar ninguém; ele quer nos sintamos bem após a sessão do filme. Justo que deseje. Ainda mais com um cinema de tamanha qualidade.

* Publicado em 23/10/2014 no blog Sessão de
Cinema do Correio Popular de Campinas

A QUALIDADE DE SEMPRE
DOS DARDENNE*

Há tempos o desemprego assombra a Europa. Portanto, não se trata de acaso uma coprodução entre Bélgica, França e Itália falando do assunto. Menos mal que um tema que poderia se tornar didático e aborrecido nas mãos de dois competentes diretores e roteiristas, os irmãos belgas Jean-Pierre e Luc Dardenne, assistir a *Dois Dias, Uma Noite* se torna enorme prazer.

E há boas razões para isso porque o filme está recheado de qualidades. A começar que o ponto de partida parece não render e, no entanto, o roteiro, sim, consegue a proeza de tirar o drama de um fio narrativo.

Sandra (Marion Cotillard) se afastou do emprego devido a uma depressão e, ao retornar da licença, descobre que a área onde atua na empresa sobreviveu tão bem sem ela que o coordenador ofereceu bônus aos 16 trabalhadores do setor. Se Sandra retornar, o bônus será cortado.

O roteiro dá à protagonista a árdua tarefa de bater na porta de cada trabalhador (alguns de outras maneiras) para tentar dissuadi-los a dispensar o bônus permitindo que ela não fique desempregada.

Árdua para a personagem, mas, como dizem os atores, um presente para quem atua. Que o diga Marion Cotillard, dona absoluta do filme, atriz capaz de não banalizar o choro (e ela chora várias vezes) e de acionar o imenso repertório de atuação que nos permite enxergar absoluta verdade na representação da realidade.

Além disso, por ser trabalhadora braçal, ela tenta esconder a beleza por trás de penteado desalinhado e do figurino chinfrim. Felizmente não consegue e não só por ser bela, mas porque o talento de nos fazer convencer a respeito do sofrimento da personagem (mulher simples e sem grandes ambições) imprime ainda mais beleza a essa grande atriz.

E impressiona o modo como os diretores conduzem a narrativa, pois a fazem parecer atleta disputando corrida de obstáculos. Ela trilha inúmeras vezes o mesmo caminho: toca a campainha, explica-se ao dono da casa, se humilha, ouve sins e nãos, encara maus-humores, violência, raros afetos e, acima de tudo, segura a onda, pois precisa provar a si e aos outros que está recuperada – lembrando que os outros têm todo o direito de querer o bônus.

Contudo, o roteiro não esconde outro drama europeu, o da imigração. Lá estão os africanos (branco e negro) pobres das periferias tentando sobreviver com o pouco salário e tendo de ouvir alguém lhe pedir para abrir mão de mil euros.

Os Dardenne sabem que tratam de um tema premente que toca o coração dos europeus, mas nunca fazem proselitismo nem propaganda. Relatam, mexem na ferida e preparam final digno, referendando ali que não tomam partido – que, afinal, não é a função do cinema.

E, obedecendo à risca o estilo de direção, não há trilha, a não ser os sons ambientes – mais um elemento a demonstrar distanciamento emocional em relação ao assunto tratado. Só a câmera, como sempre fazem, está colada aos personagens, sentimos a pulsão deles e nos condoemos e nos solidarizamos com eles, como se os conhecêssemos. Na verdade, nós os conhecemos.

* Publicado em 21/10/2014 no blog Sessão de
Cinema do Correio Popular de Campinas

BOM SUSPENSE, ÓTIMO CINEMA*

Primeiro, uma história curiosa sobre o ato de ter ido ontem assistir a O Homem mais Procurado, do holandês Anton Corbijn (2014). A menina da bilheteria me entregou o ingresso e eu nem olhei. Na entrada de acesso às salas, o garoto indica: "sala quatro, subindo a escada rolante, à esquerda".

Entrei. Contudo, achei estranho que a sessão não tivesse começado, pois estava na hora, mas imaginei algum problema técnico. Quando as luzes se apagam, quem aparece na tela é o Denzel Washington, de O Protetor. (Antoine Fuqua, 2014).

Saio correndo e entro na sala contígua, a três, mas quem vejo é o Ben Affleck de Garota Exemplar (David Finch, 2014). Não há opção para descer escadas; portanto, saio do cinema e entro de novo, apresento o ingresso outra vez e digo ao garoto que quero ver O Homem mais Procurado. E o menino indica: "Sala dois, neste piso à esquerda".

Entro e confiro: lá está na tela o grande Philip Seymour Hoffman. Enfim, estou na sala certa, mas com o filme começado. Não me importo. Fixo-me na primeira cena num bar: ele pede um café e fuma desesperadamente. E eu salto na mesma hora para dentro do filme e não saio mais até o final.

Impossível sair de O Homem mais Procurado. E impossível não elogiar John Le Carré pela eficiência em contar mais uma história de espionagem (o livro chama-se A Most Wanted Man e sobre o qual Andrew Bovell escreveu o também elogiável roteiro) sem soar repetido ou cair no lugar comum.

Porque, afinal, não basta o realismo da narrativa, mas a forma como o autor cria envolvente estrutura dramatúrgica de relações daqueles que têm o poder de decidir (espiões, agentes, governos) e de quem está sendo caçado – o que não significa que este tampouco não tenha poderes; por isto ele é o alvo.

E não basta criar tensões – qualquer suspense minimamente bem-feito pode fazê-lo. O filme conquista nossa atenção com história cativante, mas propõe discussões éticas, políticas e religiosas que vão além do simples entretenimento; afinal, suspenses quase sempre têm a diversão por objetivo.

Por ser real, vale a pena fazer sinopse da história. Imigrante filho de mãe chechena e pai russo, Issa Karpo (o bom ator russo Grigoriy Dobrygin) chega a Hamburgo, se refugia na casa de família islâmica e chama atenção das polícias secretas da Alemanha e dos EUA.

Com marcas de tortura, ele quer recuperar fortuna deixada pelo pai num banco e seguir a vida. A questão: ele é ou não terrorista? O fato ocorreu em 2001 com Murat Kurnaz, cidadão turco mulçumano e residente legal da Alemanha, que foi preso no Paquistão.

Em tempos de terrorismo global, de acirramento de preconceitos culturais e religiosos, de radicalização de extremistas e de violências e guerras intermináveis, a história ganha novos contornos, mas o que importa não é exatamente a realidade (estamos no cinema, não no mundo real) e, sim, se o filme consegue ultrapassá-la e ser, simplesmente, cinema bem-feito artisticamente falando.

Sim, consegue e muito. A começar do citado roteiro e da história magnificamente narrada por Le Carré, cheia de personagens marcantes, mesmo aqueles de pequenos papéis, como o da agente Martha Sullivan (Robin Wright) ou o informante Jamal (Mehdi Dehbi), ou, ainda, o banqueiro Thomas Brue (Willem Dafoe).

E, claro, tem Philip Seymour Hoffman contido, minimalista mesmo quando explode ou faz ironias ou reage de modo afetuoso quando, por exemplo, Jamal tenta sair fora do jogo – o afeto foi o jeito dizer que o rapaz não tem opções.

E, pensando no fato de que ele morreu (em fevereiro), a cena do ator ao piano serve como presente da direção. Ela cabe no personagem circunspecto e frio, mas mostra o lado humano, artístico e terno. Um instante de luz de uma história com poucos espaços para gestos de humanidade.

O Homem mais Procurado tem o poder de nos deixar preso a ele porque a direção soube fazer seu papel como deve ser: bom suspense tem de nos capturar para si. Mas ele é mais que isso.

As questões éticas que propõe sobre poder, lealdade, traição, boas intenções de se alinhar ao lado que supomos ser o certo, e outras que reverberam no rastro destas, ficam remexendo nossa cabeça. E nem mencionei os temas políticos e religiosos – que são muito mais difíceis de desenrolar. Disto tudo vem o peso de um ótimo filme.

* Publicado em 14/10/2014 no blog Sessão de
Cinema do Correio Popular de Campinas

JAMES GRAY FOGE DO ÓBVIO*

Bem, me incomoda um pouco o fato de, para narrar história antiga, o diretor de fotografia tenha quase sempre de se valer do sépia e da luz escura (nos ambientes fechados até se justifica) mesmo quando estamos nos lugares abertos. Ora, também havia sol e luminosidade durante os dias naquela época.

Sei também que há uma linguagem aqui. A pouca luz nos faz mergulhar de cabeça num tempo muito distante e a escuridão dos ambientes internos dá-nos a sensação claustrofóbica – ainda mais no bordel onde se passa a maior parte de *Era uma vez em Nova York*.

Trata-se de história batida, mas fortalecida pela direção de James Gray, que procura fugir do óbvio, seja no modo como filma as ações, seja na proposta de encenação. Para isto, o grande trunfo dele foi apostar em três belíssimos atores.

Marion Cotillard, como a polonesa Ewa Cybulski, que chega aos Estados Unidos em 1921 demonstra uma vez mais o grande talento de atriz. É bem verdade que ela se ancora num padrão monocórdio de interpretação: da moça desamparada que faz tudo para sobreviver em meio às adversidades. Contudo, dentro desse universo de poucas variações ela exercita de modo minimalista um enorme repertório.

Joaquin Phoenix, o explorador de uma rede de prostituição, Bruno, supera em muito o incensado equivocamente personagem de *Ela* (Spike Jonze, 2013). Aqui, sim, ele merece uma indicação ao Oscar. Há certos excessos, especialmente no momento decisivo que ele tem como Ewa (por quem se apaixona), porém, garante instante de brilho raro na sequência em que apresenta as meninas num show de cabaré.

A surpresa, no entanto, fica com Jeremy Renner, o mágico Orlando e primo de Bruno, que também se apaixona por Ewa, fechando o clássico triângulo. Creio que Jeremy conseguiu mostrar uma faceta pouco conhecida, pois, assim como Phoenix, ele usa o corpo como instrumento de atuação. Não apenas nas performances como mágico, mas quando não é o protagonista da cena – por exemplo, é visto ao fundo se exercitando em passes de dança (o que também acentua o esmero da direção em relação à mise-en-scène).

As atuações, portanto, sustentam o filme. Entretanto, por trás delas há um diretor que soube encontrar nas performances dos atores a melhor maneira de encenar drama comum. Aliás, drama comum pode ser contestado como definição, pois Ewa, mesmo lisonjeada por ter dois homens à disposição busca outro objetivo na vida: resgatar a irmã Magda (Angela Sarafyan) que, na chegada a América, ficou presa por estar doente.

Não deixa de ser opção arriscada do roteiro colocar a história a irmã como propósito último. O desvio do foco revela um cineasta preocupado (ele, um dos roteiristas) em não apenas repetir modelo estabelecido.

Era uma vez em Nova York tem outra característica, esta sim, muito singular, pois agradou a crítica e tem feito sucesso junto ao público – o casamento dos sonhos de qualquer cineasta. A razão é a maneira simples da narrativa linear e sem floreios de linguagem; porém, na simplicidade ele encontra a sofisticação.

O filme se encorpa no todo – ainda que eu tenha destacado o papel dos atores. Mas, sim, é no conjunto que ele se define como obra prazerosa de se ver (daí a atenção do público), mas construído como um bom cinema deve sê-lo (daí a atenção da crítica) – mérito de James Gray resolver equação tão difícil.

* Publicado em 1/10/2014 no blog Sessão de
Cinema do Correio Popular de Campinas

EXPERIÊNCIA SENSORIAL E ESTÉTICA*

Um filme bonito, bem fotografado e dirigido, e com algumas particularidades: não há nenhum diálogo e a narrativa se dá por associação de ideias que se juntam numa sinfonia. E a palavra sinfonia não entra por acaso, pois a música de Mateus Alves (belíssima) se encarrega de transformar *Brasil S/A*, do pernambucano Marcelo Pedroso, em uma experiência estética e sensorial.

Só que o conteúdo agressivamente político faz com que esqueçamos a estética. Ou melhor, que desloquemos o prazer estético para o discurso que o diretor pretende fazer, pois ele usa o belo como maquiagem para seduzir o espectador; afinal, lhe interessa outra coisa.

Ele provoca distanciamento brechtiano para que não desfrutemos desse prazer. O que Brecht propunha? Que a emoção não empanasse a razão; o distanciamento nos traria de volta para a realidade. Para Pedroso, prazer seria algo condenável ("coisa de burguês", quem sabe) e o conteúdo político estaria acima de tudo.

Exibido na segunda noite de competição do 47º Festival de Cinema Brasília, o filme nasceu polêmico. A começar que parte do curta-metragem *Em Trânsito* (disponível na internet), do mesmo diretor, no qual o protagonista corta o pescoço de um boneco do ex-governador Eduardo Campos. A imagem é forte e causou comoção em Pernambuco, especialmente depois da morte de Campos num acidente de avião em agosto.

Aqui vale uma digressão. O curta-metragem foi produzido com dinheiro do governo do Estado – então governado por Campos. Sim, dinheiro público, mas se o Estado não atende às reivindicações, os cineastas reclamam; se abre possibilidades, como foi o caso de Pernambuco, não faz mais que obrigação – esta é a única forma de entender porque o ex-governador virou vilão do filme.

Somos todos contraditórios, mas também podemos (de vez em quando) exercitar o bom senso. E Pedroso é estudado (pelo discurso, supõe-se que em boas escolas), articulado e entende perfeitamente a razão da crítica a esta contradição.

E, voltando a *Brasil S/A*, este não chega a ser tão explícito, pois se vale da alegoria a partir do uso de arquétipos; no entanto o que lhe importa (mesmo saindo do âmbito local e expandindo para o nacional) é o sentido denunciatório do filme.

Em linhas bem gerais, narra a história de um cortador de cana que chega a Marte. Aliás, a cena de Marte é impressionantemente bela, não só por causa da questão estética em si (que importa para outro fim, como foi dito), mas pelo significado dela – e, acrescente-se, o diretor não teme o uso de todos os recursos de maquiagens possíveis, como slow motion, coreografias, esmero na luz, nos filtros e nos efeitos especiais.

Sobre o significado, o próprio diretor a explica. As ideias para o filme nasceram em 2006 quando, em meio à crise internacional o Brasil navegava por mares econômicos tranquilos. Parecia, diz o cineasta, que o mito do País do futuro havia chegado. "Eu ficava inquieto com aquilo tudo, porque havia enorme euforia de Brasil grande, sexta economia do mundo", afirma, mas a realidade (como se provou) não era exatamente aquela.

Simplificando também a construção do filme, pode-se dizer que são imagens eloquentes gravadas como esquetes que, juntas, formam um painel que representaria o Brasil de hoje. Assim, tudo tem formato mais ou menos grandioso. Caso das retroescavadeiras que dominam parte da cena, gruas como as que seguram enorme bandeira brasileira, caminhões-cegonhas, máquinas que substituem cortadores de cana.

Alguém se lembrou de Jean Mazon (1915-1990), documentarista que elogiava a ditadura e tratava de pensar no progresso e no País grande. Marcelo Pedroso faria o inverso, ou seja, constrói paródia do progresso destrutivo. Porém, questionou outro jornalista: esse discurso não estaria envelhecido?

Polêmicas à parte existem momentos belíssimos – mesmo que o diretor esteja apenas ludibriando nossos olhares. Por exemplo, quando o protagonista embarca para Marte (foto) numa citação explícita de *Os Eleitos* (Philip Kaufman, 1983), a falsa cena em que mulher se maquia com o carro em movimento e a sequência de devotos orando numa igreja evangélica tendo *The Sound of Silence* (com Paul Simon e Art Garfunkel) como trilha.

Neste caso, elogiável a postura do diretor. Ele menciona o encanto que temos diante de um ritual de candomblé e a crítica que fazemos quando vemos crentes em transe semelhante. "Evitei o tom crítico, pois é uma catarse legítima de um tipo de pessoas que compõe, até politicamente, o Brasil de hoje". Eis uma coerência que ilumina o filme.

* Publicado em 20/9/2014 no Correio Popular de Campinas

NOS LIMITES HUMANOS*

A primeira atenção dada a *The Rover – A Caçada*, do australiano David Michôd, torna-se inescapável: Robert Pattinson. Ele tinha despertado curiosidade em *Cosmópolis* (David Cronenberg, 2012), pois se queria saber o quanto era capaz de fugir do insosso vampiro da série *Crepúsculo*. E ele deu conta do papel. Agora se tratava de saber o quanto o rapaz tinha de talento reservado – vejam que a cobrança não é pequena para quem faz o sucesso que fez.

Pois o moço destrói todos os possíveis preconceitos ao viver personagem radical, que lhe esconde a beleza, tem a fala complicada, os dentes estragados e, longe da força dos heróis, está sujo e fragilizado e depende da compaixão de estranhos: levou tiro e foi abandonado pelo irmão Henry (Scoot McNairy) depois de assalto mal executado em terra sem lei – desolador fim de mundo no interior da Austrália.

Ele atende pelo nome de Rey e, apesar de não parecer, é inteligente e perspicaz e entende perfeitamente o que deve fazer quando Eric (Guy Pierce) o encontra e o socorre. Claro que, por conta do passado, nossos olhares são generosos com Pattinson, mas Guy Pierce está soberbo no papel do sujeito frio e implacável que ajuda Rey por interesse próprio.

Eric tem uma missão e faz de tudo (mata e ameaça) por uma única causa: quer reaver o velho carro que a quadrilha de Henry roubou uma vez que a caminhonete deste encalhou num buraco. Uma mulher que lhe oferece um garoto para lhe alimente o prazer sexual lhe diz: "pra quê tanto zelo por causa de um carro velho"?

Eis a questão dramática central do filme. Eric nada tem a perder, o histórico dele nos irá mostrar que a vida pouco lhe faz sentido, o mundo onde vive, igualmente, a devastação torna-se evidente aos olhos do espectador, enxergamos deserto abandonado, paisagem assustadora e apocalíptica. Não há nada a esperar da vida, senão alguma nobreza representada no carro.

Não há como não detectar o niilismo das intenções do personagem (o desprezo pela vida dos outros e dele próprio), ainda que ele se enterneça ao ver cachorros presos em gaiolas ou se comova diante de velho impotente e solitário olhando impassível para a arma que Eric lhe aponta. O homem duro e implacável ganha contornos humanos.

Um pouco antes, no entanto, ele havia se surpreendido com a solidariedade de Rey, mesmo que este o ajude como vingança por ter sido abandonado pelo irmão. A ajuda mútua, mas repleta de interesses, revela nosso lado obscuro de seres humanos (nem bons nem maus, os dois, humanos) capazes de se aliar nas situações adversas, trocar de lado, vingar, enfim, tratar de sobreviver.

Aqui está outro forte elo dramático do filme: nossa capacidade de lutar pela sobrevivência e, para tal, usar de todas as armas. Se Eric apenas busca redenção ilusória ("pensar insistentemente em quem matamos é o mínimo o que temos de pagar por ter matado", ele diz a Rey), Rey está atrás da vingança motivada pela rejeição – outro poderoso traço humano.

Assim se constrói *The Rover*: história estranha que se passa nos limites humanos, dois ótimos atores, fotografia de excelência que valoriza a desolação do cenário e a atuação (Rey sozinho no carro cantando música banal é um bom retrato disso), e direção (roteiro do próprio diretor) corajosa. Estamos no nada, depois do colapso (diz a legenda inicial) e resta muito pouco de dignidade humana. Na amizade improvável entre Eric e Rey uma tênue luz se acende.

*Publicado em 8/8/2014 no blog Sessão de Cinema do Correio Popular de Campinas

O ESTRANHAMENTO DE

*O CONFRONTO**

Em algum momento de *Planeta dos Macacos – O Confronto* (*Dawn of the Planet of the Apes*, EUA, 2014), de Matt Reeves, o roteiro escrito por Rick Jaffa, Amanda Silver e Mark Bomback sugere que símios e homens possuem naturezas distintas: aqueles são bons; estes, maus. Felizmente, não passa de sugestão, pois o macaco Koba (Toby Kebbell) se encarrega de revelar a face sombria dos animais e leva o bondoso mono Cesar (Andy Serkis) a refletir sobre o quanto somos similares.

Esse esboço de leitura plana dos dois mundos, portanto, não prevalece. Afinal, se a busca é despertar raciocínio minimamente sério do filme – mesmo que este tenha nítido viés do entretenimento – não dá para cair na ingenuidade de classificar o primitivo (ou despossuído) como puro e desprovido de maldade e, dessa forma, escorregar para o maniqueísmo.

A reflexão faz sentido porque esta série só pode ser vista sob a perspectiva da fábula e, como tal, nossa tradução tende para o óbvio ao relacioná-la com nossas guerras reais entre negros e brancos, caras-pálidas e índios, saxões e judeus, israelenses e palestinos etc. E, também óbvio, temos a tendência de torcer pelo fraco e oprimido.

Mas o roteiro passa longe da concepção rasteira, pois Koba torna-se o responsável por estabelecer o caos. E o mesmo Cesar reconhecerá Malcolm (Jason Clarke) como homem bom – idêntica visão que ele tinha do protetor Will Rodman (James Franco) no filme de 2011 (*Planeta dos Macacos – A Origem*, de Rupert Wyatt).

E para quem gosta de emular utopias sobre convivência pacífica entre diferentes, há cenas de exemplar beleza, como a facilidade com que um macaquinho abstrai-se do perigo na ingenuidade (aqui, sim) infantil e brinca com humanos. Ou como um símio adulto se interessa pelos desenhos de Alexander (Kodi Smit-McPhee), o filho de Malcolm. Ou como a mulher deste, Ellie (Keri Russell), se compadece da companheira de Cesar.

São cenas de confraternização explícita entre opostos (mesmo com certa dose de lugar-comum) capazes de nos fazer sonhar com mundo sem guerras, preconceitos e fronteiras. Mas o mundo não atende às essas utopias, pois ele é lugar de confrontos diários de toda a natureza; espanta que acreditemos no contrário. E a guerra se estabelece.

A empatia do espectador pela série desde o início dela em 1968 (nascida a partir do livro de Pierre Boulle) vem do fato de que nos espelhamos nos macacos e, aceitando ou repelindo o parentesco e as similaridades, tal ideia nos fascina desde sempre. E o fascínio permanece neste segundo exemplar da série. O espanto de Malcolm ao ver Cesar (macaco inteligente, de olhar profundo e que fala) pela primeira vez, é o nosso espanto.

O filme tira desse estranhamento os elementos para nos seduzir. Incomoda que, ávidos por sequências, os produtores usem o segundo longa apenas como passagem para o confronto final que se anuncia no próximo. Mas, apesar de ser espécie de interregno entre o princípio e o fim, ele se sustenta dignamente.

E há um dado completar meritório a esse tipo de produção da poderosa indústria americana. Mais uma vez – pois tem ocorrido com frequência nos últimos tempos – a trilha sonora (de Michael Giacchino) se destaca pela beleza, sobriedade e adequação, fugindo do genérico que se ouve comumente.

E sobriedade também se vê na direção. Matt Reeves nunca abusa do excesso. Contido ao abordar os conflitos e os momentos nos quais poderia descambar para o piegas, ele se atém a expor guerra declarada sem jamais simplificar relações tão complexas. Não é pouco.

* Publicado em 24/7/2014 no Correio Popular de Campinas

EVOCANDO EMOÇÕES
ESCONDIDAS*

Praia do Futuro (Brasil, 2014), de Karim Aïnouz, está inteiramente calcado na emoção. A belíssima trilha ajuda a compor esse tom, assim como as canções que o próprio diretor incorporou à narrativa. A cena de Konrad (o alemão Clemens Schick) cantando em francês não apenas acentua o esperado (pelo diretor) estranhamento, mas evoca as emoções mais escondidas.

Contudo, elas não são provocadas apenas pelas canções. Nos chamados tempos dilatados (e são vários) nos quais parece nada acontecer não há música, mas existe extraordinária dramaticidade. Como um dos encontros entre os irmãos Donato (Wagner Moura) e Airton (Jesuíta Barbosa) num café de Berlim. Os diálogos estão repletos de lacunas e vem dos silêncios a capacidade de nos tocar profundamente.

Há muitas outras, com ou sem música. A citada cena de Konrad cantando *Aline* (do francês Christophe, sucesso nos anos 1960), Donato e Konrad dançando numa balada quando o primeiro toma importante decisão, o instante dessa decisão numa viagem de trem, o carinho entre os irmãos em Fortaleza e reencontro deles em Berlim. Este, o momento mais comovente do filme – um desconcerto explosivo que mistura raiva e prazer.

O roteiro do próprio diretor (com Felipe Bragança) está todo construído sobre esse pilar, de modo que fica difícil fugir. O melhor que o espectador tem a fazer é se entregar sem medo. Não dá para resistir à graça de Airton ainda garoto lutando sozinho na praia e, quando adulto, transando (brincando) com uma garota em Berlim.

Esta sequência, carregada de melancolia, remete à cena da praia e resulta numa encenação de beleza singular, compreendida a partir do fato de Airton trazer com ele diversas perdas e se sentir deslocado na cidade cinzenta em tudo diferente da ensolarada Fortaleza.

Entre as muitas qualidades do filme está o elenco formado por três ótimos atores, porém quando Jesuíta Barbosa entra em cena ele arrebata. Esse jovem ator de olhar fulminante provoca um giro de 360 graus na história e na intensidade das emoções. Jesuíta é um assombro, tem brilho raro no modo de expressar os sentimentos do personagem.

Karim Aïnouz filma com elegância, busca a essência de cada cena e tira dos atores o que eles têm de melhor. E a força dramática é tamanha que a trama central da paixão entre dois homens ganha menos importância do que os poderosos subtemas que dão corpo ao roteiro.

O frio Konrad se desestrutura quando perde um amigo na Praia do Futuro, em Fortaleza; o herói (que salva-vidas) Donato se apaixona e abandona o trabalho e a família que tanto curte, e o efusivo Airton se transforma com a partida do irmão.

Nos desacertos dessas relações Karim realiza o melhor filme dele, o mais bem acabado tecnicamente (com fotografia deslumbrante do alemão de origem turca Ali Olcay Gözkaya), o mais bem conduzido e o melhor resolvido. Não é fácil estabelecer equilíbrios na arte, assim como usar o melodrama sem escorregar no excesso; porém, Karim achou o ponto certo para, com extrema delicadeza, seduzir o espectador.

* Publicado em 15/5/2014 no Correio Popular de Campinas

A CONSISTÊNCIA DE FARHADI*

Impossível não comparar *O Passado* (*Le Passé*, França, Irã, 2013), do iraniano Asghar Farhadi, com *A Separação,* o premiadíssimo longa de 2011, ganhador do Oscar de filme estrangeiro, entre outros. Poderia até se passar por continuação deste. Afinal, não existem paralelos só no nome, mas nas situações. Ahmad (Ali Mosaffa) vai a Paris se encontrar com a ex-mulher a fim de oficializar o divórcio. O litígio, de fato, se deu quatro anos antes.

Daí ter-se a impressão de continuidade da história. Mas não. A ex-mulher é outra. Trata-se de Marie (Bérénice Bejo), que, agora, vive com Samir (o ótimo Tahar Rahim), duas filhas e o filho deste, numa casa meio decadente de bairro periférico. Marie trabalha numa drogaria, enquanto Samir tem lavanderia.

Estamos, portanto, no universo da classe média, mas não vêm do status econômico os problemas, mas de questões familiares – igualmente tema do filme anterior – e tão complicadas quanto. Agora, Asghar Farhadi (também roteirista) quer desvendar drama que se esconde por trás da tentativa de suicídio da mulher de Samir, que está em coma.

Na revelação das razões da tentativa do suicídio reside a trama principal porque a adolescente Lucie (a ótima Pauline Burlet) e mãe Marie estão em pé de guerra. A garota não quer saber do novo namorado da mãe, aparentemente porque ainda gosta do padrasto Ahmad, mas há outras razões.

E, de repente, Ahmad se vê involuntariamente envolvido pelos dramas da ex-família, com Samir e com o filho dele. De fora, o iraniano acaba sendo espécie de mediador dos conflitos que vão surgindo sem parar.

Esta é outra relação que se pode estabelecer com *A Separação*. O diretor tem forma bem particular de fazer as chamadas viradas da história. Ele consegue criar solução e, quando tudo parece resolvido, cria novo obstáculo e tudo volta ao ponto inicial. Há, portanto, sucessão de pequenos desfechos até a solução final. Chega a incomodar, mas a habilidade do diretor faz com que fiquemos presos à narrativa o tempo todo.

Outro dado, também comum ao filme anterior, é a completa ausência de um tipo de trilha musical feita para embalar emoções. A narrativa prescinde daquilo que não faz parte dos fatos. Assim, se o ambiente oferece música ela entra como parte da trilha composta também por outros sons, como ruídos de carros, trens etc.

Tal concepção está longe de ser novidade, mas se coloca em conformidade com a proposta da direção de valorizar a encenação e a história e dar impressão de realidade à narrativa. E, sim, o que sobressai são a precisa mise-en-scène, as boas atuações e a intrigante história. A sequência final talvez não tenha sido a melhor solução, mas tudo o que foi apresentado antes dá o devido peso a O Passado.

Por fim, será inevitável também dizer se ele deu ou não um salto em relação ao primeiro trabalho. Não, mas não é preciso. Primeiro porque *A Separação* é um grande filme; segundo, porque não existe a necessidade de superação, pois *O Passado* reafirma com sobras a consistência do cinema de Asghar Farhadi.

* Publicado em 8/5/2014 no Correio Popular de Campinas

DRAMA REPLETO DE DOR*

Há três momentos nos quais ouvimos música em *Instinto Materno* (Pozitia Copilului, Romênia, 2013), de Calin Peter Netzer: no baile de aniversário de 60 anos da protagonista Cornelia (a ótima Luminita Gheorghiu), durante o ensaio de ópera em que recebe a notícia de que o filho se envolveu em acidente e, por fim, em café (música de fundo) no qual ela ensaia um suborno. No mais, incluindo a abertura e encerramento, o filme se desenrola numa atmosfera seca, dura e assustadoramente silenciosa.

A história pede tal abordagem, associada à claustrofobia das ações noturnas e dos lugares fechados habilmente fotografados por Andrei Butica e que criam clima de permanente suspense. Em drama repleto de dor, percebemos as respirações e ouvimos os pequenos movimentos, além de outros ruídos dos personagens – como na vida, em que não existe o adorno da música.

A família de Cornelia personifica a classe social rica da Romênia acostumada aos arranjos políticos nas altas esferas, sabe conseguir tudo por meio das influências e, quando não as têm ao alcance, se serve do elementar suborno. É nisso que Cornelia, de 60 anos, pensa quando a irmã lhe conta que o mimado filho Barbu, de 34 anos (Bogdan Dumitrache), atropelou garoto pobre de 14 e o matou.

Entretanto, o arrogante Barbu não está interessado no apoio materno – nem paterno. Ou melhor, lhe interessa que a mãe lhe massageia as costas afetadas pela batida, que vá até a casa dele buscar roupas, que lhe traga remédios e, mesmo a contragosto, que corra atrás da burocracia exigida pela polícia. No mais, quer muita distância da mãe. O motivo seria o papel de dominadora de Cornelia e o fato de esta odiar a nora.

Neste aspecto o filho tem razão. A mãe se sobrepõe a todas as ações dele (incluindo o casamento) e do marido. Nada lhe sai do controle. E chega ao ponto de acenar bandeira branca para a nora e ainda lhe propor acordo – para ambas dominarem melhor o filho. Aliás, a crueza de detalhes da conversa entre as duas sobre a vida sexual do casal tange o obsceno.

Mas é desta matéria que Calin Peter Netzer se utiliza para tornar não apenas crível o drama que relata. De posse de elementos realistas o diretor procura representar a vida do modo mais verdadeiro possível. E consegue. Estamos diante de uma encenação, mas o tom quase documental sugere que assistimos a uma história real, tamanha a força narrativa.

O drama que Cornelia cria por temer que o filho possa ser preso por crime doloso (sem intenção de matar) encobre a verdadeira tragédia: a da família do garoto morto. O encontro dela com os familiares do menino é para corações fortes. E os argumentos de Cornelia soam cínicos, no entanto, tão humanos e tão próprios de uma mãe. Mas do outro lado também existe mãe. Podemos até racionalizar os discursos, mas isto só ocorre porque estamos do lado de fora.

Em *Instinto Materno,* todos são afetados: o pai, a mãe, o filho e a nora e, claro, a família do garoto. E ao mesmo tempo em que o diretor nos mostra o sofrimento mais profundo, pois envolve a morte, o modo de se aproximar dele torna-se a alma do filme. Ele não usa subterfúgios, não teme tocar nas feridas, não foge da dor. E, com tudo isso, e sem buscar redenção, o desfecho nos purifica – no sentido da boa e velha tragédia grega.

* Publicado em 2/5/2014 no Correio Popular de Campinas

VIAGEM TRANSFORMADORA*

Quando viajamos, nos modificamos. E nisto que acredita David (Will Forte) ao carregar o pai Woody (o ótimo Bruce Dern) para viagem inútil de Billings (Montana) a Lincoln, capital do estado referido no título, em *Nebraska* (Estados Unidos, 2013), de Alexander Payne. Inútil se pensarmos que o pai crê ter ganhado US$ 1 milhão. O filho sabe que não, mas decide viajar para evitar a falação do pai e sair um pouco da cidade onde moram a fim de respirar novos ares. E nós embarcamos com prazer nesse road movie para vermos como a vida deles ganhará novo sentido.

Woody nunca foi de dar muita bola para os filhos – a reclamação vem do irmão de David, Ross (Bob Odenkirk), que se deu bem na vida e virou âncora de telejornal local. David trabalha como vendedor numa loja de eletrônicos e está separado da namorada. Bom momento, portanto, para refrescar a cabeça, ver pessoas.

E, como vão passar por Dakota do Sul, por que não visitar o Monte Rushmore, onde estão esculpidos os rostos de quatro presidentes dos Estados Unidos, ainda que Woody considere aquilo só um monte de pedra? E, no caminho, na cidade fictícia de Hawthorne, vive o irmão mais velho. Bem, aproveitando incidente, por que não lhe fazer uma visita? A tia também aproveita e avisa os outros irmãos de Woody e a viagem desemboca em reunião familiar.

Bom lembrar que Hawthorne é a cidade-natal de Woody. Portanto, haverá romaria pelo cemitério e pela velha casa da família, reencontro com antigo sócio e, de repente, o passado e seus fantasmas estão de volta. E os irmãos, cunhados, sobrinhos, velhos amigos, parceiros, antiga namorada, todos resolvem se aproveitar do dinheiro e da fama instantânea de Woody.

Filmado em preto-e-branco (fotografia exuberante de Phedon Papamichael), o roteiro de Bob Nelson faz interessante abordagem sobre o universo familiar. Evita os tradicionais confrontos verbais e corporais (que existem) para se concentrar na leveza da relação carregada de afeto entre pai e filho. Seria curioso contar quantas vezes David pronuncia a palavra pai. São inúmeras e (quase) todas carinhosas. Sim,

Outro Olhar **179**

há exasperação no começo, mas só até David entender que viajar será bom para todos.

Como pano de fundo, assistimos às vilanias familiares e de amigos como Ed Pegram (Stacy Keach), num painel assustador da capacidade humana de se fazer hipocritamente afetuosa e, depois, aproveitar-se e ridicularizar o outro. Mesmo em tom bem-humorado, alguns seres humanos do filme são odiosos – parecidos, afinal, com os da vida real – lembrando que Woody tem deficiência que permite que o tratem tão mal. A começar da mulher Kate (June Squibb, em interpretação impressionante e merecidamente indicada ao Oscar).

O estado de Nebraska é conhecido pela cultura baseada na agropecuária e pela maioria branca e protestante – luteranos migrados da Alemanha. Referências genéricas que saltam dos diálogos, das paisagens e do comportamento dos ricos personagens. E Alexander Payne, nascido no Nebraska, reconstitui na tela, mesmo que de modo ficcional, o espírito de um pedaço (o meio do país) dos Estados Unidos.

E, a propósito do "painel assustador do ser humano", causa enorme prazer o delicioso desfecho. Foi a saída mais inesperada e criativa que se poderia imaginar. Prêmio para um filme feito com ótimos atores, bem-encenado e que, sem pesar a mão, retrata com perfeição pessoas mesquinhas e adoráveis, boas e más (tão iguais a nós) e nascidas em lugar remoto e tão próximo de nós.

* Publicado em 16/4/2014 no Correio Popular de Campinas

FILME DE BRILHO
RARO NO BRASIL*

O profissional que exerce a crítica cinematográfica convive com constante dúvida: ser condescendente ou exigente com o cinema nacional? Nem uma alternativa nem outra; a imparcialidade é sempre desejável independentemente da procedência do filme. E, ao contrário do que se supõe, tenho enorme prazer quando assisto a bom filme brasileiro – sem patriotismos baratos ou ufanismos tolos. *Hoje eu quero voltar Sozinho*, primeiro longa-metragem de Daniel Ribeiro (2014), consegue despertar esse prazer.

E, se de um lado, o cinema brasileiro reconquistou o público, mesmo com muitas comédias sofríveis; de outro, se mantém afastado desse mesmo público quando investe em outros gêneros. E, quase sempre, a falta de eficiência está no próprio filme.

O longa de Daniel, ao contrário, é eficiente em tudo. No roteiro bem desenhado, nos diálogos críveis (sem maneirismos, realistas e que cabem na boca dos personagens), na direção enxuta e sem invencionices desnecessárias; na encenação despojada, mas com técnica e emoção suficientes para alcançar os objetivos desejados, e na abordagem de dois temas difíceis, mas tratados com extrema delicadeza.

Não bastasse, o diretor conseguiu o impensável: retomar o premiado curta-metragem *Eu não quero voltar Sozinho* (2010). Se me pedisse conselhos a respeito, eu diria que tal tarefa seria loucura. E, na medida em que assistimos ao longa, o curta está lá, onipresente, em várias sequências, situações, pois os personagens e os atores protagonistas são os mesmos. E, por incrível que pareça, funciona muitíssimo bem.

O novo filme reconstrói a história dos três amigos a partir do princípio dela, mas invade deliberadamente o terreno do curta sem que nos pareça estranho e sem que nenhum deles seja anulado, pois ambos continuam com as identidades preservadas.

E quando toca no tema de pessoas com deficiência, o diretor (também roteirista) acertadamente despreza o correto, mas não levanta bandeiras nem ironiza ou agride. Com idêntica delicadeza, ele chama o garoto Leo (o ótimo Guilherme Lobo), que tem deficiência visual, de cego. E aborda o assunto sem melindres e encara a realidade sem medos, incluindo buylling na escola.

O mesmo se dá quando toca na questão gay. Se, hoje, como atesta a personagem Giovana (Tess Amorim), há maior liberalidade no enfrentamento do assunto entre os jovens (mesmo também despertando buylling), falar de relacionamentos homossexuais nunca é menos que complexo. Entretanto, a naturalidade com a qual o diretor o aborda faz tudo parecer mais simples e sem o peso ancestral que ele carrega.

A razão do êxito, portanto, está no modo de abordar. Daniel Ribeiro fala de afeto (ainda que o sexo esteja presente; são adolescentes), e recheia a história de significados. Como a cena da conversa sobre o eclipse – conduzida por Gabriel (Fabio Audi) e a milhões de quilômetros do piegas –, a do cinema e a de quando Leo se barbeia. Ou as três sequências da bicicleta – cinematograficamente um achado repleto de sentido e rico no desdobramento (são contextos distintos) a partir de ideia simples.

E há a beleza que não está no cenário nem se vale de artifícios de fotografia, mas no subtexto que evoca os ingênuos sentimentos das descobertas afetivas adolescentes. *Hoje eu quero voltar Sozinho* não precisa de nenhuma condescendência, pois, realizado com total contenção, possui inúmeras qualidades e resulta em um filme tocante e de brilho raro no cinema brasileiro.

* Publicado em 10/4/2014 no Correio Popular de Campinas

NINFOMANÍACA I: É
BACH QUEM ARREBATA*

Em tempos de sexo para maiores exposto à exaustão na internet, nos celulares e na TV a cabo, que escândalo poderia haver em *Ninfomaníaca – Volume I* (*Nymphomaniac,* Dinamarca, Alemanha, França, Reino Unido e Bélgica, 2012), do dinamarquês Lars Von Trier? Polêmico, no tempo em que tudo era fechado aos nossos olhos e mentes, foi *Saló ou os 120 dias de Sodoma* (Pier Paolo Pasolini, 1975), só para ficar num exemplo.

Se o espectador estiver interessado em sexo, não precisa ver o filme – melhor acessar vídeos pornôs na internet. A começar que as cenas são fakes (o pênis de Shia Labeouf não é dele, mas de dublê) e o cinema não pornô (que é o caso) se faz a partir de cortes, simulações e pistas falsas. Nada exatamente real, portanto. E sexo explícito foi mostrado por Lars Von Trier em *Anticristo* (2009) e não houve polêmica alguma. Assim, estamos falando antes de tudo de cinema, não de sexo ou pornografia, ainda que haja muito sexo no filme. Como há em nossas vidas.

A polêmica, de fato, está conectada ao markerting – portanto, feita de matéria alheia ao cinema propriamente dito, ainda que filme seja produto vendável. Mas importa discutir a arte por trás desse falatório todo envolvendo a nova obra do diretor, que chega cortada (contra vontade dele) ao Brasil a partir de hoje. A versão sem cortes tem 5h30.

Há dois incômodos iniciais em *Ninfomaníaca – Volume I* e ambos têm a ver com a narrativa. No primeiro, o pescador Seligman (Stelan Skarsgard) encontra Joe (Charlotte Gainsbourg) estropiada, a leva para casa e quer saber o que lhe aconteceu. Em vez disso, ela lhe propõe narrar as aventuras sexuais desde a infância – na juventude é interpretada por Stacy Martin. O recurso pouco imaginativo e didático só não fica enfadonho porque há boas reflexões entre Joe adulta e Seligman.

No segundo, o diretor não se cansa de ilustrar tais reflexões. Seguido a uma frase como "se puder voar, voe" surge na tela um objeto voador. Se o tema é a pescaria, lá está o pescador jogando linha e isca, como se o roteiro do próprio cineasta tentasse se libertar do texto, mas o efeito não passa de reiteração das falas traduzidas em imagens.

Outro Olhar **183**

Depois, seguem-se duas recorrências óbvias quando o assunto é sexo casual: culpa e solidão. Não que não existam estes dois elementos, mas onde estaria a novidade? Se fosse para abordar estes dois temas de modo convencional não precisaria tanto alarde. E daria mais munição para quem defende relações sexuais restritas apenas ao casamento como única alternativa – as igrejas, por exemplo. E, no caso da solidão, só ingênuos acham que casados não sofrem desse mal. A pior solidão ocorre a dois.

Como não se conhece o *Volume 2*, fica difícil pensar no desfecho, mas isto não importa muito. Pela primeira parte se pode avaliar que o roteiro vai além da discussão, digamos, pequeno-burguesa (na falta de melhor definição). Afinal, Joe desfruta de desmedido prazer com a prática sexual e quando mente aos amantes, engana-os e se assume viciada. O prazer, portanto, elimina a culpa. Assim, como assume a solidão própria do modo de ser – que se desfaz (em parte) na relação edipiana e lírica de Joe com o pai Christian Slater (ótimo).

A culpa só faz sentido quando envolve sentimentos alheios. Caso da sequência na qual a mulher de um amante de Joe surge de surpresa na casa dela em um dos melhores momentos do filme. Recheada de diálogos primorosos, a encenação e a performance de Uma Thurman não são menos que espetaculares.

Ao final, *Ninfomaníaca* deixa na poeira qualquer suposta polêmica pueril sobre sexo na aula de música dada por Seligman a respeito da sequência numérica criada pelo matemático medieval Leonardo Fibonacci (1170-1250) e usada por Johann Sebastian Bach no conceito de polifonia.

A cena está no capítulo cinco e ouvimos um prelúdio de Bach executado no órgão de tubos paralelamente à representação polifônica de três amantes (vozes) de Joe. Neste instante, falando de sexo, o filme expressa arte de modo arrebatador.

* Publicado em 10/1/2014 no Correio Popular de Campinas

NINFOMANÍACA II: ALGUÉM FORA DE LUGAR*

Para avaliar melhor *Ninfomaníaca: Volume II* (*Nymphomaniac: Volume II*, Dinamarca, Alemanha, França, Bélgica, Reino Unido, 2013), de Lars von Trier, será preciso retomar o primeiro – lançado há pouco mais de um mês. Obviamente, o conjunto traz coesão e melhor compreensão de Seligman (Stellan Skarsgård), que na primeira parte, parecia ser apenas frágil artifício narrativo interpretando o papel de ouvinte dos relatos de Joe (Charlotte Gainsbourg).

Em princípio, tanto as características de Seligman (e o encaminhamento do destino do personagem) quanto o desfecho de Joe são inverossímeis. Seja pelas muitas coincidências e pelas associações (aparentemente forçadas) que ele faz das experiências sexuais de Joe com a arte e cultura, mas, principalmente, pelo encontro de dois personagens tão opostos: ela, viciada em sexo; ele, desinteressado.

Tal crítica soa inconsistente, entretanto, se levarmos em conta o quão surpreendente é a realidade. Com um pouco de capacidade de imaginação do roteirista (caso de Lars von Trier) as possibilidades ficcionais tornam-se infinitas. E, estamos no cinema. Assim, com pouco de vontade podemos justificar o roteiro.

E esqueçamos a suposta polêmica que o filme provocaria por mostrar cenas de sexo explícito e perversões. Não é o sexo o objeto do diretor, mas o deslocamento. Joe sente imenso prazer no sexo casual, a ponto de ignorar o papel de mãe. Se a olharmos pelo viés cristão, teríamos de uma só vez, dois pecados; condenação seria idêntica, se o olhar fosse social.

Joe não cabe em si nem no mundo em que vive. Tanto que chega a apelar para a redenção. Trata-se de pária e, portanto, indesejável socialmente, porque a essência do ser ninfomaníaco (ela se recusa a ser chamada de viciada) a domina – a despeito de terapia, de ser mãe e de amar um homem (Shia LaBeouf) e ser amada por ele. Nenhum desses confortos sociais e existenciais que, em tese, iluminam nossas vidas e nos dão algum sentido, fazem sentido para ela.

E, quando os prazeres no sexo trivial desapareceram, Joe socorre-se do sadomasoquismo, que seria a busca extrema e perfeitamente plausível à personagem. Ela precisa alimentar o que poderia ser chamado (grosso modo, e neste caso específico) de transtorno psicológico. Explica-se a razão de tamanha radicalização: no espancamento voluntário, ela atinge êxtase semelhante ao que experimentou aos 12 anos.

Contudo, mesmo que o ato pareça não conter nenhuma noção de pecado e, portanto, não traga embutida a culpa, a postura humilhante e indigna a que Joe se permite, a dor, o dilaceramento físico e a submissão a um homem que se satisfaz na violência sugerem autopunição. Tanto que, neste ponto preciso, ao atingir o ápice da trajetória libidinosa, haverá mudança de rumo da personagem.

E só para reafirmar que não é o sexo o objeto do diretor, as cenas eróticas podem até despertar prazer em quem compartilha tal prática, mas cinematograficamente o que chama a atenção é o trabalho de um profissional exercendo o ofício dele – por mais bizarro que possa parecer aos olhos da maioria. O personagem K (Jamie Bell) também vive na obscuridade, escondido – como Joe e como um pedófilo que surgirá posteriormente. São, na definição de Joe, mas dita com outras palavras, proscritos pela própria natureza.

Além de reafirmar-se como grande ator, o menino dócil de *Billy Elliot* (Stephen Daldry 2000) domina cada detalhe da mise-en-scène concebida com espantoso apuro técnico e elaboração: no meticuloso ritual de preparação, nas respirações, no olhar duro e impiedoso, nos gestos imperativos e no prazer oculto de uma prática calculista na qual não cabe explicitar qualquer emoção. É o grande momento desta segunda parte.

Ninfomaníaca: Volume II não escandalizará ninguém nestes tempos em que temos sexo explícito gratuito nos nossos computadores e pago nas nossas TVs a cabo. Portanto, não será preciso ir ao cinema se o interesse for sexo não formal ou prescrito, pois o temos em casa. A Lars von Trier interessa falar de alguém fora de lugar, inadaptável ao senso comum. Eis o grande escândalo.

* Publicado em 13/3/2014 no Correio Popular de Campinas

BELEZA ESTÁ ONDE
SE QUER VER*

A ausência de belezas naturais em São Paulo que, para muitos, seria demérito Lina Chamie transformou em arte. Porque a arte está no olhar de quem vê. E, se, de um lado a observação preguiçosa só enxerga beleza no óbvio, a diretora descobre o belo onde menos (supostamente) caberia.

E se um indolente não conceberia mais que um evento esportivo na tradicional corrida de São Silvestre, que acontece anualmente em 31 de dezembro na capital paulistana, Lina Chamie a transformou em inesquecível experiência sensorial.

A São Paulo da diretora, no documentário *São Silvestre*, está longe da dureza com a qual costuma ser retratada ou mencionada. O suposto feio, sim, é bonito – contrariando a canção engajada de Carlos Lyra e Gianfrancesco Guarnieri. Bastou a sensibilidade da artista para compor poema cinematográfico/sinfônico nada concreto sobre uma cidade considerada pouco afetiva e acolhedora.

As imagens captadas por ela (fotografia de José Roberto Eliezer) extrapolam o factual do jornalístico que se perde como notícia dois ou três dias depois – em que pese estarmos em um documentário. Não lhe interessa o evento do calendário, a competição, o resultado final. Lina constrói painel que, em primeiro plano, tem a pulsão do atleta, as passadas, o batimento cardíaco, a tensão da disputa e a adrenalina de uma competição internacional – descrito assim, ainda estamos no terreno do fato.

Porém, concomitantemente, os passos dele caminham na cidade – aquela tida como selvagem, fria, concreta, indiferente, cinza, brutalizada. Pois a mesma cidade se insurge contra a má fama para posar de bela. É a mesma. Só está muito mais vazia por causa da data; entretanto, monumentos, prédios (nem tão agressivos assim), praças, árvores, parques, símbolos, avenidas, pequenas ruas e gente estão lá para demonstrar que a beleza existe no detalhe, no parar para olhar, na forma como nos detemos. Nada é óbvio – há que se fazer um exercício.

E também ao mesmo tempo temos o apelo musical da grande música clássica (Gustav Mahler, Richard Wagner, Camille Saint – Saëns, Jean Sibelius, Alexander Scriabin), que se encarrega de elevar a potência da emoção do espectador. Impossível não se envolver com o conjunto da pulsão do atleta ditando ritmo, com a cidade no entorno dele evocando a história, a cultura e o imperativo cotidiano e, completando a harmonia, a música onipresente marcando as emoções.

Sim, porque há perfeita conexão entre esses elementos que culminam com a presença de Fernando Alves Pinto (com a câmera em close o tempo todo e fotografado em preto-e-branco, foto), que se descola da realidade. Entramos, portanto, no terreno da ficção, e não importa que o personagem, como tal, seja uma incógnita.

Na verdade, a maneira como a cineasta enxergou a São Silvestre é toda ela ficcional. Ela não pretendeu informar, mas agarrar o espectador pelas sensações: olhos e ouvidos captam as emoções e nos fazem mergulhar numa São Paulo para muito além dos estereótipos de qualquer natureza.

* Publicado em 30/1/2014 no blog Sessão de
Cinema do Correio Popular de Campinas

CONSCIÊNCIA DA
DECREPITUDE*

A vida é séria, mas não a leve tão a sério, parece dizer o jovem de 43 anos, Paolo Sorrentino, com seu filme *A Grande Beleza* – ele também escreveu o roteiro ao lado de Umberto Contarello. Jovem, aqui, carrega leve tom irônico, pois lhe caberia melhor a "meia-idade"; seja como for, pareceria ainda muito cedo para ele falar em decadência, velhice e morte.

O escritor Jap Gambardella (Toni Servillo) está comemorando 65 anos com festa na mansão onde vive com vistas para o Coliseu de Roma. O peso da história está em frente aos convidados, mas estes parecem pouco se importar. Dançam e cantam uma dessas músicas grudentas atuais que levam corpos envelhecidos a balançarem usando mímicas infantis como se, num passe de mágica, o baile tosco lhes trouxesse a juventude de volta. E como se a grande música italiana (europeia) clássica estivesse em ruínas, igual ao Coliseu.

Jap tem consciência da própria decrepitude, mas brinca com ela. "Se há algo de que posso me dar ao direito aos 65 é não fazer o que não quero", ele diz. Por isso, é tão mordaz ao falar doloridas verdades a uma amiga a fim de não se arrepender de não ter dito. Por isso, persegue o segundo romance (a vida passou e ele nunca escreveu), após o sucesso de *O Aparelho Humano*. Por isso, se tornou bon vivant e frequenta festas e escreve sobre arte para uma revista e faz sexo casual.

Mas ele também tem consciência da própria solidão – compartilha algum momento de intimidade familiar apenas com a empregada latina e com uns poucos amigos, igualmente envelhecidos e carentes, como o dramaturgo frustrado Romano (Carlo Verdone) e Romana (Sabrina Ferilli), ainda stripper aos 50 anos. Mas os amigos partem ou morrem.

Os passeios de Jap por Roma são referências claras de Fellini (lembram os de Marcelo Mastroianni em *A Doce Vida*, 1960), mas não apenas por usar a famosa cidade como cenário, mas por inspirar pensamentos filosóficos sobre vida e morte. A nostalgia do passado romântico em contraposição à realidade atual em tudo remete ao célebre cineasta, assim como a cena do mágico que faz desaparecer girafa e avisa que é apenas truque.

E o princípio de não levar a vida é sério está mais evidente em algumas situações específicas, como o beija-mão de uma candidata a santa e o posterior jantar na casa de Jap. Estamos, portanto, na Roma cosmopolita dos chineses, árabes, latinos, africanos, mas também na cidade sagrada da Igreja Católica. As sequências com a "santa" são engraçadíssimas – na mesma intensidade em que a história de amor da juventude dele são as mais singelas.

Porém, os diálogos e, principalmente, as frases do protagonista dão o tom de um filme sem jovens: sarcasmo como mote para driblar os desconfortos. E Jap tem vários deles.

O inexistente segundo livro, a velhice, a decadência cultural romana, a arte contemporânea lutando para dizer alguma coisa e não diz nada, a morte onipresente e a própria morte próxima, as festas vazias de sentido (os trenzinhos de Roma que os convidados fazem nas danças, diz ele, são os melhores porque não vão a lugar algum).

De um lado, debocha para não chorar. E nos faz rir. Rir de nós mesmos, do ser humano que somos e de como estamos tão bem retratados na tela. De outro, ele tem alguns confortos, como o convívio com a beleza da arte clássica, a ventura de desfrutar da paisagem que parece cenário de filme que é a própria cidade e a belíssima trilha que pode acompanhar um transeunte (como a ouvida numa igreja nas cenas de abertura).

Trilha que, em tudo, contrapõe à vulgaridade das músicas de salão que o envolve só enquanto ele se deixa embriagar pelos prazeres mais primitivos – e aos que todos nós estamos expostos.

* Publicado em 23/12/2013 no blog Sessão de Cinema do Correio Popular de Campinas

CONTESTAÇÃO EM
TEMPOS DIFÍCEIS*

Primeira direção de Hilton Lacerda, *Tatuagem* (2013) está cheio de referências que remetem a outros trabalhos dele como roteirista, caso de *Febre do Rato* (Cláudio Assis, 2012), e de filmes brasileiros realizados em super 8, passando pelo Grupo Oficina de Zé Celso Martinez, Helio Oiticia e Dzi Croquetes, entre outros.

Em meio às citações, o filme conta a história do garoto Fininha (o ótimo Jesuíta Barbosa). Ele é o fio condutor e, correndo paralelamente, entra a atuação do grupo de teatro Chão de Estrelas, explosão teatral criativa que serve de contestação político-sexual – estamos no final dos anos 1970, em plena ditadura militar.

O adolescente vive cercado de mulheres em família conservadora do nordeste. E, ao servir o exército, experimenta o contraponto deste e vê a vida transformada ao conhecer o referido grupo teatral. Ele é um garoto fora de lugar na família e no exército. Não por acaso, um dos momentos mais bonitos se dá quando conhece o grupo. Os olhos dele brilham na obscuridade do ambiente e o sorriso denota uma felicidade que ele desconhecia. Há medo e deslumbramento; nunca arrependimento.

E aqui entra outra referência, talvez involuntária, do conto *Sargento Garcia,* de Caio Fernando Abreu – história do garoto seduzido por sargento. Em *Tatuagem* também há sedução, mas na relação inversa, do soldado Gusmão (Ariclenes Barroso) e quase da mesma idade. E Fininha vira alvo de escárnio por parte de militar enrustido.

As aparições de Jesuíta Barbosa serão todas luminosas. O personagem tem inquietude no olhar e ânsia pelo novo. Na primeira vez em que o rosto dele aparece em close e bem iluminado, o ator carrega todas as dúvidas e inseguranças, pois os riscos estão evidentes. Há tempos não se via ator brasileiro com tamanha carga dramática expressa no olhar e carregando todas as intenções do personagem.

Claro que há, sobretudo, o trabalho de Hilton Lacerda. São dele a linguagem do filme, a condução segura, alguns momentos de brilho intenso na atmosfera que ele cria – como a primeira festa na casa do grupo de teatro, ou no acerto de contas entre Clécio (Irandhir Santos) e (Paulete) Rodrigo Garcia (outro ator que se sobressai). Assim como a emblemática cena em que Fininha aparece com máscara e formula jogo de esconde, de verdades e mentiras.

A melancolia está expressa na vida daquelas pessoas diante do contexto repressivo militar, porém, há uma alegria que as joga para cima a partir das performances debochadas do grupo. Alegria embutida nos números desbocados da trilha do DJ Dolores, que cola nos ouvidos. Mesmo com toda a extravagância, o que fica dela (e dos números musicais) nunca é a grosseria, mas ato político possível naquele contexto histórico.

Tatuagem provoca impacto imediato não somente pela maneira como Hilton Lacerda dirige, mas também pela irreverência do grupo (sem meios tons) e, principalmente pela descoberta de Fininha. Ele se apaixonará por Clécio, mas o mais importante não será a vivência do primeiro e grande amor, mas da libertação que isso representará na vida do garoto.

Hilton filma como quem provoca, porém, vai além do ato gratuito – como a sequência da relação sexual entre Fininha e Clécio. Não há pudores, mas tampouco vulgaridades. Está fazendo um cinema ousado, mas sem apelações e, ao mesmo tempo, sem medos.

* Publicado em 8/12/2013 no Correio Popular de Campinas

BRILHO INTENSO DE
CATE BLANCHETT*

Wood Allen escreveu e dirigiu *Blue Jasmine* (*Blue Jasmine*, 2013, Estados Unidos) para transformar a personagem-título (inspirada na canção *Blue Moon, de Lorenz Hart e Richard Rodgers*) em solo de 98 minutos no qual brilha intensamente a grande, bela e talentosa australiana Cate Blanchett.

E não há como não relacionar o roteiro a *Um Bonde Chamado Desejo*, a mais famosa peça de Tennessee Williams (1911-1983). A personagem do filme surge como espécie de Blanche Dubois moderna e tão impotente quanto frente ao abismo para onde a vida lhe lança.

Ela sai do glamour da alta sociedade nova-iorquina para morar de favor na casa modesta da irmã em São Francisco, tendo de encarar as grosserias do namorado desta. E, assim também como Blanche, enfrenta um tipo de demência e sobrevive à base de comprimidos e fantasias.

Mesmo que negue, torna-se impossível não ver na protagonista o alterego da persona criada pelo diretor, pois esta se constitui uma das marcas dos filmes dele. Basta observar os trejeitos da atriz, o modo de falar compulsivo, a hipocondria, as preocupações absurdas e uma fragilidade disfarçada de arrogância.

O filme faz narração paralela em dois tempos: o atual ao lado da irmã (Sally Hawkins) e o passado de luxo na companhia do marido (Alec Baldwin), que ficou rico a custas de falcatruas. E sabemos desde o início que Jasmine está separada, tem um filho, adora beber e sonha retomar a vida anterior.

E se há o humor leve e nonsense que Allen costuma imprimir nos roteiros, há também um tanto de tristeza indicada no título em inglês. Não à toa, a personagem nos toca mesmo que, quando rica, esnobe a irmã pobre, pois, uma vez decadente se revela solitária e carente. E o modo como se dá o encontro com novo amor (Peter Sarsgaard) só reforça a insegurança, os medos e a solidão da personagem.

Depois de sequência de filmes lights, o cineasta abandona um cinema mais fantasioso – como o que se vê em *Meia-noite em Paris*, 2011,

Outro Olhar **193**

só para citar um exemplo – e retoma seu lado mais escuro. Natural, pois mudança de tom também se transformou em uma das marcas do diretor. Não está à altura de *Meia-noite em Paris*, mas isto independe do tratamento ou do tema. *Blue Jasmine* pode nem ser tão pesado, mas está longe da comédia, mesmo levando em conta os inevitáveis momentos engraçados.

Como na abertura, durante a viagem para São Francisco, na qual ela fala sem parar com a mulher do lado – esta não diz uma única palavra. Ou quando conta para a irmã que viajou de primeira classe, para espanto desta. Afinal, quem está sem dinheiro não se daria ao luxo desse tipo de extravagância. Mas são instantes isolados.

Quando efetivamente nos damos conta de que se trata de drama e quando o fantasma de Blanche Dubois baixa em Jasmine não há muito do que rir. Aliás, provoca constrangimento e pena quando conta à irmã que trabalhou numa loja de sapatos e teve de servir de atendente a mulheres com as quais partilhou grandes festas.

E, se, desde o início, nos encantamos com a versatilidade de Cate Blanchett saindo-se bem fazendo graça, no drama ela só reafirma as qualidades interpretativas. Mesmo contracenando com bons atores e se servindo de uma boa história, o filme é dela.

E aqui também cabe elogio ao diretor, sempre dono de tudo o que se refere aos próprios filmes (roteiro, direção e muitas vezes atuação). Na nova produção, ele repete a experiência de sair de cena para abrir espaço a grandes atores. Assim, brilha Cate Blanchett na tela, brilha (sem ser genial) Wood Allen por trás da câmera.

* Publicado em 15/11/2013 no Correio Popular de Campinas

SUSPENSE REAL QUE
PARECE FICÇÃO*

O uso da câmera na mão, marca do britânico Paul Greengrass para caracterizar intensidade ou sugerir aspectos documentais em filme ficcional, poucas vezes foi tão necessário como em *Capitão Phillips* (*Captain Phillips*, Estados Unidos, 2013). Talvez tanto quanto em *Voo United 93* (2005), do mesmo diretor, o melhor filme sobre os atentados ao World Trade Center. Nos dois casos, as histórias são reais – daí a procedência e adequação da câmera tremida. Ela não só imprime tensão à narrativa como nos lembra que o suspense a que assistimos não é ficção.

Escrito por Billy Ray a partir do livro *Dever de Capitão* (Richard Phillips, Intrínseca), o filme narra a história de Richard Phillips, ocorrida em 2009, em que o experiente oficial da marinha mercante dos Estados Unidos assume o comando do navio cargueiro Maersk Alabama a fim de transportar toneladas de alimentos de Omã, na península Arábica, para o Quênia. No golfo de Áden, norte da costa da Somália, quatro piratas abordam o navio em pequeno barco e faz o oficial de refém.

O longa remete a uma espécie de subgênero cinematográfico: o dos filmes de resgate, do qual *A Hora Mais Escura* (Kathryn Bigelow, 2012) e Argo (Ben Afleck, 2012) são os exemplos mais recentes. A estrutura, a abordagem e o conceito são idênticos. Assim como o espírito patriótico de um país bélico como os Estados Unidos que, uma vez atacado, exige resposta oficial contundente. Para isso, usa tecnologia de ponta e poderosas armas de guerra.

O espectador contrário à ideologia americana cultiva certa desconfiança com esse tipo de filme porque ele acentua o patriotismo exagerado e reafirma o poderio do país. Mas aqui o próprio filme se critica. E dado momento, o protagonista argumenta com o líder dos piratas que o navio leva alimento aos famintos da África e este responde com ironia: "Ricos têm mania de dar esmola para pobres". Depois, Phillips diz ao pirata que ele não precisaria fazer aquele trabalho sujo. A resposta, igualmente, irônica: "Talvez nos Estados Unidos, não na Somália".

Mas esqueça as ideologias e o belicismo americano. Não só estamos no cinema como numa história real. Sim, lá está a parafernália tecnológica do império se impondo de forma irremediável contra quatro piratas pés-rapados que roubam e ganham uma miséria porque por trás deles está uma máfia que controla a pirataria e o dinheiro. Mas lá também está um cinema eficiente que produz suspense de primeiríssima classe.

Só com muita má vontade o espectador não se envolve e não elogia a maneira como Paul Greengrass comanda a sequência inacreditável de fatos e reviravoltas, especialmente na parte final que se passa numa baleeira – bote de salvamento. Em ritmo acelerado e estudado para alternar as emoções do público ele gera adrenalina capaz de nos tirar o fôlego e nos prender na tela do começo ao fim. E não só por causa dos acontecimentos, por si só, espetaculares, mas pela qualidade da direção e de outros elementos coadjuvantes, como a trilha, o elenco, a fotografia etc.

E, por fim, há a interpretação de Tom Hanks. Há muito, talvez desde *Filadélfia* (Jonathan Demme, 1993), quando ganhou o segundo Oscar da carreira, o ator não tenha realizado trabalho tão bom. Na verdade, há muito ele atuava ligado no automático e caminhava célere para se tornar um canastrão fazendo caras e bocas em filmes ruins.

Pois em *Capitão Phillips* ele se redime. Faz personagem no qual acreditamos, herói que tem controle sobre o drama desde os primeiros momentos, com postura firme e enérgica, mas que também é capaz de chorar, de fraquejar e de dizer "eu não aguento mais" – o que o humaniza e com o qual, portanto, nos identificamos. Todo o filme, mas as emocionantes sequências finais devolvem de vez a Tom Hanks o merecido lugar entre os grandes atores do cinema.

* Publicado no dia 8/11/2013 no Correio Popular de Campinas

HANNAH ARENDT É
FILME DE IDEIAS*

Apesar de ser o eixo da discussão, o espinhoso tema do ótimo *Hannah Arendt* (*Hannah Arendt*, Alemanha/França, 2012), da alemã Margarethe von Trotta, não é se a filósofa política judia/alemã (1906-1975) estava certa ou equivocada ao analisar o julgamento do nazista Adolf Otto Eichmann (1906-1962), responsável pela logística de extermínio dos judeus durante a Segunda Guerra.

Seria simplista demais resumir o filme – e, por consequência a vida e a obra da escritora – a partir da abordagem mais óbvia que a coloca no centro de um tiroteio entre os que concordam com ela (de um lado) e os que discordam (de outro).

A questão primordial é que Hannah aproveitou o julgamento realizado em Jerusalém, em 1961, e que ela cobriu para a revista New Yorker (ela foi presa na França ocupada e, mais tarde, exilou-se nos Estados Unidos), para propor uma reflexão sobre o mal, que gerou o conceito da "banalidade do mal", marca da filósofa e pela qual ficou famosa.

Eichmann, segundo ela, estaria longe de personificar o demônio. Ele era burocrata medíocre que cumpria ordens e não enviou judeus para a morte por odiá-los, mas porque perdeu a essência do ser humano dotado do privilégio de pensar. Ele não pensava, obedecia, afirma ela, apesar de não redimi-lo, pois concordou com a sentença de enforcamento que lhe foi dada.

Obviamente, os judeus refutaram (e o fazem até hoje) a premissa porque, pode se imaginar, eles ainda ouviam ecos do extermínio e Eichmann representava naquele momento o símbolo vivo do nazismo e, portanto, era o mal materializado. Vê-se que a questão é complexa, mas compreende-se o esforço da filósofa em fazer tal reflexão distanciada e abstrata em meio à catarse que provocou o julgamento do nazistá.

À reflexão, seguiu-se a acusação de que líderes judeus colaboraram com os nazistas. Diante das contestações (amigos e leitores da revista afirmaram que ela culpou a vítima), Hannah se posicionou de modo categórico: "Mas é um fato" – e, como tal, não deixa margens à dúvida.

Os judeus se revoltaram porque tiveram de encarar tal fato com as feridas do holocausto ainda abertas. Um dos amigos vai a uma conferência de Hannah na universidade, tempos depois, imaginando retratação pública, porém, ela ratifica a posição.

O roteiro da própria diretora (com Pam Katz) faz recorte da vida da personagem, vivida esplendidamente por Barbara Sukowa. O tempo da história é o que envolve a cobertura do processo, os artigos que publica na revista (transformados no livro lançado em 1963) e o inferno que ela enfrenta por defender ideias filosóficas enquanto judeus ainda conviviam com os fantasmas dos campos de concentração.

Há breves relatos da mocidade dela: os encontros com o mentor Kurt Blumenfeld (Michael Degen) e a paixão pelo mestre e também filósofo Martin Heidegger (1889-1976), que aderiu o nazismo. Há também imagens de arquivo do julgamento – o que confere enorme peso e força ao filme, pois lá está o homem, que personifica história infame, enjaulado em cápsula de vidro. É aterrorizante a figura e a mise-en-scène que o cerca.

Hannah Arendt não tem qualquer ousadia de linguagem. Ao contrário, trata-se de narrativa clássica e encenação tradicional livre de efeitos e acessórios. A fotografia sépia até seria dispensável (não se necessita dela para se narrar filme histórico), mas acaba contribuindo com a atmosfera da época.

O que importa não são malabarismos ou virtuosismos técnicos ou de produção. Prescinde-se do efeito para centrar-se nas ideias. É, portanto, filme de ideias narrado sem pressa – o suficiente para absorvemos o que está sendo dito. Neste sentido, é velho e para velhos. Pois que seja. *Hannah Arendt* é muito bem-vindo nestes tempos lúgubres em que, no cinema, interessa mais o barulho, a velocidade das imagens, o efeito especial, a parafernália. Tempo em que divertimento virou obrigação.

* Publicado em 9/8/2013 no Correio Popular de Campinas

O PODEROSO A HORA
MAIS ESCURA*

Há clara conexão entre *A Hora mais Escura* (*Zero Dark Thirty*, Estados Unidos, 2012), de Kathryn Bigelow, e *Guerra ao Terror*, que a consagrou no Oscar de 2010. A poderosa pegada do thriller que prende a atenção do começo ao fim (mesmo sabendo o desfecho no caso do primeiro) está presente em ambos. E na ambição também. Sendo mulher (supostamente mais frágil), Kathryn joga bem pesado, jamais alivia e não teme lançar o espectador na sordidez de um conflito sangrento.

E, do mesmo modo que em *Django Livre* (Quentin Tarantino, 2012), muitos americanos fizeram cara de asco. Deste, porque o associaram ao tiroteio ocorrido em Connecticut em que morreram 28 crianças. Agora, porque fingem que os Estados Unidos estão ilesos à acusação de torturadores – alguns senadores acusaram a produção de revelar segredos da operação militar.

A tortura é abominável, mas todo mundo a pratica: ditaduras militares, ditaduras comunistas, direta e esquerda, religiosos muçulmanos e guerrilheiros talibãs. Por que na América seria diferente? E por que o pudor de admitir? Sim, são questões políticas (e diplomáticas) complexas e difíceis de serem expostas publicamente, mas que não podem tirar o valor artístico de um trabalho como o de Kathryn Bigelow.

À diretora (e ao seu roteirista Mark Boal; ambos também produtores), interessa investigar a morte do terrorista Osama Bin Landen. Daí o ponto de partida ser o 11 de setembro de 2001. Ouvimos ecos do dia aterrador, vozes de vítimas prestes a morrer, pois estão cientes dos sequestros dos aviões. As cenas a seguir não são nada confortáveis, como a tortura ao prisioneiro Ammar (Reda Kateb) apresentada como carta de intenções do filme.

Em seguida, a destemida diretora revela que o herói de sua história é uma mulher (que assiste à tortura) e, sarcasticamente, se chama de "o cara" responsável por encontrar a casa de Bin Laden, quando um diretor da CIA pergunta com certo desdém qual a identidade dela. Sem levantar bandeiras feministas ou fazer discursos de passeatas obsoletas, vemos

Outro Olhar **199**

uma mulher corajosa filmando Maya (Jessica Chastain), heroína ousada. Ela está quase sozinha em meio a um bando de homens: calculistas e arrogantes de um lado, brucutus de outro.

O cenário se completa com a constatação de que numa guerra suja não há mocinhos de um lado e bandidos de outro. Ammar se recusa a responder as perguntas do agente da CIA, Dan (Jason Clarke) porque "não fala com torturadores". Se alguém quiser justificar o discurso do guerrilheiro, terá de se defender da acusação de que aquele sujeito ajudou a matar três mil inocentes. "Que moral você tem"?, contesta Dan.

Destas contundentes contradições nasce excelente filme. Não porque, sendo suspense, fiquemos presos à história (qualquer fita do gênero pode fazê-lo), mas porque, além do ótimo roteiro sobre bastidores da grandiosa caçada a Bin Laden temos uma diretora que se propõe a contar a história, porém quer ir além da simples narrativa. Ela está imbuída de propostas políticas e éticas e usa a técnica narrativa para fazer um cinema espetacular.

As tensões criadas a todo o momento estão a serviço do gênero, mas são conduzidas com maestria: quer a atenção do espectador, mas busca, igualmente, a verdade documental – tão a propósito do tema. Assim, acompanhamos momentos dramáticos como a prisão de terrorista nas imediações de uma mesquita, ou a busca pelo homem mais próximo a Bin Laden usando sinais telefônicos ou, ainda, o ataque a base militar americana e, finalmente, a tomada da casa onde vivia o líder da Al Qaeda.

Se em *Guerra ao Terror*, Kathryn Bigelow investigava o tamanho do prazer da adrenalina experimentada por um homem em meio ao perigo mortal, em *A Hora mais Escura* ela escarafuncha a coragem de uma mulher mergulhada em meio a operação aterradora. Ambas as experiências nascem da grandiosidade da guerra, mas não interessa a Kathryn Bigelow transformar seus heróis em homens/mulheres dispostos a marchar em desfiles patrióticos ostentando coroas e medalhas.

A volta de William (Jeremy Renner) para o front em *Guerra ao Terror* e a solidão de Maya ao final de *A Hora mais Escura* são a antítese do heroísmo, recusa em participar da parafernália das honras militares. William nem consegue escolher sucrilhos no supermercado; Maia não sabe para onde ir. Não é o que um país beligerante, especialmente os políticos, espera de seus heróis.

* Publicado em 15/2/2013 no Correio Popular de Campinas

REVERBERANDO RUÍDOS
DE UM PAÍS*

O pernambucano Kleber Mendonça Filho estabelece desde o início de *O Som ao Redor* (2012) narrativa de crônica que poderia ocorrer em qualquer grande cidade. A generalização caberia, mas o diretor assume que fala do Recife, de uma rua em particular, o microcosmo como ponto de partida para tentar compreender um mundo. Marcada como exercício menor de literatura, a ideia de crônica, no entanto, cresce porque a ação dos personagens transcende para muito além dos pequenos dramas cotidianos que vivenciam.

Bia (Maeve Jinkings) não consegue dormir por causa do latido do cachorro da vizinha e constrói universo particular distanciado da própria família; Dinho (Yuri Holanda), o garoto mimado que se gaba de ser rico, furta por prazer e zomba de quem o contraria; o bem-educado João (Gustavo Jahn) morou na Alemanha, sente-se deslocado e odeia o trabalho de corretor imobiliário que executa; Francisco (Waldemar José Solha), o coronel que se sente não só o dono da rua, mas da cidade, e Clodoaldo (Irandhir Santos) comanda uma milícia que extorque dinheiro da amedrontada classe média. Kleber fala de sua aldeia (sua cidade e seu país) para falar do ser humano.

A não ser pela chegada de Clodoaldo, que une o medo de todos da violência contemporânea, as histórias correm paralelas e estanques. A narrativa, entretanto, avisa-nos o tempo todo que algo vai acontecer e que a ideia do estanque não prevalecerá. Seja pela precisa e significativa trilha do DJ Dolores, que marca decisivamente o enredo, seja porque as entrelinhas do roteiro trazem à luz movimentos suspeitos, como o garoto da árvore e do telhado, ou da ação de um carro que retorna pela mesma rua no meio da madrugada provocando susto no espectador ou, ainda, por telefonema desafiador de um dos personagens, o fato é que, em dado momento, parece iminente que algo muito grave irá acontecer e nos preparamos para ele.

Curiosamente, temos a impressão de que está tudo calmo no interior daquela rua personificada em um país – em que pese o latido do cão, as estripulias de Dinho, a ameaça implícita de Clodoaldo, a cara de poucos amigos de Francisco. Além disso, o romance entre João e Sofia (Irma Brown), que tem tudo para prosperar, nos dá sensação de bem-estar e a chegada de Clodoaldo, mesmo ameaçadora, sugere diluição do medo, pois todos se sentem mais confortáveis na certeza de que alguém zela pela segurança deles.

E o diretor usa subterfúgios precisos para comentar tais tensões, como quando João e Sofia deparam com as ruínas de um cinema – as belíssimas cenas com os gritos de um filme de suspense soando como prenúncio e a da cachoeira, mescla de prazer e de peso que os personagens mal conseguem suportar. Ou ainda na magnífica sequência em que o casal de filhos massageia Bia ao som de *Charles Anjo 45* (Caetano Veloso e Jorge Ben), misto de ternura e alívio por tamanho estresse e de uma beleza que extrapola o que está sendo visto – ela está embutida no carinho expresso pelas crianças e no conforto que oferecem a Bia.

E, de repente, o roteiro (do próprio diretor) prepara inesperado desfecho. Quer dizer, nem tanto. De um lado, ele se anunciou o tempo todo; de outro, na reversão de expectativa, transformou a cândida crônica sobre passos corriqueiros da comunidade (cuja amplitude só seria alcançada pela somatória) em nocaute no espectador.

Assim, mesmo sem menosprezar a crônica que lhe serviu de base, Kleber nos apresenta seu real intento: tocar no mito dos coronéis nordestinos como incômodo nítido e ainda presente no nordeste de hoje (não por acaso, as primeiras imagens do filme são fotos da fazenda do coronel, fazenda que veremos em ruínas na cena da cachoeira). Para isso, o diretor provoca virada espetacular e ainda lhe confere tom catártico (próprio das tragédias) ao final.

Kleber Mendonça consegue unir o exercício estético, que resulta em prazer para quem o assiste (além das citadas cenas da cachoeira, do cinema e da massagem, há outros belíssimos momentos, como o plano-sequência da abertura e o sonho de uma das personagens, entre outras), com aguda percepção de questões sócio-políticas do Brasil sem proferir nenhum discurso ou levantar qualquer tipo de bandeira.

O Som ao Redor é para ser visto e ouvido, pois, em sua sofisticada simplicidade, reverbera de modo eloquente os ruídos de uma região (o nordeste) e de um país (o Brasil).

* Publicado em 25/1/2013, no Correio Popular de Campinas

HANEKE CONTINUA
SECO E CRUEL*

Alguém disse que, com Amor, Michael Haneke havia se distanciado do estilo seco, duro, beirando o cruel. Pois minha impressão foi a mesma que tenho dele: o cineasta austríaco não mudou nada e continua seco, duro e beirando o cruel.

Cinematograficamente me parece ótimo que ele siga a própria trilha. Incômodo foi encarar a reversão de expectativa de ir ao cinema para ver história de amor e deparar com filme pesado, que tira o espectador do conforto – afinal, o sentimento mais forte do ser humano costuma, quase sempre, ser descrito com benevolência; muitas vezes, excessiva.

Não que eu esperasse linda historinha de amor entre dois velhinhos, que viveriam felizes para sempre e eu, igualmente, fosse feliz para casa. Mas como evitei ler sobre o filme, sabia apenas que Haneke mudara sua forma de ver o mundo.

Pelo contrário. Nada mais desconfortável o olhar que ele tem sobre a velhice – que me parece razoável (quem ainda acredita em felicidade para sempre?). Alguém poderia dizer, até com razão, que a vida é difícil demais e ir ao cinema para ver tragédias não seria bom programa. E ponha tragédia nesta história.

O casal de aposentados Georges (Jean-Louis Trintignant) e Anne (Emmanuelle Riva) se descobre diante de grave problema: Anne está enferma. Ficou paralisada de um lado e passa a depender exclusivamente de Georges e ainda o faz prometer que jamais a deixará em um hospital.

Há um pacto, portanto, entre eles, de viver até as últimas consequências esse momento grave e derradeiro da vida deles. Para isso, impedem interferência da filha Eva (Isabelle Huppert), dos vizinhos e os poucos amigos e conhecidos. Apenas mantêm enfermeira três vezes por semana. Assim, eles selam uma história de amor, cercados do carinho e de atenção mútua.

O amor do título, portanto, se refere a essa dedicação, o quanto se gostam e se respeitam, o quanto são gentis um com o outro e de como não desejam incomodar o outro – neste caso, mais especificamente Anne. Mas ambos sofrem, isto é inegável.

Haneke dirige com sobriedade. Nenhuma trilha sonora, ou melhor, quando a música aparece serve ao roteiro. Assim, ouvimos Schubert logo no início porque o casal irá a concerto do ex-aluno dela e ele está ao piano interpretando o compositor alemão. Ouviremos pequeno trecho de Beethoven, quando o pianista lhes faz uma visita e um pouco de Bach, quando Georges se senta ao piano em cena extremamente melancólica.

Fora isso, nada que embale nossas emoções. E que bom que o diretor nos poupa de melodias suaves para nos fazer chorar. Se quisermos, ouviremos irritante água caindo da torneira, som de aspirador de pó ou barbeador. Ou a chuva. Isso é tudo.

Tampouco ouviremos diálogos piegas. O máximo que George faz quando surpreende Eva chorando é buscar um chá e ainda dizer: "Não está muito quente". O próprio Georges jamais chora. Anne, em virtude da doença, reclama aqui e ali de dores, às vezes emite alguma frase cética, mas, fora disso, se mantém impassível. E imponente. Para ela, a dureza da vida se supera com dignidade.

Dignidade que se encaminha para desfecho de mexer com todos os nossos sentimentos. Ficamos assustados, tensos. Ora, eis o Haneke que conhecemos: os sentimentos estão lá, mas nunca serão edulcorados, ele não passará a mão na cabeça do espectador, não aliviará por nada.

O filme termina em silêncio – nos créditos, não sobe música alguma. E eu fiquei paralisado pensando nos atores maravilhosos – mesmo Isabelle Huppert interpretando pequeno papel. Sei que não acontecerá, mas seria muito gratificante ver Emmanuelle Riva ganhar o Oscar.

* Publicado em janeiro de 2013 no blog Sessão
de Cinema do Correio Popular de Campinas

TARANTINO CRIA MAJESTOSO
HERÓI NEGRO*

Hipocrisia é a única maneira de qualificar a associação do recente caso do tiroteio que matou 28 pessoas em Newtown (Connecticut, EUA) a *Django Livre* (Django Unchained, Estados Unidos, 2012), por conta da violência do filme – hipocrisia que chegou ao Oscar, que ignorou a mais recente produção de Quentin Tarantino. Ora, todos nós sabemos que há muito (e bem antes de Tarantino) a insanidade ligada a armas ronda escolas nos Estados Unidos.

Pior para o Oscar, pois o filme tem tamanha exuberância narrativa que somos arrebatados por ela. Não apenas pela belíssima fotografia de Robert Richardson (que a Academia de Hollywood se lembrou), mas por um roteiro não menos que espetacular, que usa clichês do gênero western spaguetti a seu favor e faz o espectador mergulhar em história ensandecida – porque violenta (estamos no Velho Oeste, criação da própria indústria do cinema) – e eletrizante.

Baseado em diálogos afiadíssimos, *Django Livre* retoma a obsessão do diretor pelo tema da vingança, notadamente a *Bastardos Inglórios* (2009) – as semelhanças são evidentes. Se, neste, trupe resolve matar Hitler (e consegue), em *Django Livre* o alvo são os brancos escravagistas.

Se a história não foi capaz de resolver dois episódios enigmáticos, Tarantino (também roteirista) usa o cinema como solução e lhe confere marca própria: Hitler se deu muito mal em *Bastardos...* e, agora, os negros ganham dignidade e humilham os detratores.

Antes, outra associação, desta vez com *Lincoln* (Steven Spielberg, 2012). Este narra o episódio do ex-presidente libertador de escravos. Em Tarantino, o caçador de recompensas alemão Dr. King Schultz (Christoph Waltz) liberta o escravo *Django Freeman* (Jamie Foxx) e ambos saem pelo Oeste ganhando dinheiro e matando brancos. *Lincoln* retrata a história, *Django* remete à fantasia.

E a tarefa de Schultz e Django está longe da contravenção. Eles cumprem o papel de justiceiros baseados nas leis e exibem com galhardia os mandados de busca, vivo ou morto, de assassinos e ladrões. E por que pretensos puristas se melindram diante do derramamento de tanto sangue se, como foi dito, estamos no Velho Oeste e não em conto de fadas?

Ainda mais se entendermos que tiros, sangue e violência em Tarantino estão longe do realismo. O cinema do diretor se apoia na artificialidade, a começar do roteiro que conta história absurda. Não por acaso, ele doura as ações com frases e sequências engraçadas. Ora, rimos da matança coreografada e magnificamente editada porque estamos distantes da realidade – os vilões são verdadeiras caricaturas, meros fantoches.

Tarantino cria o conto de fadas ao avesso. Não é curioso que aceitemos as convenções deste (talvez porque nunca vimos caçadores rasgando o estômago do lobo mau) e tenhamos pudores de encarar os malfeitores de Tarantino sendo exterminados?

Tarantino criou para Jamie Foxx o mais puro e estimulante herói do cinema recente. Herói desses que salvam mocinhas e baseado em conto alemão evocado no nome de Broomhilda (a bela Kerry Washington). Django desconhece a procedência do nome e Dr. King lhe fala do mito alemão de Brünhild, condenada a viver em castelo rodeado por anel de fogo esperando que um homem corajoso arrisque a vida para salvá-la.

É comovente a sequência em que Django se descobre no papel de herói sabendo que terá de enfrentar demônios no castelo de Calvin Candie (Leonardo DiCaprio) e seu mordomo negro Stephen (Samuel L. Jackson) para resgatar Broomhilda.

Aliás, não bastasse todos os elogios que se possa fazer ao filme, não se pode esquecer do poderoso elenco que tem um incrível Christoph Waltz (superando o intérprete de *Bastardos Inglórios*) no comando, além dos próprios Foxx, DiCaprio e Jackson, em verdadeiro show de interpretações.

E vale citar a antológica abertura de *Bastardos...* em que Christoph Waltz caça judeus em uma fazenda. Com sarcasmo e frieza, ele cria atmosfera de terror inigualável. Tarantino repete episódios semelhantes em *Django Livre,* nos quais coreografa tensões em clima amistoso, mas vai esticando a corda até explodir a inevitável violência.

Nascido de *Django*, de Sergio Corbucci (1966), *Django Livre* talvez desperte aversão de quem ainda esperaria a permanência dos negros no infame regime da escravidão – ou algo similar (como ainda existem nazistas). Pêsames para quem pensa assim. Django e sua Broomhilda não estão marcados mais pelo ferro em brasa, mas pela imagem majestosa do herói construído por Foxx e sua amada. Mesmo que seja só na fantasia. Afinal, estamos no cinema. Cinema de Quentin Tarantino.

* Publicado em 18/1/2013 no Correio Popular de Campinas

O COMPETENTE AS

AVENTURAS DE PI*

Sabemos que *As aventuras de Pi* (*Life of Pi*, Estados Unidos, 2012) está recheado de efeitos especiais, que não há tigre algum no mesmo barco que o ator indiano protagonista Suraj Sharma se encontra e que ele não está em mar aberto na condição de náufrago. Mas importa sim o quanto de veracidade há naquilo que se vê na tela nesta fábula assinada por Ang Lee. E o que se vê é grandioso.

Grandiosidade presente, por exemplo, quando o simpático Pi Patel, vivido intensamente por Suraj Sharma, encara tempestade marítima e de como ele vibra e se encanta em meio ao caos porque enxerga manifestação de Deus naquele evento da natureza. Em outra tempestade, ele chama o tigre: "Venha ver Deus, Richard Parker (o nome do tigre)" em espetáculo feito de raios, trovões e profusão de água, que fala mais sobre o divino do que qualquer sermão – atualmente, sermões de pastores e padres estão mais interessados na prosperidade e em curas.

Baseada no livro de Yann Martel, a história não apenas exalta a relação de Pi com os animais e com as manifestações naturais, mas retrata garoto espiritualizado (no sentido teológico e não religioso) que aceita a vida da forma que ela se apresenta. A relação com o divino não se faz pelo questionamento, mas pela aceitação, e há prazer manifesto do personagem por esta atitude, que nenhuma descrição consegue definir.

Por isso Pi se comove tanto quando assiste à tempestade ou quando chora por, sendo vegetariano, ter de matar um peixe – e ainda lhe pede desculpa. Pi possui uma beleza espiritual inquestionável. A maneira como ele luta para salvar o tigre, mesmo correndo riscos, revigora o princípio de que somos importantes na interação de tudo que compõe o mundo vivo. Porém, não há discursos vazios e aborrecidos. Eis um grande mérito de As Aventuras de PI: apesar do viés francamente ecológico e teológico, não há doutrinamento ou catequese.

O personagem é um garoto que se vê náufrago e que luta para chegar vivo a algum porto. E, mesmo quando não enxerga saída, ele não se exalta nem lamenta; apenas agradece e assume a fragilidade e finitude humana e se diz preparado para morrer. Há beleza nisto também, porque Pi faz sincretismo magnífico entre as várias religiões neste mundo cada vez mais global – talvez por isso seja tão desapegado do discurso proselitista, quando o comum é buscar convencer o outro.

Pi Patel é filho do dono de um zoológico de Pondicherry, Índia. Um dia, porque a prefeitura tira os incentivos, o pai Santosh Patel (Adil Hussain), que não gosta de religião, decide ir para o Canadá levando os bichos para serem vendidos e com a intenção de recomeçar a vida em outro país. Em meio à tempestade, Pi se vê sozinho em bote salva-vidas dividindo espaço com uma zebra, um orangotango, uma hiena e um tigre.

Estruturalmente, o Pi Patel adulto (Irrfan Khan) conta a aventura para um escritor (Rafe Spall) em busca de uma boa história. E haverá reversão de expectativa quase ao final e que torna ainda mais interessante o próprio filme. E, neste momento, entendemos de fato do que trata *As Aventuras de Pi*: do prazer de se contar a história. E outra vez aparece Suraj Sharma nos comovendo com narrativa não tão espetacular, mas, igualmente saborosa na maneira de contar.

O longa de Ang Lee tem, portanto, o poder da narrativa clássica de histórias mirabolantes e fabulares ao estilo de *As Mil e Uma Noites*. E como está muito bem filmado, com efeitos especiais a serviço da narrativa e não apenas como exibicionismo técnico, ele arrebata. Falando em efeitos, é nada menos que magnífica a "chuva" de peixes, assim como a relação de Pi com Richard Parker.

Eis um filme que alia puro entretenimento a temas relevantes, mas não está interessado em passar "mensagem" de qualquer natureza. Ele é belo, bem produzido, prazeroso de ver e realizado com absoluta competência valorizada pelo formato 3D. Tanto melhor que seja popular e alcance grandes plateias.

* Publicado em 20/12/2112 no Correio Popular de Campinas

FÁBULA QUE ENCANTA*

A cor predominante de *Moonrise Kingdom*, de Wes Anderson (2012), o amarelo esmaecido, é uma das marcas deste pequeno filme que começa despretensioso, mas se encorpa aos poucos e, ao final, eu estava encantado, sem contar que o desfecho nada tem de previsível – por si só, um mérito.

Trata-se de fábula que se passa em 1965 em ilha localizada na costa da Nova Inglaterra. É lá que Sam (um ótimo Jared Gilman) e Suzy (Kara Hayward) sentem-se deslocados em meio às pessoas com que convivem e, por conta disso, sofrem todo o tipo de pressão. É o que se chama, hoje, de bullying.

Mas em vez de vitimizar o casal de, praticamente, crianças (Sam tem 12 anos), o roteiro do próprio diretor em parceria com Roman Coppola, vira o jogo. Sem contar que Sam (ainda por cima órfão e desdenhado pela família que o adota) tira de letra todas as perseguições dos colegas escoteiros.

Inteligente e perspicaz, Sam lida com as pressões com humor ferino, às vezes delicado e, em outras, ele devolve o desdém. Ou seja, o garoto faz questão de não ser vítima. Vocês não gostam de mim? Pois eu tampouco gosto de vocês. Esta é uma das tiradas.

E consciente de que não é aceito, ele resolve simplesmente fugir com Suzy para litoral paradisíaco, onde montam acampamento. Claro que o filme não é realista e claro que a família e as autoridades sairão atrás deles. E vão achar.

Mas o que importa não é a história ou as reviravoltas, mas o encaminhamento dado pelo diretor. Este tem sempre à mão uma sacada quase sempre muito boa para resolver a cena – qualidade rara e difícil de realizar.

Nós sabemos que os protagonistas são crianças e que não sobreviverão nesse litoral, mas quem se importa? O registro não é naturalista. A começar da fotografia, aliás, filme cheio de cores vibrantes.

E mesmo quando o diretor/roteirista namora com o melodrama (garoto órfão etc), o filme não se perde porque estamos diante da fábula. Sendo assim, os personagens podem tudo e, mesmo assim, Anderson não cai no exagero, pelo contrário, brinca (o humor é tudo nessa brincadeira) com as situações – mesmo as mais dramáticas.

Só para contextualizar: é uma pequena ilha onde vive a família de Suzy (Bill Murray e Frances McDormand são os pais). E há o delegado (Bruce Willis) e o escoteiro-chefe (Edward Norton) – todos muito bem nos respectivos papéis.

Se tudo está no lugar certo, o filme poderia ser apenas eficiente, mas não. Wes Anderson, também cineasta pouco convencional (diretor de, entre outros, *Os Excêntricos Tenenbaums*, 2001), acentua alguns elementos importantes, como a citada fotografia, as cores, os diálogos muito bons e um achado que é o garoto Jared Gilman. Este tem desenvoltura e inteligência de ator adulto e capaz de segurar o papel até o fim com extrema competência.

Moonrise Kingdom é daqueles filmes que encanta, seja pelo conto de fadas embutido neles (que Suzy adora ler), seja porque, mesmo criticando a realidade dura que se impõe sobre os protagonistas, estes conseguem se construir na esperança de que, um dia, as coisas sairão do jeito que foi planejado. E, feito crianças, saímos do cinema encantados, mesmo que nos percamos quando encaramos a realidade.

* Publicado em dezembro de 2012 no blog
Sessão de Cinema do Correio Popular

FIO NARRATIVO
CONSTRÓI 45 ANOS*

No princípio, parece que o roteiro do diretor britânico Andrew Haigh não vai segurar um longa-metragem. O casal Kate (Charlotte Rampling) e Geoff (Tom Courtenay) vão completar 45 anos de casados numa festa a ser realizada no sábado. Na segunda, Geoff recebe carta avisando que o corpo da antiga namorada foi achado – isso, calculando, supõe-se uns 50 anos atrás.

Ele é convidado a viajar para a Suíça (a namorada despencou de uma rocha e desapareceu numa montanha gelada), mas só fará a viagem (se fizer) depois da festa dos 45. Ponto. Nada mais acontece. Não, pelo contrário, uma notícia vinda de meio século atrás vai modificar a vida de Kate e Geoff.

A história de *45 Anos* é narrada durante a semana que vai da segunda ao sábado, dias entrecortados por imagens que sugerem mudança de estações na medida em que os acontecimentos avançam. Neste sentido, há clara alusão ao tempo; afinal, se está falando do passado incidindo fortemente sobre o presente de casal sem futuro – porque velhos.

Em dado momento Geoff reflete que uma das piores coisas da velhice é que não mais existem objetivos a serem cumpridos. O que, como se verá, não é de todo verdade, pois o conflito gerado pela tal carta vai obrigá-lo a refazer a própria vida – um objetivo e tanto.

A chegada da carta vinda de passado tão remoto e que parecia ser trivialidade se transforma num drama concreto tanto para Kate quanto para Geoff. E o filme que parecia não ter fôlego surpreende, pois começa a mostrar os fios soltos que vão gerar curto-circuito nada confortável para nenhuma das duas partes.

Impressiona o modo como as novas informações se impõe ao caso: sutilmente estas vão surgindo (nada extraordinárias, mas consistentes) e transformam um roteiro de estrutura simples numa narrativa complexa e envolvente. Mais: quando se delineia o desfecho parece que o diretor/roteirista caminha de volta ao óbvio; porém, ele surpreende de novo, como demonstra o excepcional último plano.

Charlotte Rampling e Tom Courtenay brilham ao construir personagens complexos dentro de aparente simplicidade, pois, como disse, trata-se de um cotidiano, dia-a-dia sem grandes sobressaltos no qual a festa das bodas quebra rotina – que culmina com a referida carta.

E os atores vivenciam o comezinho emprestando-lhe o devido peso, ou seja, realizam ações dentro da rotina dos dias de casal de idosos (comem, dormem, cumprem pequenos afazeres na cidade). Pois a dificuldade está justamente em fazer o extraordinário parecer simples.

O filme tem outra qualidade: os pequenos eventos também parecem inexpressivos, mas tornam-se poderosos na tarefa de impulsionar as ações e dar os tons diversos à narrativa. E eles são apresentados dentro de uma delicadeza que, afinal, se constitui a marca o filme.

Geoff não sai embriagado e mal-humorado por acaso de um almoço da fábrica onde reviu velhos companheiros. E não sai de casa aleatoriamente certa manhã sem esperar Kate acordar. Assim como Kate insiste em que ele vá ao tal almoço porque tem planos para aproveitar a ausência dele. E Geoff não chora no discurso das bodas só porque está emocionado com a cerimônia.

Observe o que sãos os pequenos eventos que modificam a vida do casal e faz de *45 Anos* um filme para muito além do corriqueiro das produções cujas histórias sabemos de antemão o desenvolvimento e o desfecho. Mais que isto, é um filme que dá prazer em assistir e que caminha na contramão do óbvio e do já visto. E com detalhe precioso: a protagonista é mulher e idosa, duas características que, igualmente, acenam para o inusual no cinema.

Há, sim, vida inteligente no cinema e há, sim, possibilidade de ser criativo e fugir do lugar-comum.

* Publicado em 7/11/2015 no blog Sessão
de Cinema do Correio Popular

O SURPREENDENTE

MÃE SÓ HÁ UMA*

Histórias de reencontros entre pais e filhos separados por anos são onipresentes em programas populares de televisão. Por que uma diretora articulada como Anna Muylaert se interessaria por repetir o dramalhão em que se transformam essas histórias na TV?

Em primeiro lugar, *Mãe só há Uma* (Brasil, 2016) vai além de promover o encontro, pois trata de caso de polícia: a mãe sequestrou o filho na maternidade. O roteiro foi livremente inspirado no Caso Pedrinho, episódio real ocorrido em 1986 em Brasília – o desfecho se deu em 2002 em Goiânia.

Depois, Anna desconstrói a história real e isto só se tornou possível nas mãos de quem é ótima roteirista, conhecedora do ofício e cuidadosa ao extremo com a própria criação. E também corajosa, pois quem mudaria uma história tão conhecida e lhe daria olhar completamente distinto do acontecimento real? Pois a cineasta não temeu ousar e o resultado é surpreendente.

Antes de tudo, Anna toma a história para discutir identidade. Parece óbvio depois, mas encontrar o tema e mergulhar nele em vez da história propriamente se constitui verdadeiro achado. Afinal, até 17 anos, o protagonista (Naomi Nero) se chama Pierre. E, de um dia para o outro, ele vira Felipe.

Naturalmente, o garoto pira e, não por acaso se coloca como alguém em busca de identidade, discussão que perpassa a questão de gêneros. Sutil no início, Anna mergulha aos poucos no assunto relegando o tal reencontro e as sequelas do sequestro – estes servem mais como suporte para debater identidade.

E ela vai além na ousadia, pois coloca a mesma atriz, Dani Nefussi, para fazer as duas mães (Glória e Aracy) do protagonista, ou seja, outra ótima ideia com a qual a diretora continua a perseguir o tema a que se propôs – lembrando também a sutileza que daí se depreende se voltarmos ao título do filme. São detalhes que enriquecem de maneira singular um filme que, no final das contas, passa longe do dramalhão.

Afora o debate que suscita, o filme tem outras qualidades a serem destacadas. Como o roteiro enxuto, direto, que avança objetivamente e no qual nada sobra ou falta. E há um jovem ator, Daniel Botelho, que protagoniza uma das melhores sequências, mesmo sendo secundária; porém, complementar.

Ele interpreta Joca, o irmão de Pierre/Felipe e também está em plena crise da adolescência, apaixonado e perdido. Um primor o diálogo que ele mantém com a ex-namorada, além de a cena estar bem filmada e o garoto ótimo na postura, no domínio do texto, na forma de dizê-lo e nas intenções. Parece ator veterano.

Coincidentemente, como se fosse um prêmio ele e Naomi protagonizam o final belíssimo – outro achado. Reside na sutileza da diretora/roteirista a única saída possível para aquela história. Pierre está de mal com a vida, com a antiga mãe e com novos e verdadeiros pais, que são insensíveis ao drama dele. Seu porto seria a irmã (Laís Dias), mas ele a perdeu. Então, descobre alguém bem próximo. Joca consegue entendê-lo. E a cena final não poderia ser mais terna e mais bonita.

* Publicado em 20/8/2016 no Correio Popular de Campinas

MACHADO COM BRESSANE*

Tem-se de admitir que Júlio Bressane é um cineasta difícil. Ele não filma para agradar plateias e não parece interessado na opinião delas. Ele filma. Muito bem, aliás (não estou falando nenhuma novidade), e ponto.

Uma boa chance de ver (ou rever) seu filme do ano passado, *A Erva do Rato,* lançado em DVD. A propósito, lamento não tê-lo visto antes, pois o colocaria fácil entre os melhores lançamentos nacionais de 2010.

Não é um filme simples. Vindo de Bressane, por que seria? Mas ele sabe contar bem uma história – cinematograficamente falando, claro – a partir do quase nada.

Pense na sinopse: sujeito excêntrico (Selton Mello) conhece uma moça (Alessandra Negrini), que perdeu o pai, único elo familiar, e a leva para morar com ele. Vai cuidar dela para que ela fique anotando fatos históricos, entre outros. Isso é tudo. Ah, ele também faz ensaios fotográficos dela desnuda.

E pense também no fato de que durante os oitenta minutos da fita só há dois atores em cena e pouquíssimas externas. Tudo se passa na casa dos dois. Claro, a premissa inicial ficará para trás quando ele descobre a presença de um rato na casa. Obsessivo, fará tudo para matá-lo. No entanto, ele não esperava a reação da mulher.

Há um plano-sequência (sem cortes) maravilhoso quase ao final (inclua-se aí a bela fotografia de Walter Carvalho). Antes, um comentário. Virtuosismo pode ser apenas uma arma para se mostrar o quanto alguém sabe sobre seu ofício – no caso, de cineasta.

Pode também mostrar o quanto, mesmo depois de tantos anos de atividade, Bressane pode ser criativo a ponto de sentir prazer em buscar aprimorar-se no seu ofício. Em outras palavras, não se contenta com o óbvio.

Daí que tal plano-sequência é o grande momento do filme, virtuosismo, sim, mas a serviço da história que pretendeu contar. Não se trata de exibição de talento, mas busca pelo inusitado para demonstrar que, sim, é possível seguir filmando, pois tem repertório para isso e variedade de instrumentação para realizar os filmes.

A personagem de Alessandra Negrini acorda no meio da noite e a câmera está lá. Ela se levanta e a câmera a acompanha pelo corredor (que parece imenso) na direção da sala, onde ela faz uma dança erótica e sarcástica diante da ratoeira, invade a geladeira, come queijo e esparrama pedaços dele pela casa e, sem notar a presença do marido, retorna para a cama.

Não sei quanto dura o plano, mas é grande o suficiente para ficarmos extasiados com a qualidade desse diretor. Bem, a história que ele conta é o de menos. Importa entender o mecanismo de fascínio pelo bicho desenvolvido por aquela mulher e de como isso afeta a relação do casal.

Estamos em terreno francamente irreal, dos demônios do nosso inconsciente, e da maneira como lidamos ou não com eles. No caso do casal, a forma de lidar é bizarra, mas forte. Não há como passar ileso pela maneira como isso se dá.

É bom lembrar, o filme está baseado livremente em alguns elementos dos contos *A Causa Secreta e Um Esqueleto*, de Machado de Assis – afinal, que bela mistura essa de Machado com Bressane.

* Publicado em dezembro de 2013 no blog Sessão de Cinema

CRIANDO INSTANTES
MÁGICOS *

Começa ancorado sobre características da fábula o longa do irlandês Lenny Abrahamson intitulado *O Quarto de Jack* (*Room*, Estados Unidos, 2015). Trata-se de menino, o excepcional Jacob Tremblay, que não conhece o mundo real, pois está preso em um quarto desde que nasceu. Quando conhecer, terá muito a aprender, pois nunca fez coisas elementares, como subir escada, tomar sorvete, jogar bola, comer sucrilhos.

O início terno se desmantela quando Jack descobre o sentido de realidade. E o uso do artifício literário é decisivo para aliviar o tema duríssimo, pois, imediatamente lembramo-nos estarrecidos de casos de pessoas nascidas em cativeiro e de que sempre existe psicopatas no caminho delas.

Como a vida do menino sofrerá grande reviravolta, com apenas cinco anos ele se orgulha de que saber quase tudo sobre o tal mundo. Até aqui e principalmente a narração feita pelo próprio Jack em tudo soa fabular, incluindo uma sequência-chave belíssima na qual ele contempla o céu pela primeira vez.

Antes, o único céu dele é avistado de uma claraboia. Envolvido em situação caótica e tentando se desvencilhar de um obstáculo ele se vê de barriga para cima olhando o céu. É um desses instantes mágicos que só o cinema pode proporcionar.

Temos claramente dois filmes. O primeiro, circunscrito ao quarto, envolve Jack e a mãe (Brie Larson). A atmosfera é claustrofóbica e ainda estamos tateando a história, os planos são fechados, a iluminação precária e aqueles personagens um tanto raros.

No segundo, há luz, sol, conforto, sorvete, entre muitas outras comodidades, mas estamos no mundo real, indicativo de que não será nada tão fácil se estabelecer e recomeçar. Ou seja, os dois mundos são difíceis e complexos.

Há algumas inconsistências, como o pai do garoto acreditar na mentira da mãe e fazê-lo prestar juramento que reforce tal mentira. Um homem no papel deste não cairia tão fácil assim na armadilha. Mas se estamos falando em fábula e, talvez, não faz tanto sentido tal observação.

E o ótimo roteiro adaptado do best-seller homônimo de Emma Donoghue escorrega ao pretender transformar o menino em herói porque o cinema americano não vive sem heróis. De fato, os episódios o levam a esse papel, mas o roteiro o enfatiza demasiadamente.

E nem precisaria. Nos dois casos que o tema do heroísmo aparece o menino age para sobreviver — vem deste instinto, portanto, a coragem dele. Contradizendo, a imagem da força que tem no cabelo, no entanto, ganha muitos pontos, mas aqui vale muito mais a saída criativa para o garoto ter longas madeixas — e, de novo, entramos na fábula.

Observem que em nenhum momento eu dei qualquer detalhe sobre a história porque fui ver o filme sem ter lido nada a respeito dele. E foi ótimo não saber, pois qualquer informação estraga o prazer de descobrir que quarto é esse e qual será o desfecho.

* Publicado em 18 de fevereiro de 2016
no Correio Popular de Campinas

RECORTE NA VIDA
DE JAMES DEAN*

Michel Fassbender protagonizou de modo convincente um personagem real em *Steve Jobs* (Danny Boyle, 2015) e ficou pouco parecido fisicamente com o biografado. Afinal, não se faz necessário ficar igual, basta captar a essência. Pois isto ocorre em *Life – Um Retrato de James Dean* (*Life*, EUA, Reino Unido, Canadá, Alemanha e Austrália, 2016), de Anton Corbijn.

O ótimo Dane DeHaan vive um também muito convincente James Dean, que quase nada lembra o celebrado ator, morto precocemente em 1955. Até porque não se trata de biografia, mas de recorte da vida dele. São as tentativas do fotógrafo da revista Life, Dennis Stock (o também muito bom Robert Pattinson), de fotografar uma estrela que ninguém conhecia ainda. *Vidas Amargas* estava sendo lançado e James estava iniciando as filmagens de *Juventude Transviada*.

Dennis trabalhava em sets fotografando as filmagens – função designada como still – onde conheceu Nicholas Ray. Este o convida para uma festa na qual se sente absolutamente só. Então, o não menos solitário James o provoca com frase de efeito e eles ficam amigos. Tanto que James o leva para a casa dele em Indiana e se permite ser fotografado na intimidade.

A famosa foto de James fumando enquanto caminha na chuva na Times Square de Nova York nasceu como as grandes fotos: por acaso. Depois de levar canseira do ator, Dennis consegue, afinal, convencê-lo a fazer as fotos e marcam de se encontrar na famosa praça da Broadway. Só que está chovendo, mas o fotógrafo o desafia a fazer assim mesmo e James topa.

Antes de tudo, *Life* é um filme afetuoso ao narrar essa amizade nascida por acaso e que envolve dois profissionais nas respectivas funções. E, talvez pela frieza desse jogo de interesses – Dennis precisa das fotos, James necessita de que alguém o descubra – nem sempre as relações entre eles são amistosas.

E o diretor trabalha para referendar o mito. Seja pelo texto cheio de boas tiradas, frases emblemáticas, com posições definidas sobre assuntos diversos, incluindo a visão refratária e arredia dele sobre o mundo da fama, seja por prenunciar quem James será em futuro breve.

Além disso, o roteiro acrescenta situações pouco conhecidas da vida do ator, como a tal visita de Dennis na pequena cidade Marion (Indiana) onde James nasceu. Agora, famoso, ele acaba, de surpresa, participando de evento local e faz sensível discurso.

É possível que tenha havido licenças diversas em episódios como estes e outros, mas impressiona como falar deles nos aproxima do homem longe da lenda. E isso fica claro quando o vemos tocando bongô entre as vacas, à mesa em família ou conversando com o sobrinho em cena terna captada pelas lentes do fotógrafo.

Não há nada muito excitante no recorte proposto por Anton Corbijn e, no entanto, ele cria atmosfera propícia carregada de nostalgia que se projeta nas fotos que vemos sendo construídas. Algo como olhar álbum de fotografia, como observar retrato na parede. James Dean está lá como se fosse alguém próximo, familiar, parente, e, ao mesmo tempo, tão distante como autêntico mito deve ser.

* Publicado no Correio Popular de Campinas em 22/7/2016

SENSIBILIDADE SOBRESSAI
EM *BIG JATO**

Cláudio Assis não mudou com *Big Jato* (Brasil, 2016), como se supõe. O diretor pernambucano foi e continua desbocado e sem fazer concessões, muitas vezes exagerado nas vulgaridades e destemido na escolha dos temas de suas histórias.

Que faça um filme no qual fala o tempo todo sobre excrementos não parece nenhuma novidade. Ele possui a capacidade de ser cru, mas verdadeiro – o que lhe confere autenticidade. A surpresa, que seria o contraponto da poesia, já estava em *Febre do Rato* (2012).

A diferença reside na abordagem. Neste, a base é a sedução, o erotismo e um indisfarçável ímpeto de chocar. Em *Big Jato*, importa a essência da poesia como tal e nisto há um tanto de ingenuidade – daí ser perfeita a escolha de um adolescente para representá-la. O garoto Chico (Rafael Nicácio) respira essa essência quando, por exemplo, se apaixona por uma menina ao vê-la passar batom. Há outros momentos de tal poética: Nelson (Matheus Nachtergaele) tocando gaita na prisão, os poderosos planos sequências e planos abertos, ou a beleza das imagens finais no sertão e no mar.

Sim, o roteiro de Hilton Lacerda e Ana Carolina Francisco tem a mão inconfundível de Xico Sá, pois foi baseado no livro homônimo deste, o que explicaria o tom da poesia do filme. Porém, *Big jato* é essencialmente um Cláudio Assis que nasce da simbiose entre diretor, roteiristas e escritor.

Afinal, o discurso de Cláudio se faz evidente nos dois personagens de Mateus – que são antípodas. Francisco, o pai do protagonista, realiza o trabalho sujo de limpar fossa; o outro é enterteiner, comanda programa de música no rádio da cidade. De um lado, o diretor mostra uma comunidade canhestra e a defesa do pai pelo pragmatismo da matemática; do outro, há o tio que enfrenta o irmão e incentiva o sobrinho a ir embora daquele lugar. "Aqui você vai virar fóssil".

Tal discurso se estende no fraseado empolado para um roteiro, efeito que poderia dar errado, mas funciona. "Poeta é o que não falta no mundo". "Sertanejo forte é o que parte, não o que fica". "Amor é mais prisão que libertação". Como se vê, se a escatologia como constatação humana é uma realidade incômoda e a base do filme, o contraponto (a poesia) se revela tão forte quanto.

Além da poética impregnada nestas frases (e no próprio filme), a mulher de Francisco (Marcélia Cartaxo) vende perfumes – antítese da fossa. E tem a poesia do adolescente, influência do tio, e simbolizada na representação de um personagem arquetípico, que é o Seo Princípe (Jards Macalé).

Cláudio é claramente contrário aos preparadores de atores. Ocorre que muitos cineastas não sabem resolver as cenas e precisam desse profissional. Não é o caso dele. A mise-en-scène do filme é impecável. Ele sabe encenar e sabe filmar. Tome-se de novo o exemplo da encenação da garota passando batom. Perfeita, precisa, solução simples – apesar da difícil concepção.

E, mesmo sendo universal na temática, *Big Jato* é essencialmente uma produção nordestina/pernambucana na qual estão explícitas a geografia, a cultura e a sociedade locais.

E há os atores. Bom ver Marcélia Cartaxo brilhando em papel de mulher forte e incisiva que se torna o esteio da casa. Matheus está nada menos que excepcional em mais uma demonstração do alcance do repertório dele. Seria fácil cair na repetição, mas ele cria duas autênticas criaturas – e duas belas performances. E protagoniza a melhor sequência quando descobre a tendência de o filho se tornar poeta. "Prefiro que ele morra do modo mais injusto a perdê-lo para a poesia".

A cena poderia ser apenas histérica, no entanto, surge na tela com força impressionante. Um grande momento do cinema no qual Cláudio Assis é mais ele do que nunca: o personagem explode em ato bruto de grande impacto, mas o efeito é a valorização da sensibilidade e da poesia – síntese de *Big Jato*.

* Publicado no blog Sessão de Cinema, do Correio Popular, em 17/6/2016

TRUMBO HOMENAGEIA
CINEASTA*

Biografias costumam ser laudatórias e abordar com ênfase o lado bom e bacana do personagem. *Trumbo* (*Trumbo*, Estados Unidos, 2015), Jay Roach, não chega a tanto, mas fica visível o tom de homenagem a Dalton Trumbo (1905-1976), um dos principais roteiristas americanos no famoso período macarthista no final dos anos 1940 e boa parte dos 1950.

Na terra da excelência democrática, não deveria haver censura em nenhuma instância. Mas a guerra fria, que confrontou o país de Kennedy e a União Soviética militarista, impôs novo posicionamento dos americanos. E o filme esbarra no tendencioso ao questionar a reação negativa contra o partido comunista nos EUA.

Endossado, em parte, pelo roteiro, o rico personagem reivindica a liberdade de pensamento em país democrático, uma vez que na antiga URSS havia ditadura. E não é contraditório que o comunista Trumbo quisesse a liberdade que não existia no país que adotou a ideologia marxista?

Por conta dessas brechas, o filme fica a um passo de fazer do escritor uma vítima – típico dos partidos de esquerda. Ele não só vai para a prisão como Hollywood o boicota. E aqui, sim, o senador Joseph McCarthy, idealizador da perseguição aos comunistas na América, perdeu o senso – pois não há punição pior do que ser impedido de trabalhar, independentemente da ideologia.

No belo discurso que o roteirista faz ao ganhar o Globo de Ouro por *Spartacus* (Stanley Kubrick, 1960) ele relativa as ações tanto de um lado quanto de outro, concluindo que agimos bem ou mal em função de circunstâncias.

Neste ponto, o roteiro de John McNamara e a direção tiram o papel de vítima que ensaiavam impor a Trumbo e os companheiros dele – o que é muito positivo. E apesar do tema denso e complexo, a narrativa é leve – reflexo do humor do biografado. Exemplo: diretor reclama que trecho do roteiro de Trumbo não era brilhante. Resposta: "Se o roteiro todo for brilhante, o filme fica monótono".

Eis o tom. Não é alívio dramático, mas característica do personagem que, ao sair da cadeia, é obrigado a escrever roteiros de filmes B, mas sem o nome dele nos créditos. E ganha dois Oscar – *A Princesa e o Plebeu* (1953) e *Arenas Sangrentas* (1956) – mas não pode recebê-los.

E, apesar de tudo, fica satisfeito porque consegue trabalhar e sustentar a família de mulher e três filhos sem perder as convicções políticas – que, sim, é direito de cada um.

Além de história única, há Bryan Cranston, soberbo no papel do protagonista. Como é bom acompanhar a performance de ator de amplos recursos dramáticos. Bryan atua com sutilezas, nuances, intenções e emoção. Um grande trabalho.

Quase ao final da vida, em 1971, Dalton Trumbo dirigiu a adaptação do próprio romance, Johnny vai à Guerra, para o cinema – filme emblemático de uma época que retrata as muitas dores e o desespero de soldado mutilado.

Trumbo é assumidamente tradicional enquanto narrativa. Daí termos a impressão de estar diante de mais uma cinebiografia de exaltação. É mais que isso porque narra a história de um grande nome do cinema americano e o apresenta para as novas gerações – um mérito em si.

* Publicado no Correio Popular de Campinas em 23/4/2016

AVE, CÉSAR! É PRAZEROSA EXPERIÊNCIA*

A primeira reação a *Ave, César!* (*Hail, Caesar!,* Estados Unidos, 2016), dos irmãos Joel e Ethan Coen, é de estranhamento – que pode ser bom ou ruim. Neste caso, reticente no começo, bom a partir de determinado momento. E a reação se explica porque não existe uma história propriamente, mas há o prazer de assistir a um cinema elegantemente filmado, de cenas bem construídas e de beleza. Isto resulta em um filme? Sim e não. Mas, aqui, a resposta é positiva.

Imagens como a coreografia que acontece em bar e comandada por irrequieto, preciso e cada vez menos o bonito da hora e cada vez mais um bom ator Channing Tatum – na qual se reproduz os musicais dos grandes estúdios americanos dos anos 1950. Ou, ainda com ele, o encontro no mar com submarino soviético. Ou as cenas de caubói com o ótimo Alden Ehrenreich.

São momentos esparsos, é verdade, que fazem de *Ave, César!* um filme irregular. Além dos referidos momentos de beleza e elegância, há o humor tão característico dos diretores que, sim, às vezes funciona, outras não. Exemplo de não funcionamento: os manjados erros de filmagens. Para nossa surpresa, a melhor piada do filme nasce de um desses erros. Ou, de como fazer ator sem talento atuar e ser convincente.

E hás piadas religiosas – nenhuma desrespeitosa, mas todas resvalam na ironia iconoclasta – outra característica dos cineastas judeus, que, como se sabe não perdoa ninguém (nem os próprios judeus) com humor fino e, igualmente, elegante. Veja a discussão de líderes de várias religiões sobre mostrar ou não a face de Deus em filme sobre Cristo. Para o cristão, inadmissível; para o judeu, sem problemas, pois Cristo não é Deus.

O novo trabalho dos Coen trata de cinema, o que soa reiterativo: bastidores de filmagens, intimidade dos artistas, imprensa louca por intriga, produtores se equilibrando entre a arte, a verdade (no caso dos filmes religiosos), o dinheiro e as crises dos atores. E, às vezes, soa sem graça. Como a montadora que quase se enforca numa echarpe.

São atestados do desiquilíbrio do filme que não o torna ruim, em princípio – podem ser classificados como desacertos – porque ele vai se engrenar a partir de um ponto nas aparições sempre convincentes de Alden Ehrenreich – boas todas as sequências dele com Carmem Miranda (Verônica Osorio). Ou as de Channing Tatum. Ou a história que permeia o filme do sequestro do ator Baird Whitlock (George Clooney) enredado por grupo de comunistas.

Ave, César! se parece a um filme de Woody Allen repleto de bons atores em papéis pequenos – porque todos querem trabalham com Allen e, supõe-se, agora também com os Coen. Fora Josh Brolin, que se destaca na história, todos estes são pontas: Scarlett Johansson, Ralph Fiennes, Tilda Swinton, Jonah Hill e Frances McDormand.

A razão para aceitarem pequenas participações talvez esteja na natureza mesmo do filme. Em um tempo no qual Hollywood produz blockbusters em profusão, que batem recordes de faturamento, mas não necessariamente agradam a um público que busca algo mais que esse produto de entretenimento, a dupla de cineastas produz cinema sofisticado, imaginativo e fora dos padrões suficiente para fazer dele prazerosa experiência.

* Publicado no Correio Popular em 14/4/2016

FONTES ACERTA AO

APOSTAR NA FARSA*

Depois de 20 anos envolvido em acusações de suposto faturamento e de não prestação de devidas contas, o filme mais controvertido da história do cinema brasileiro estreou. *Chatô – O Rei do Brasil*, de Guilherme Fontes, chega aos cinemas do país e surpreende.

Trata-se de espécie de *Cidadão Kane* tupiniquim, por abordar, assim como na ficção de Orson Welles (1941), a história real do magnata da comunicação Assis Chateaubriand (1892-1968), dono de rádios, jornais e TVs nas décadas de 1940/1950.

Era corrente entre jornalistas que escrevem sobre cinema a incerteza sobre o que se veria. Feito num período tão longo imaginava-se colcha de retalhos ou defasagem na imagem dos atores (todos mais novos; alguns mortos).

É estranho, não há dúvida – como se víssemos obra inédita que voltou no tempo. Há algo que nos dá a impressão de envelhecido (talvez seja só impressão), mas fora isso, o filme existe e com méritos – goste-se ou não.

Não aprecio farsas e sempre critiquei a carnavalização das manifestações artístico-culturais brasileiras – até pouco tempo atrás tudo virava carnaval no país. Mas o Brasil do carnaval, do futebol e da cordialidade não existe mais.

Deixamos de ser país do futebol e convivemos com a inacreditável marca de 50 mil assassinatos por ano – verdadeira guerra. Não dá para sair na escola de samba rindo como se ainda vivêssemos numa poética capital à beira-mar onde tudo era belo, sem violência e sem miséria.

Porém, Fontes acerta no modo como decidiu contar a história do personagem recorrendo exatamente a essa época em que se proclamava que éramos o futuro e assistíamos às ingênuas chanchadas.

O diretor também acerta em seguir o que o livro de Fernando Moraes propõe: a partir de um AVC, Chatô revê a própria vida. Se fosse burocrático, bastava juntar cenários de minisséries de TV, com aquelas roupinhas impecáveis e narrar os fatos. Talvez fosse um tédio.

O diretor foi sábio, portanto, em apostar na farsa, não só porque o protagonista bronco permite, mas porque ele precisaria de horas para adaptar com todos os detalhes a carreira de Chatô. Do modo como concebeu, o filme se torna curto (102 minutos) e dispensa-se o compromisso com a verdade.

E, passado o primeiro impacto (o filme controvertido materializado na tela), é possível embarcar na narrativa: Chatô sofre o tal AVC e, em delírios, revê a própria trajetória.

E observamos o personagem num hospital, olhos esbugalhados mostrados o tempo todo e câmera inquieta que quase nunca cai no automático ou no óbvio. A movimentação ágil dela e a edição acelerada ditam o ritmo.

E saltamos aqui e ali em elipses e voltamos ao ponto de partida, de modo que, enquanto Fontes exercita a forma, o bom roteiro (do diretor, com João Emanuel Carneiro e Mathew Robbins) nos instiga a manter a atenção.

Como tudo é chanchadesco, nem nos importamos com o sotaque de Paulo Betti (Getúlio Vargas) – o mais caricato junto com os de Leandra Leal e Eliane Giardini. No entanto, Marco Ricca está impecável no papel de Chatô (assim como Andrea Beltrão). Até Gabriel Braga Nunes se supera.

Chatô, tido como canalha e chantagista, à beira da morte se vê antropofagicamente engolido pelo veículo que lançou no Brasil, a TV. Ele está no centro do "julgamento do século", que se passa num show ao estilo Chacrinha (o próprio Fontes) no qual é a estrela.

Talvez o filme tenha relação complicada com o público por conta da linguagem usada, mas está claro que a produção *Chatô – O Rei do Brasil* superou todas as tormentas e existe como cinema. Como disse, o espectador pode gostar ou não do estilo e da abordagem, mas à parte dos gostos pessoais, há uma constatação inequívoca: o filme é bom.

* Publicado no Correio Popular de Campinas em 19/11/2015

A OUTRA GUERRA DE *O*

*FILHO DE SAUL**

O Filho de Saul, do húngaro László Nemes é uma espécie de *Antígone* do Holocausto. Como se sabe, na peça de Sófocles, após a morte dos irmãos, a personagem central empreende árdua guerra para dar destino digno aos corpos e sepultá-los.

A mesma insensibilidade de Creonte, na peça, se vê no filme. A diferença é que no lugar do rei existem os nazistas. Para estes, corpos insepultos têm a importância de cinzas e fumaças nos fornos, o destino da maioria, ou em pesquisas macabras.

Saul, o herói, é judeu pertencente a um grupo que faz o trabalho sujo, ou seja, recolhe os corpos para os destinos devidos. Em certo dia, depois de passados pelas câmeras de gás, Saul descobre que um garoto, quase criança, sobreviveu. Descoberto, ele implora a um dos médicos que o preserve. Mas o médico também cumpre seu papel e sacrifica o menino, mas permite que Saul o sepulte. Inicia-se aí a batalha igual a de Antígone, quer dizer, resgatar o corpo e lhe dar o mínimo de dignidade que ele merece.

O tema é a desimportância do corpo do ponto de visto do nazismo. Aos montes, são recolhidos como lixo e transportados feito carga tóxica que precisam ser descartadas de um modo ou de outro. Quer dizer, não têm importância alguma, não merecem respeito, não lhes é garantido o ritual sagrado do sepultamento com todas as honras que lhes cabe desde sempre, independentemente da origem.

O homem veio do pó e ao pó voltará. A frase é bíblica, mas incontestável. Àqueles corpos, entretanto, lhes foi reservado a indignidade. O que faz Saul. Reivindica-o em nome de todos os outros, o corpo do menino lhe serve de símbolo, como a provar que ainda é possível antever futuros em meio à tragédia.

Histórias do holocausto quase anualmente nos relembram do horror nazista. Nesta há algo diferente, pois o diretor faz exercício de linguagem que, em última instância representa (ao lado do drama propriamente) a força do filme.

Construído em blocos de planos-sequências (sem cortes) em boa parte do tempo e com câmera na mão colocado ao rosto e às costas do ator, acompanhamos a história pelo olhar do protagonista. Todas as ações se dão (com raras exceções) sob esse ponto de vista. Enxergamos as ações guiados por Saul.

São dele o direcionamento, o encaminhamento, são dele as aflições, as emoções, os movimentos que levarão a história adiante. Assim, ele está o tempo todo na tela, seja em closes que mostram a tensão dele, seja acompanhando-o, câmera indo atrás dele, seguindo-o implacavelmente.

Portanto, não vemos a guerra nem os horrores nazistas em primeiro plano. Eles estão na periferia da imagem, são o pano de fundo, vemos o entorno, ouvimos os gritos dos soldados e os choros das vítimas, mas não sabemos como são os rostos delas.

Talvez porque as imagens da Segunda Guerra tenham se tornado tão recorrentes, a solução do diretor se torna o grande achado narrativo do filme. Não é por acaso (e comovente pela delicadeza da abordagem) a visita que Saul faz o menino morto sem que vejamos o rosto dele.

E impressiona que apenas com essa ferramenta tenha conseguido construir um filme tão tenso e envolvente. Claro que ele se utiliza de todos os recursos narrativos e de linguagem. Por exemplo, como um bom e velho roteiro, cria todos os obstáculos para Saul não conseguir o intento.

Ou usa, exaustivamente, câmera na mão que, sim, neste caso, cria mesmo a tensão buscada pela direção, assim como se utiliza de um formato de tela quase quadrada que, conjugada com o close nos dá sensação claustrofóbica pretendida pelo diretor.

Como experiência cinematográfica, *O Filho de Saul* é arrebatador, não apenas no propósito de relatar a tragédia nazista, mas também ao relatar o empenho de um homem comum que, em meio ao horror, tenha sido capaz de resgatar princípio mínimo de humanidade. Neste sentido, usa o horror como matéria-prima para falar de esperança.

* Publicado no Correio Popular, de
Campinas, em outubro de 2015

FINAL DE TRILOGIA

PERDE INVENTIVIDADE*

Quando nos apaixonamos, o céu parece mais azul e o sol, supomos, brilha com maior intensidade. Depois de um tempo juntos (e de certa idade) o céu pode não ser tão azul (e o amor não tão rosa) como no início. Pelo menos na visão de Ethan Hawke, Julie Delpy e Richard Linklater — este, o diretor e, aqueles, os protagonistas e todos eles roteiristas de *Antes da Meia-Noite* (*Before Midnight,* EUA, Grécia, 2013), filme que fecha a trilogia completada com *Antes do Amanhecer* (1995) e *Antes do Pôr-do-Sol* (2004).

Se no primeiro aconteceu o encantamento quase juvenil e, no segundo, longa e deliciosa discussão de relação (porém, sem brigas, ressentimentos ou explosões, pois era um reencontro quase casual e dez anos os separavam), agora o tempo fecha entre a francesa Cèline e o norte-americano Jesse. Eles se casaram (se juntaram), tiveram as gêmeas Nina (Simone) e Ella (Fitzgerald) e estão em férias na Grécia.

A primeira nuvem aparece quando Jesse deixa o filho no aeroporto (rumo aos Estados Unidos, onde o menino mora com a mãe, a primeira mulher) e se chateia por não estar mais presente na vida dele. E, de volta ao sítio onde estão hospedados, ele cogita mudar-se para Chicago a fim de ficar mais próximo do filho — ideia que Cèline rechaça imediatamente.

Isto é só o começo de longa jornada rumo ao íntimo de um casal capaz de falar sobre tudo e sem muita cerimônia. E, se há poucas agressões, há também ressentimentos expressos em palavras duras e até ofensivas — mesmo sem a violência que caracteriza qualquer relacionamento amoroso. Especialmente aqueles que duram bastante tempo.

E há bons momentos nas reflexões, porém não tão agudos e nem tão românticos. Jesse (mais racional) e Cèline (mais à flor da pele) são capazes de, num passeio, se imaginar juntos por 74 anos – como os avós de Jesse. E, de repente, se permitem decretar o fim da relação porque suposições de traição pairam sobre eles.

O filme não tem o mesmo encanto dos dois anteriores, especialmente do segundo. E, talvez, a razão esteja nas palavras de abertura deste texto. Eles ficaram maduros, perderam os traços da juventude (e os jovens são sempre lindos, mesmo quando não são lindos) e as inseguranças sobre rotina, a chegada da velhice e se seguem ou não amados, tudo conspira contra.

Também por isto, *Antes da Meia-Noite* sofre da ausência de vigor. Quando, em almoço, uma mulher idosa grega dá belíssimo depoimento sobre o marido morto, sabemos que há muito mais ternura no que ela fala do que o romantismo do amor da juventude. E quando olhamos para Jesse e Cèline, eles estão mais tristes e pesados, reclamam (especialmente ela) mesmo estando em férias na Grécia ou da suposta violência de Paris (também ela; Cèline deveria conhecer o Brasil) e acham meios de empanar o brilho de relação tão bonita. Aliás, Jesse sugere que ela não gaste tantas energias em reclamações.

Se o cinema tenta reproduzir (em vão) a realidade, nós, espectadores, tentamos ver no cinema o que a realidade parece ser incapaz de nos oferecer. Daí que torcemos para que Jesse e Cèline, mesmo envelhecidos e cansados, vivam 74 anos juntos e troquem afetos com a mesma intensidade da idosa grega.

Mas o sintoma da decadência física e de afeto está em um dado técnico. Ainda que os planos-sequência (sem cortes) do diretor procurem estabelecer o mesmo nível de atenção e riqueza dado ao segundo filme, tais planos também parecem um pouco cansados e sem inventividade.

Culpa da própria história desse casal tão especial criado na trilogia. Culpa do tempo que não perdoa ninguém. Bem fizeram Romeu e Julieta, que, se não chegaram a aproveitar outras belezas da vida, ao menos morreram lindos, jovens e apaixonados. E permanecem, eternamente, lindos, jovens e apaixonados.

* Publicado em maio de 2013 no Correio Popular de Campinas

3.
QUASE
ENSAIO

Não tenho formação acadêmica; por isto, para mim, ensaio é exercício lúdico, pois não sigo regras. E, outra vez, o advérbio "quase" me salva por me permitir escrever como eu quiser que seja.

Por exemplo, o texto "Pequeno estudo sobre *Mães Paralelas*" surgiu para atender ao convite de uma Live da Sociedade Brasileira de Psicanálise, em Campinas, logo depois de eu ter publicado a crítica do filme. Ao enunciar que *Mães Paralelas* consolidava Almodóvar "harmônico e solene", minha crítica concluiu que o filme avaliava toda a obra do cineasta. E, ao escrever para a Live, novos elementos surgiram e interferiram na ideia central da crítica e no título.

Aqui, juntei textos publicados em livro ou sites - tentativas de me aprofundar no tema proposto, ao contrário da crítica apressada que escrevia nos jornais e sites, visando atender a demanda das estreias dos filmes. Portanto, os textos desta última parte do livro não são peças acadêmicas. São esboços de ensaio. Ou melhor, quase ensaio.

PEQUENO ESTUDO SOBRE
MÃES PARALELAS

APRESENTAÇÃO

Na abertura de *Mães Paralelas* lê-se que se trata de "um filme de Almodóvar". Não fosse esse o modo de o diretor assinar as produções, a informação poderia ser dispensada, pois a recorrência de temas e de opções estéticas e artísticas atestam a inequívoca procedência.

E, claro, ele se presta a análises críticas muito mais profundas, assim como a obra do diretor. Porém, eu me proponho, mesmo de modo superficial, encontrar o lugar de *Mães Paralelas* na obra do realizador de mais de 30 curtas e longas.

Na crítica, postada no site Hora Campinas, procurei demonstrar que o filme evidenciava a maturidade de Pedro Almodóvar. E o título da crítica ("Almodóvar se consolida harmônico e solene") evocava a ideia de que ele poderia ser classificado como síntese de uma obra consolidada.

Para efeito didático, vou dividi-la a em duas partes. A primeira, do início da carreira, em 1974, com curtas-metragens, passando pelo primeiro longa não comercial (*Salomé*, 1978), pelo primeiro longa lançado no circuito, *Pepi, Luci, Bom e Outras Garotas de Montão* (1980), até *Carne Trêmula* (1998). São 24 anos. A segunda começa com *Tudo Sobre Minha Mãe* (1999) e chega em *Mães Paralelas* (2021) – total de 22 anos.

I – OS PRIMEIROS 24 ANOS

Para avaliar os primeiros 24 anos de carreira do cineasta, socorro-me de adjetivos, caminho tortuoso (porque impreciso) de definição e alinho alguns deles: inquieto, irreverente, provocador, confrontador, destemido, ousado, espalhafatoso, bem-humorado e inovador. E, embora não alcance plenamente o objetivo, organizo tais características em três tópicos.

1. FORMA E TÉCNICA DE CONCEPÇÃO

Mulheres à Beira de um ataque de Nervos (1988), primeiro sucesso internacional, chama atenção pela ousadia de misturar suspense, comédia e melodrama e deixa o espectador desconcertado, sem entender muito bem o que tinha visto.

2. ESTÉTICA E ARTÍSTICA

Com *Ata-me* (1989), começa-se a ter melhor compreensão da estética do diretor, que envolvia cores, cenários, figurinos, direção de arte e fotografia e fundamentado na releitura do melodrama.

3. TEMÁTICA

Como assumiu cedo a condição homossexual, Almodóvar aborda de forma audaciosa, em quase todos os filmes, as variantes do universo gay. Com o fim da ditadura franquista (1936-1975), os primeiros trabalhos servem de tribuna – que se mantém até final da década de 1980 – para colocar a homossexualidade em pauta. E, na assinatura ("Um filme de Almodóvar"), ele parece querer dizer: "quem me conhece, sabe quem são meus personagens e minha maneira de narrar as histórias".

A irreverência, a provocação, o confronto e o desafio a conservadores, em especial na primeira parte, deram à obra o caráter polêmico. Por isso, espectadores abandonavam salas onde era exibido *A Lei do Desejo* (1987).

II. OS ÚLTIMOS 22 ANOS

Em 1999, ocorre o ponto de inflexão da obra. No filme anterior, *Carne Trêmula* (1997), há claro movimento de mudança, mas ele ainda seguia preso ao selo "escandaloso", por causa da nudez masculina explícita – hoje, comum, mas 25 anos atrás, vista com muita reserva.

Tudo Sobre Minha Mãe marca mudança radical, pois ele está menos espalhafatoso e inquieto. Não há mais o impulso de contestação. A transformação, que o aproxima de *Mães Paralelas,* se torna patente quando a produção conquista o Oscar, concedido pela conservadora Academia de Hollywood, na categoria estrangeiro. (hoje, internacional).

Recorrer a *Tudo Sobre Minha Mãe* me fez repensar o mote central discorrido no texto e exposto no título da crítica de *Mães Paralelas* de que Almodóvar se consolidava harmônico e solene. Entretanto, não foi *Mães Paralelas* que confirmou essa consolidação. No papel de um dos mais importantes cineastas da história do cinema o mais recente filme ratifica o que, há tempos, estava legitimado. Assim, o título ficaria: "*Mães Paralelas* ratifica Almodóvar harmônico e solene".

A mudança que se vê em *Tudo Sobre Minha Mãe* me fez pensar no apóstolo Paulo quando escreve: "quando eu era menino, pensava, agia e raciocinava como menino; depois que me fiz adulto, deixei as coisas próprias de menino".

Algumas das características do menino (inquieto, ousado, bem-humorado) ainda permanecem nesse que é o melhor filme do cineasta; porém, ele deixa de ser espalhafatoso e não se importa, muito mais, com o confronto e a irreverência; abandonou as coisas próprias do menino e se tornou artista maduro.

O filme revela a maturidade dele em todos os quesitos. Dos movimentos de câmera (forma), que ficaram mais suaves, passando pelas cores (estética), interpretações (artística), roteiro (técnica e artística) e temática. Ele está mais assentado e menos ansioso e não precisa mais provar nada para ninguém nem se exibir; tampouco usar os filmes como tribuna em defesa de causas, assim como descarta a nudez masculina como provocação porque a homossexualidade – mesmo presente – se torna parte do todo, pois não há necessidade mais de se explicar ou se posicionar.

Só não nos esqueçamos que se trata-se de "um filme de Almodóvar" e o pai do filho da protagonista é transexual, assim como a melhor amiga de Manuela. Mas ele consegue a proeza de fazer o espectador enxergar naturalidade em personagens, que, no dia-a-dia, não fazem parte do universo da maioria das pessoas; no filme, eles são diferentes, mas são iguais a qualquer um de nós.

Fotografado pelo brasileiro Affonso Beato, *Tudo Sobre Minha Mãe* traz como tema a maternidade; trata-se de história de perda, busca e recomeço. Após a morte do filho, Manuela (a excepcional argentina Cecilia Roth) viaja de Madri a Barcelona em busca do pai do menino.

Trata-se de melodrama com cenas inesquecíveis de Cecília – no mais importante papel dela na carreira –, como a viagem, de trem, para Barcelona devastada pela dor, ao som de música catalã; ou agarrada ao filho morto e dizendo: "hijo, hijo mio".

238 João Nunes

III. MÃES PARALELAS

A mudança concretizada a partir de *Tudo Sobre Minha Mãe* desemboca em *Mães Paralelas*, no qual o amadurecimento técnico, artístico e estético se traduz de modo pleno. Se o diretor não realizar nenhum outro filme, este será o fecho brilhante da vitoriosa carreira e listo quatro elementos que fundamentam a argumentação.

1. CORES

Em *Esquadros,* Adriana Calcanhoto diz que anda pelo mundo prestando atenção em cores de Almodóvar e de Frida Khalo. Mencionar a artista plástica faz sentido porque ela trabalhava com cores. Mas Almodóvar é cineasta; portanto, identificado com imagem, que contém muitos signos – não apenas cores. E elas podem se espalhar por cenários, figurinos e paisagens e cada um destes elementos ter cor distinta.

Pareceu cedo demais alguém ser caracterizado de forma tão incisiva quatro anos depois (1992) do sucesso *Mulheres à Beira de um Ataque de Nervos*. A citação foi precoce prenúncio da importância do diretor – ainda que, para qualquer outro, seja detalhe, Em Almodóvar, cores não são detalhe.

Ele utiliza as primárias (vermelho, amarelo e azul) e secundárias que nascem da mistura das três (verde, laranja e violeta). Há outras, inclusive escuras, que servem como variação e equilíbrio. Mas quando a cantora menciona as cores de Almodóvar é destas que ela está falando.

Quando "menino", as cores dos filmes explodiam berrantes na tela. Veja *Kika* (1993) e *Ata-me*, ambos com predomínio do amarelo e do vermelho, assim como *Mulheres à Beira...*, no qual até o suco, elemento importante da trama, é vermelho. Em *Pepi, Luci, Bom...* predominam amarelo, vermelho e azul e, em *Volver* (2006), amarelo, vermelho, azul, verde e violeta.

Em *Mães Paralelas* não mudaram as cores. Elas continuam vibrantes; porém, menos explosivas, mais suaves e na composição com o todo, mais delicadas e harmônicas e melhor trabalhadas em sintonia com direção de arte e fotografia. As cores de Almodóvar são as mesmas; muda a composição.

Observe as cenas finais, de contexto trágico: as cores se destacam; porém, são respeitosas. Um carro verde-limão chega no momento de se escavar a terra, mas ele não chama a atenção; ao contrário, se harmoniza com a ambientação do filme.

O mesmo ocorre com a pequena vila onde estão os ossos. Não chegam a ser esmaecidas, mas são menos intensas, formando composição de cores que completam como numa partitura. O contraponto com *Mulheres à Beira...* é notável, pois elas se distribuem em ambientes caóticos e, por causa do excesso, constroem imagens poluídas.

2. ATUAÇÕES

Se, antes, o diretor apostava em tipos (intérpretes que nem nome recebem e representam grupo, profissão) e resvalava no performático; hoje, seus atores e atrizes constroem personagens e atuam. Rossy de Palma, por ter rosto pouco convencional, compõe tipo que rouba a cena em *Mulheres à Beira...* e em *Kika*. Em *Mães Paralelas*, o rosto dela continua pouco convencional, mas, no papel de Elena, amiga de Janis (Penélope Cruz), se sustenta pela capacidade interpretativa.

A exuberante Penélope Cruz causa impacto visual, mas também criou personagens decisivos em importantes filmes do cineasta, caso de *Volver* e *Dor e Glória* (2019). Pela atuação em *Mães Paralelas* ela foi indicada ao Oscar.

3. PROVOCAÇÕES

Um dos adjetivos para definir Almodóvar foi provocador. Na cena de *A Lei do Desejo* que provocou ira de espectadores, António Banderas, estereótipo masculino, pratica sexo passivo e em posição considerada constrangedora. Em *Kika* ele se vale de cena de urofilia, fetiche pouco recorrente no cinema.

E em *Tudo sobre minha Mãe*, o diretor admite ter consciência das provocações e até encena a reação da plateia. A camareira trans, Agrado, vai ao palco avisar que não haverá espetáculo porque a atriz está indisposta e se propõe (a quem se interessar) a contar a própria história. A reação: muita gente abandona a sala do espetáculo.

Em *Fale com Ela* (2002), ele ainda exercita a provocação tratando do delicado tema da gravidez de mulher em coma. E, com todas as mudanças, em *Mães Paralelas*, ele coloca duas mães em relação erótica. Muita gente se perguntou: "Precisava"? Não custa lembrar que se trata de "um filme de Almodóvar".

No princípio, ele queria confrontar e desafiar o senso comum. Hoje, ele usa a poética para obter empatia da plateia – a cena de *Mães Paralelas* foi vista por muitos como menos erótica e mais afetuosa. Em *Fale com Ela,* a cena de sexo encanta pela sutil animação em preto-e-branco que lembra ingênuas imagens de cinema mudo.

4. PAPEL SOCIAL E HISTÓRICO

A guerra civil espanhola aparece na obra de Almodóvar sempre como pano de fundo: *Carne Trêmula, Má Educação* (2004) e *Dor e Glória*. Ele próprio inicia a carreira em 1974 – um ano antes da morte do ditador Franco. Uma nova Espanha nasce com o fim do franquismo e Almodóvar é fruto desse renascimento.

Em *Mães Paralelas*, ele incorpora ao roteiro dois eventos ligados à guerra civil. O primeiro é a montagem da peça *Dona Rosinha – A Solteira*, de Federico García Lorca, assassinado em 1936, segundo vários biógrafos, por ser homossexual. E não se trata de mera citação; está inserida na trama como parte do conflito: Teresa (Aitana Sánchez-Gijón), mãe de Ana, consegue o papel-título, mas ficará longe da filha grávida.

No segundo, Janis quer desenterrar o corpo do bisavô, colocado em vala comum, por lutar contra o fascismo. Feito Antígona moderna, ela deseja não sepultar o corpo já enterrado, mas dar a ele o próprio túmulo e homenagens devidas. Esse movimento está atrelado à dúvida que ela tem sobre contar ou esconder a verdade sobre a filha de Ana. Ocultar seria repetir a ação fascista.

Consciente do papel de artista, em *Mães Paralelas* ele mimetiza o papel de Janis ao falar politicamente a verdade e assume papel social e histórico.

Almodóvar sempre foi autocentrado. Em *Mães Paralelas,* no entanto, ele deixa o palco e coloca o outro no lugar. E, quando tiramos o olhar de nós mesmos nos tornamos um pouco sábios. Uma das maneiras de deixarmos de ser o centro é olhar o passado – a ancestralidade. Somos quem somos porque viemos de algum lugar – pais, avós e demais descendências. Isso está demonstrado na história dos pais de Janis, parte da história da Espanha.

Não só do ancestral sanguíneo, mas o histórico. Antes dele, outros abriram caminhos. Lorca, por exemplo. E não para evocar habilidades do poeta e dramaturgo, mas trazer à memória a obra e a atuação dele a fim de que seja lembrado e reverenciado como artista e ser político. Dar ao corpo do avô de Janis o destino correto que todos os mortos merecem simboliza gesto de gratidão às gerações passadas e de compromisso com as novas.

Sabedoria não é prerrogativa dos velhos (jovens também podem ser maduros e sábios), mas resultado de maturidade. Almodóvar deixou as coisas próprias de menino e se tornou sábio e, em *Mães Paralelas,* reúne alguns dos mais nobres sentimentos humanos, como apreço pela maternidade, generosidade e compromisso com a história.

CONCLUSÃO

Baseado no princípio exposto no início deste estudo, modifiquei o título da crítica de *Mães Paralelas* ao trocar o verbo consolidar por ratificar (ideia embutida ou subtendida no texto) por ser mais condizente e porque, como se disse, a consolidação estava, há tempos, demonstrada.

Entretanto, ao encerrar o estudo, efetuei nova correção porque, também, existe um tipo de harmonia em *Mulheres à Beira de um Ataque de Nervos* – para ficar num exemplo. Com a mudança, o título ficaria assim: "Com *Mães Paralelas,* Almodóvar ratifica a maturidade e se torna solene e sereno". Trata-se de um título tecnicamente improvável – porque longo; porém, adequado.

O ser humano dotado de sensibilidade se vê impulsionado a ser solene ante o sagrado porque todo ser é sagrado. E a cena do ritual frente aos ossos é bela, contida – estamos falando de um cineasta notabilizado pelo melodrama – e profundamente solene.

Contudo, para atingir esse grau de solenidade se faz necessário estar em paz consigo e com a vida. Ou seja, sereno. E serenidade só se alcança quando maduro e sábio.

COMO SE DESMONTA
CASAMENTO PERFEITO

A primeira boa impressão de *Força Maior,* do sueco Ruben Ostlund, nasce do uso do concerto *Inverno* de *As Quatro Estações*, de Vivaldi, e faz-se necessário dar crédito ao diretor ou a quem teve a brilhante ideia. Ele desconstrói o concerto fazendo um recorte na obra e, desde o início do filme, introduz pequenas inserções de trechos rascantes que vão se intensificando e, ao final, transformam a doce peça de Vivaldi em trilha de terror. Afinal, estamos em um suspense.

O cenário inóspito, misterioso e cercado de perigos, o deserto das montanhas traiçoeiras da estação de esqui (valorizado pela exuberante fotografia de Fredrik Wenzel), a neve incomodando os olhos, as roupas e os acessórios do esporte atrapalhando as ações, equipamentos supostamente seguros, mas que metem medo e fazem barulhos estranhos, e as pistas brancas e arriscadas para onde os personagens vão se divertir – tudo conspira para criar tensões.

E, como se divertir nessas condições? Em dado momento, em cena extremamente aflitiva quando, parece, tudo vai dar errado, Ebba, a mulher, pergunta ao marido Tomas se o que vão fazer é mesmo seguro, pois não se enxerga nada adiante. E o alegre Vivaldi, um clássico batido (que continua exuberante) renasce pontuando em recortes momentos cruciais da história – na verdade, o concerto *Inverno* torna-se verdadeira reconstrução e ainda nos leva a uma descoberta – é possível que muitos a tenham feito antes. Basta ouvir os primeiros acordes do primeiro movimento do concerto para saber de onde vem a inspiração de Bernard Herrmann, autor da famosa trilha de *Psicose* (Alfred Hitchcock, 1960) para compor aquele instante que virou história no cinema no qual Marion (Janet Leigh) é atacada no chuveiro.

A descoberta não tira em nada o valor da obra de Herrmann, pois ele soube trabalhar com algumas notas de *Inverno* e criou uma sequência inesquecível. E, por outro lado, valoriza ainda mais o modo como os recortes de *Inverno* são usados em *Força Maior* para, justamente, criar expectativas, tensões e suspenses.

Em segundo lugar, há detalhes de enorme relevância que precisam ser mencionados em um longa em que, rigorosamente, nenhum frame se desperdiça e que se constitui um primor de edição. Observe o primeiro plano onde um fotógrafo acostumado às mesuras a turistas insiste e acaba por seduzir o casal sueco em férias no Alpes franceses a fim de posar para fotos. A ironia está claramente colocada: família supostamente feliz mergulhará em crise ética – a sequência termina quando o fotógrafo pede ao casal para encostarem as cabeças, o que rende foto terna, mas os capacetes de esqui se chocam e denunciam o que veremos em seguida.

Há outras cenas exemplares de como o conjunto de detalhes empresta valor agregado à realização como um todo. A fragilidade exposta desde o início de Harry, o filho caçula, que em cena crucial próximo do desfecho, exibe postura de corpo de quem vai desabar, pois não suporta mais aquelas desastradas férias. E desaba. Ou a mise-en-scène inspirada que coloca um garoto filmando com celular o incidente com o ônibus – imagem recorrente nos dias de hoje e complementar à cena, mas que, novamente, compõe o todo.

Ou ainda, o quiproquó envolvendo Tomas (Johannes Bah Kuhnke), o marido, que se sente lisonjeado por receber apreço de uma garota em um bar e enche o ego derrubado dele, para, em seguida ela se desculpar porque se referiu ao homem errado. E a autoestima escorrega de novo para o ralo em sequência desconcertante Para completar, a cena dos dois amigos esquiando e Tomas quer parar e apenas conversar. Mas são homens travados e não sabem sobre o que falar e o amigo lhe sugere que grite. E ele se põe a gritar como último instrumento de libertação de uma angústia com a qual se sente incapaz de lidar.

São composições cênicas que dão suporte a uma história cujo diretor (também o roteirista) ensina que grandes acontecimentos ou viradas mirabolantes podem ser desnecessários para se realizar um filme empolgante. Empolgação que reside em um único acontecimento (quase imperceptível) que ganha enormes proporções.

O casal Ebba (a ótima Lisa Loven Kongsli; repare na cena em que ela começa a beber vinho e, embriagada, descreve os acontecimentos em comovente relato) e Tomas (preciso e eficiente) e os dois filhos estão em férias nos Alpes franceses. Sabemos que o marido se dispôs a relaxar e esquecer o trabalho, mas não esquece — o primeiro sintoma do mal-estar entre eles. Certo dia, enquanto almoçam, uma avalanche que serve

244 João Nunes

de atração do hotel para os turistas provoca tumulto entre eles. Tudo seria lembrado depois como mero incidente não fosse a reação de Tomas.

E o roteiro consegue trabalhar com esse fio dramático e desdobrá-lo de modo a torná-lo poderoso. No papel, fica difícil imaginar que ele alcançaria o objetivo, pois não há nada espetacular. Estabelecido o conflito, ficamos na expectativa de uma grande reviravolta, mas esta não chega. Pelo menos não no modo como nos acostumamos a ver no cinema americano; e o rompimento do modelo, por si só, afirma-se como mérito.

Ocorre que, assim como o fizera desde o início, o diretor vai construindo o drama a partir da observação dos movimentos dos personagens — os pais e os dois filhos, um casal amigo e um segundo casal que chega depois — como espécie de crônica. Interessa-lhe como agem os pais na administração da crise, como reagem os filhos, como se comportam os amigos.

Visto superficialmente, *Força Maior* parece drama familiar de gente rica. Abstraia-se, contudo, qualquer conteúdo ideológico (estamos na Suécia, afinal, esse país com desigualdade mínima e não faria sentido um filme sobre favelados, até porque lá não existem favelas) e pensemos na construção cinematográfica que Ruben Ostlund faz a partir da relação do casal e seus dramas tão humanos. Com esse pressuposto, a história se torna universal e independe da condição socioeconômica. São duas pessoas se debatendo diante de grave problema de omissão (dele) que implica em perda de confiança por parte dela.

E enquanto o marido toma consciência não apenas dessa omissão, mas confessa uma série de outros pequenos pecados, Ebba vê um casamento quase perfeito – como a Suécia – se desmoronar. E desmorona porque são essencialmente humanos. Nada é perfeito onde há seres humanos; daí que todo o cenário belo e admirável rui diante das fraquezas de (principalmente) Tomas e Ebba – situação que pode acontecer nos Alpes franceses, em Estocolmo ou em favela paulistana.

Impressiona a forma como Ostlund domina o incidente detonador do mal-estar em família se valendo de poucos elementos externos: jantar quase fortuito com casal amigo, a chegada de outro casal, a ação de um funcionário do hotel e a interferência das crianças na relação interna de Tomas e Ebba. E cena exemplar, quase ao final, consolida a impressão sobre a qualidade de *Força Maior*: o pai chora na sala, recebe o carinho das crianças e a filha impõe a adesão da mãe. Teríamos o instante-catarse não fosse a intervenção de um diretor disposto a ir muito além do lugar-comum.

Por fim, no primeiro contato com o filme, ficou a impressão de que o desfecho aberto demais destoava do todo. Revendo pela terceira vez, foi possível compreender aquele final estranho. Entretanto, há duas ações definidoras de Ebba, que mantém desfecho aberto, mas sinaliza os caminhos que ela irá tomar na vida. Uma das ações é a atitude dela frente ao comportamento do motorista do ônibus; a outra é o pedido que ela faz ao amigo de Tomas. E assim, o roteiro fecha um filme que pode ser chamada de pequena joia da pouco visível, mas extremamente consistente, cinematografia sueca.

* Texto escrito em 2016 para a revista virtual Orson

A ÁRVORE DA VIDA
ESTIMULA SENSAÇÕES*

Deus é um pai bondoso (que abraça e aconchega o filho) e severo (que lhe ensina a ser duro porque a vida está cheia de armadilhas). Mas, assim como deuses pagãos, também tem preferências e acolhe o segundo filho melhor que o primeiro – por razões inexplicáveis (não foi assim com Caim e Abel?). Difícil é ao primeiro entender e administrar a rejeição. E onde está o Deus amoroso que, no final das contas, é autor da vida e concebeu a morte, nossa maior e irreversível perda?

Estas questões foram as primeiras a me pegarem de forma incisiva em *A Árvore da Vida*, este filme complexo e misterioso de Terrence Malick (2011). O sentimento religioso ancestral – ainda que a religião institucional apareça de forma bem clara – rege os personagens desde o princípio, assim como o diretor.

Este vai em busca da compreensão dos grandes fenômenos do universo, do big bang à extinção dos dinossauros e chega a existência de Deus e à rejeição de um filho pelo pai. Se são todas questões essenciais, umas parecem ser mais grandiosas que outras – como o big bang, por exemplo. Mas se pensarmos no princípio da vida, seja do ser humano, de uma borboleta ou do universo, tudo é complexo e tudo é misterioso.

Mas alguns temas, como o convívio familiar, por complicado que possa ser, talvez seja mais simples de entender do que Deus ou o surgimento do universo. As brigas caseiras têm soluções ou, pelo menos, encaminhamentos. Lá pelas tantas, no epílogo, veremos que há reencontros como se a harmonia não fosse de todo uma utopia – ainda que as diferenças permaneçam, como demonstra o modo como o pai (Brad Pitt) aconchega ao colo o filho preferido.

Bem, até agora tudo o que consegui fazer para falar de *A Árvore da Vida* se restringe a filosofias – talvez baratas, meras suposições, alguns traços, nenhuma teoria de fato relevante que não seja a repetição de preceitos antigos e fartamente divulgados.

Mas isso tudo está no filme. Ele quer tratar dos grandes e pequenos temas, mas tenho cá comigo uma indisposição para aceitar que Terrence Malick queira abarcar tantas questões ao mesmo tempo num único filme de pouco mais de duas horas – do citado big bang às relações cotidianas de uma família no Texas dos anos 1950.

Logo no início, após o prólogo, há longa digressão sobre um dos filhos que morreu – como Abel que foi morto por Caim. E um grande questionamento da mãe, como Jó, citado explicitamente. A mãe que, antes mostrava ao bebê "é lá onde Deus mora", agora o questiona duramente, não é capaz de entender a perda, quer morrer para estar ao lado do filho amado. E onde está Deus agora? Ela pergunta: "Onde estavas quando ele morreu"?

A digressão retoma ao princípio de tudo, amalgamando imagens das mais distintas, da água, símbolo da vida, ao início do universo, a busca e tentativa de entendimento de Deus, as catástrofes naturais, as belezas comezinhas das plantas e dos peixes.

É longo e excessivo exercício de demonstração de Deus. Do mesmo modo que o epílogo nos leva de novo para fora da realidade daquela família num reencontro que pode sugerir um pouco de tudo, da reencarnação ao eterno retorno, ao início de tudo – e mais ou menos em clima de harmonia, como se respondesse às inquietações tão humanas dos personagens, como "onde está Deus"?, ou, "por que meu pai era tão severo comigo"?, nas elucubrações do personagem Jack, o menino rejeitado e atormentado (Hunter McCracken) e, depois, adulto (Sean Penn).

Afora esses dois momentos de verborragia imagética cercada de símbolos e metáforas, que cada um pode ler como queira, o filme para mim acontece na família – longe dos grandes temas transcendentais. Se é difícil entender o núcleo familiar, como tentar explicar Deus? Prefiro, portanto, ficar no convívio daqueles seres que sofrem tanto, como sofremos antes dos anos 1950 e depois deles.

A tragédia do Deus que rejeita, que nos destina para a morte, do mistério absoluto (o maior dos mistérios) que é sua existência não cabem (para mim) num filme, mesmo com imagens belas e simbolicamente significativas – na tentativa (vã, eu diria) de explicações.

Posso ser um tolo ao tentar ficar com o comezinho, mas é a partir deste que eu busco entender o mistério, o grandioso, o que está além do meu entendimento, o transcendental – que no conjunto, chamamos de Deus.

Assim, quando o filme sai do filho atormentado adulto e escapa da mãe desesperada pela perda do segundo filho e nos leva para o convívio daquele pai e mãe e três meninos, eu me encontro como tal.

Nem estou falando em identificação. Claro que ela existe, mas procurei fugir um pouco dessa armadilha porque não estava interessado em entender o filme nem as relações familiares. Queria ver como Terrence Malick resolvia filmicamente a história.

E gosto muitíssimo das resoluções que ele propõe. A começar de sua câmera em constante inquietação. Nunca para de se movimentar, de mexer para todos os lados, acompanhando os personagens num balé que me encantou. Na verdade, me embriagou um pouco, fui me deixando levar por ela, acompanhando o tal balé.

Não estou falando em virtuosismo. A câmera invade a vida dos personagens com sentido de urgência, de tentativa de entender o que se passa na mente deles – e eles expressam as inquietações. E, além disso, ela se volta constantemente para os céus, seja essa abóboda que conhecemos, seja o céu de edifícios onde, agora, habita o atormentado Jack.

Além da câmera, há a montagem. São cortes rápidos, mas consequentes, que nos levam constantemente ao passado e ao futuro, alternam-se nessa linguagem captando pensamentos, sugerindo respostas. Os cortes rápidos, é preciso dizer, nunca tentam acelerar a narrativa, não se está buscando a atenção do espectador para não perdê-lo de vista – como se faz na TV. Nunca. A rapidez está a serviço da urgência, da inquietação, da ansiedade, na gana de se expressar.

Uma das cenas mais lindas se dá quando da ausência do pai. A música vigorosa irrompe para alegria dos meninos e da mãe, que brincam de jogar água um no outro e se soltam, fazem festa. Eles estão livres do pai severo, estão livres do Deus poderoso e implacável – o Velho Testamento chega a dizer que Deus é vingativo, senhor dos exércitos e da guerra –, agora podem se divertir, podem jogar, podem brincar.

Não pude deixar de me identificar, mas resisto em falar sobre isso. Não é, definitivamente, o caso. Quero ir um pouco além. Pois, logo, em liberdade plena, Jack vai descobrir seu lado mau, capaz das mais vis atitudes, ainda que a infância explique um pouco – seriam brincadeiras infantis jogar uma rã pelo espaço, quebrar vidros.

O mal, portanto, está em nós, não em Deus. Humanos, isto é o que somos, com nossas contradições, vilanias e generosidades. Somos tão iguais aos pais no exercício do nosso poder, somos capazes de quaisquer coisas. Só assim sou capaz de entender um pouco de Deus. Se eu fosse Deus, seria um sujeito insuportável, mataria todos aqueles que eu considero inviáveis ao meu mundo, que contaminassem um pouco que fosse meu ar.

Por fim, saindo um tanto fora dos conceitos, e falando um tanto mais da montagem, gosto muito da maneira como Terrence Malick resolve as cenas. Ele evita as catarses. No enterro do menino morto por afogamento só acontece a sugestão de comoção. Assim como no desejo pela morte do pai, Jack apenas insinua com um olhar – chega a orar dizendo para Deus matá-lo (eis de novo o modo como usaríamos nosso poder caso fôssemos deuses) – a morte do pai, mas o corte nos faz escapar do desejo ruim.

O filme é todo assim, nada se consuma completamente, temos as sugestões dos sentimentos dos personagens. E, mais que isso, ele nunca é previsível, apesar de tocar em histórias tão comuns a quaisquer filmes. Suas soluções são sempre originais. Veja a brincadeira dos irmãos depois que Jack machuca seu rival com espingarda de chumbo. É um jogo de agressão e de compaixão e de uma ternura comovente.

Termino com a pergunta fatal e redutora: se eu gostei do filme? Claro. Não gastaria tanto tempo falando de algo de que não gostei. Mas o verbo, aqui, é ruim de usar. Não se trata de gostar ou não. Nem de entender.

Na saída do cinema duas mulheres me perguntaram se eu tinha entendido o filme. Não o quis entender, não é isso que interessa. Se o entendesse, ele ficaria melhor? Meu desejo foi apreciar o filme, abrir o cognitivo, mas estar alerta para as sensações. Mesmo as grandes cenas de digressão e do epílogo (que me incomodam) me fizeram bem, viajei na música, nas imagens, na tentativa de dar significados ou de absorvê-lo via sensações.

Por fim, um detalhe prosaico numa reflexão pretensiosa como esta: finalmente gostei do Brad Pitt, papel de destaque para esse esforçado ator.

* Publicado em agosto de 2011 no blog
Sessão de Cinema do Correio Popular

CRÔNICA DE UM FILME*

É quase impossível mergulhar no universo do documentário *E Agora? Lembra-me,* do português Joaquim Pinto, e não admirá-lo. Antes de vê-lo, entretanto, o espectador pode relutar ao ler a sinopse: homossexual com o vírus do HIV relata o próprio cotidiano durante nada menos que duas horas e 46 minutos. Tema e duração suficientes para afastar qualquer um que não esteja disponível para sair da comodidade de relatos mais amenos e com estrutura tradicional e encarar um filme que, a despeito do assombro que provoca, não alivia nem garante situações de conforto – muito pelo contrário.

Logo no primeiro e longo plano, molusco viscoso atravessa a tela vagarosamente e desperta incômodo. No segundo, não menos penoso, observamos Joaquim deitado, doente, câmera estática sobre a cabeça dele – os minutos passam, mas o relógio parece estar parado. Aos poucos e passada certa exasperação gerada pelo início, vamos sendo envolvidos pela narrativa até nos darmos conta de que o verdadeiro tema do filme é o tempo, que fica manifesto na lentidão de compasso de espera com a qual Joaquim vive inexoravelmente a vida.

E, então, de maneira sedutora ele nos convida a acompanhá-lo nos tormentos e em algumas delícias, na solidão e no aconchego, nas horas insones e nos parcos instantes de vislumbres, nos perrengues e nos pequenos encantos. E a arriscada tarefa do diretor de tratar tema tão espinhoso num documentário de quase três horas se torna desafio; de pronto, vencido com "prazer e dor" – expressão usada pela crítica Ivonete Pinto em outro contexto (muito menos doloroso), mas a partir de percepções similares, ou seja, as dificuldades de encarar os transtornos cotidianos que, no caso do filme, são muitos e pungentes.

Feito a partir da ideia de um cinema despojado e, ao mesmo tempo, rico em formulações, reflexões e ações, tecnicamente, *E Agora? Lembra-me* resulta num experimento cinematográfico: o próprio diretor e o parceiro dele, Nuno Leonel, se encarregam de captar as imagens. Quando juntos (como na cena de sexo), a câmera estática faz a captação. Sozinhos, acompanhamos os movimentos de um de outro – Joaquim está no centro das ações; Nuno assume o papel de coadjuvante de luxo, pouco aparece, mas permanece onipresente diante ou atrás da câmera.

Joaquim Pinto foi técnico de som de dezenas de filmes na Europa e nos Estados Unidos e trabalhou com cineastas importantes como o chileno Raúl Ruiz, o francês André Téchiné e o britânico Derek Jarman (1942-1994), entre muitos outros. Posteriormente, fez curso de cinema e, há 20 anos, convive dramaticamente com o vírus do HIV. A dramaticidade vem não apenas da enfermidade em si (o que já seria bastante), mas da busca insana por testar novos remédios (e seus terríveis efeitos colaterais) que alimentam a possibilidade de seguir vivendo.

Como narrativa, trata-se de um diário desenhado com tal: o comezinho mesclado ao extraordinário que se alternam rotineiramente. Assim, vemos o dia-a-dia trivial de Joaquim e de Nuno nas tarefas comuns, de um lado, e o confidencial escancarado pelo cinema e exposto na intimidade inviolável do sexo (em forte e bem resolvida cena), que passa longe da gratuidade. Se estão visíveis em outras atividades, por que esconderiam o ato sexual, elemento tão essencial à vida deles?

Porém, na maior parte do tempo acompanhamos a luta de Joaquim na busca por respostas positivas da medicina para a doença, nas constantes viagens a Madri (Espanha) em busca de atendimento, e na relação afetiva com o parceiro, amigos, eventuais vizinhos e com quatro cães, que mais parecem filhos. Não escapam desta visão panorâmica nem mesmo as mudanças políticas que afetam a vida particular do personagem.

A fixação por insetos e animais estranhos metaforiza a sobrevivência (no ato mesmo de se alimentar para estar vivo) e a morte, enquanto a relação com os cães sugere amizade e solidariedade. Tenho aversão ao contato com animais domésticos e, no entanto, a intimidade de Joaquim e Nuno com os quatro cães demonstra perfeita sintonia com a natureza sem a necessidade de qualquer discurso ecológico engajado e, portanto, aborrecido. Eles dormem na mesma cama, se lambem, se beijam e se agarram – notadamente Nuno, que adora rolar na grama com os bichos. A solidariedade surge em momentos líricos, especialmente quando os cães fazem companhia a Joaquim enquanto este dorme, como se lhe velassem o sono.

A relação com a natureza se aprofunda quando o casal compra terreno na zona rural e Nuno se encarrega de cultivar e regar as plantas – ele que tinha sido vocalista de banda de heavy metal, ele tão sensível e tão decisivo e assertivo, o sujeito que comanda e toma decisões, o lado forte, saudável e efusivo do casamento.

O extraordinário em Joaquim, capaz de prender nossa atenção o tempo todo, é o estímulo dele em lutar para sobreviver (como qualquer ser que respira, do molusco do prólogo ao próprio Joaquim), luta insana contra a doença, pela busca por remédios e pesquisa de medicina alternativa que lhe possibilite seguir em frente.

O extraordinário em Nuno é a vitalidade dele trabalhando duramente a terra, resolvendo questões complicadas como apagar um incêndio em meio a uma seca impressionante; ou prosaicas, como dirigir o carro, regar a plantação sem se esquecer de oferecer boas energias ao companheiro. Débil, Joaquim luta sabendo que, em caso de necessidade, a força de Nuno pode valer para ambos. E ainda que haja questionamentos ou que busquem saídas juntos e individualmente (Nuno, por exemplo, lê a Bíblia e vai à missa) não se perde muito tempo com respostas vãs. A vida está ali diante deles e eles procuram desfrutá-la. As possibilidades nem são muitas e os problemas estão por toda parte – como é a existência de todos nós, com maiores ou menores infortúnios. Porém, a companhia dos quatro cães e das plantas e a perfeita simbiose que parece existir com a natureza sugerem um toque de serenidade à vida deles, o impulso extra que lhes garante, simplesmente, continuar. Parece pouco, mas é bastante.

* Publicado no blog Sessão de Cinema, do jornal Correio Popular de Campinas e no site da Associação Brasileira de Críticos de Cinema - Abraccine em maio de 2014*

OLHAR DE CUARÓN
SOBRE O MÉXICO*

A viagem de dois amigos pelo interior do México em *E Sua Mãe Também* (2001) significou o cartão de visitas de Alfonso Cuarón para o mundo. No terceiro longa-metragem da carreira, o diretor enxergava o país com olhar crítico, porém, terno.

Depois, atraído pelos grandes estúdios americanos, realizou pelo menos dois trabalhos significativos: o elogiável suspense espacial, *Gravidade* (Oscar de direção em 2014), e *Harry Potter – O Prisioneiro de Azkaban* (2004, o melhor da saga). Ao voltar às raízes, em *Roma* (México, EUA, 2018), o olhar do diretor sobre o país-natal se mantém terno e crítico, mas, agora, é também assustador.

Em *Roma*, ele reitera temas e formas de *E sua mãe...* – aos quais chamarei de obsessões. A primeira, de natureza poética, é o mar. Ao tempo que é refúgio da personagem Sofia (Marina de Tavira) e cenário de desfecho da história de *Roma*, o mar também serve de linha de condução dos personagens de *E sua mãe...*, pois os dois amigos conduzem uma turista para o litoral, onde a trama se define. Ambos encontram redenção no mar.

Outra obsessão é o abismo social mexicano. No mais recente longa a história se passa na "casa grande" de bairro da capital chamado Roma e onde família rica emprega Cleo (Yalitza Aparicio), indígena de povoado caótico de cínica pobreza – em *E Sua Mãe...*, o garoto abastado se torna amigo de rapaz de poucos recursos. O abismo social permeia *Roma*. Basta observar como a protagonista parece ser bem recebida, mas é destratada com frequência.

Cuarón também é obcecado pela política. A passeata de *E Sua Mãe...* e a viagem pelo interior são comentários contundentes sobre o país. A milícia armada de ideologia militar em *Roma* torna tal discurso ainda mais explícito, mesmo quando filma de modo furtivo o confronto com os manifestantes: através das vidraças de loja de móveis. Na mais bela e a mais terrível cena do filme ele busca estética na violência, como se quisesse aplacá-la.

Cuarón remete uma vez mais a *E Sua Mãe...* ao compor cenas no qual o (a) protagonista é cercado de encenação paralela que serve de cenário para narrativa principal – elas se tocam, mas não interagem. Estão ali para compor.

Quando a patroa se despede do marido, uma fanfarra se aproxima e, como se passasse por acaso em frente à câmera, entra em primeiro plano – mas apenas como composição. A imagem que importa é a expressão da dor de Sofia que aparece ao fundo do quadro. Ao final, depois de a mãe anunciar uma ruptura familiar, desolados ela e os quatro filhos tomam sorvete ao lado de noiva festejando a boda com os convidados.

No travelling para acompanhar Cleo na compra do berço para a filha prestes a nascer, de passagem, a câmara mostra soldados ouvindo instruções para a ação em seguida. A cena traz uma informação, mas o papel dela é ser coadjuvante; porém, essencial para a expressiva execução da mise-en-scène.

A opção de Cuarón pelo preto e branco deve ter gerado diversas interpretações; afinal, a vida foi concebida em cores. Diria ele: "trata-se de representação da realidade. A realidade é muito pior". A ausência da cor provoca distanciamento necessário para se obter sobriedade narrativa e não despencar no dramalhão. Para representar o cotidiano de empregada vinda de região rural para a cidade, igualmente pobre e excepcionalmente rica, Cuarón se vale do melodrama. O segredo dele? Sutileza.

Almodóvar resgatou o melodrama em *Tudo sobre Minha Mãe* (Espanha, 1998). A cena da personagem de Cecilia Roth sentada no asfalto molhado de chuva, na madrugada, e segurando o corpo do filho morto no colo enquanto grita "hijo, hijo mio" poderia ser um desastre – e se tornou antológica.

Cuarón é refinado mesmo nos momentos escorregadios, caso do massacre das milícias contra os manifestantes, ou do reencontro de Cleo com o namorado e a cena de suspense que se dá no mar. Depois de *Roma*, teremos de minimizar o sentido pejorativo do vocábulo "dramalhão mexicano" – desde sempre associado ao audiovisual do México.

Roma conta a história da empregada doméstica Cleo, indígena sem glamour, passiva, tímida, de poucas palavras e muitos pudores que se vê desprezada social e afetivamente. Obstinada, ela tenta preservar a própria cultura se comunicando na língua original com a parceira de ofício.

O roteiro é generoso com a sensível Cleo. A rotina da personagem ao final pode parecer acomodação; porém é um desfecho digno. E eu intuo que minha interpretação sobre o uso do preto e branco esteja correta: além de se distanciar do excesso dramático para evitar que o espectador se afaste da realidade, com as cores e suas realidades o diretor/roteirista teria de encontrar outro desfecho.

O filme mostra uma realidade mexicana, mas o tema é o desejo. Quem sabe Cleo se torna independente, ganha carta de alforria e viaja, não para o mar, mas para a aldeia natal precária. Lá é a casa dela, o lugar de Cleo no mundo e, portanto, o melhor lugar do mundo.

* Publicado em 6/2/2019 no site campinas.com.br

ALTAR DE SÍMBOLOS

DE BETHÂNIA*

PRÓLOGO

Esta não é uma crítica. É depoimento acrítico com palavras nascidas não, necessariamente, da razão. Fosse crítica, vasculharia meandros de *Maria Bethânia – Música é Perfume* à procura de defeitos e virtudes do franco-suíço Georges Gachot na condução das falas e ao eleger canções, paisagens, posições de câmera, luzes, opções narrativas.

Talvez implicasse: por que não um brasileiro? E, pretensioso, me ofereceria para realizá-lo. Possuo raízes nacionais para entender a alma da artista, tenho sangue negro (igual ao dela) herdado da cafuza Paulina, avó paterna, e comporia retrato acurado da carreira desde que, em 1972, vi três vezes *Rosa do Ventos*, no Teatro Maria Della Costa, da rua Paim, no Bixiga e, no mesmo ano, ao colocar o "profano" pôster de *Drama – Anjo Exterminado* na entrada do meu quarto escandalizei o "sagrado" seminário presbiteriano de Campinas.

Desperto do delírio do cineasta que não sou (sei, um pouco, escrever) ao perceber que não tenho talento para a direção nem o distanciamento de Gachot e faria um filme excessivo, passado do ponto, conceito que ela ilustra com *Tarde em Itapoã*. É uma brincadeira, diz. "Se colocar violino ou muito romantismo, fica cafona; prefiro enxugar, deixar sequinha".

Esta é Maria Bethânia, capaz de "enxugar" a considerada brega, É o Amor e transformá-la em uma das mais belas releituras da música brasileira.

ATO 1 – A HUMANIDADE

Quando Georges Gachot abre-me as portas do filme, estou comedido, "sequinho". Peço licença a essa mulher de costumes, cantos e posturas sagradas para adentrar os muitos universos dela. Imito a delicadeza japonesa ao arquear levemente o corpo e, olhos no chão, reverencio (ao meu modo) as entidades espirituais dela.

Outro Olhar **257**

Componho-me em oração e, como não tenho permissão nem intimidade para beijar-lhes as mãos nem abraçá-la, cruzo os braços sobre meu tórax em gesto de acolhimento, não digo palavras, tampouco levanto olhos e, em silêncio acomodo-me para ver o filme.

Rio, quando ela fala do comezinho de todos nós. Pela manhã, se acha careta e pensa "coisas normais que não servem para nada no palco". Espanto, mas entendo que ela deteste o pôr-do-sol, "hora perigosa em que a natureza muda a guarda", diz citando um diretor. Nunca pensei sobre, mas também não gosto. Sou o sol da cinco da manhã iniciando a aluminação o dia.

Comove-me ver Dona Canô segurar-se no braço dela (e não no de Caetano) na igreja onde celebra a festa de Nossa Senhora da Purificação, como se a transcendência exacerbasse a cumplicidade feminina.

Na igreja, nos ensaios, nas ruas de Santo Amaro e nos encontros pessoais, ela se despoja da artista. Prende o cabelo, traja vestes modestas, dispensa acessórios. E, apesar dos tantos anos de distância da Bahia, mantém o sotaque, as expressões, a prosódia – e isso a faz autêntica.

Homenageia a cidade onde nasceu porque é a terra, o cenário e o aprendizado dela. E homenageia Caetano: "Ele me ensinou falar, andar, cantar; nossa brincadeira de faquir da infância foi o primeiro exercício de concentração".

ATO 2 - A PERSONALIDADE

No universo social das delicadezas explícitas, Caetano a lê como "personalidade íntegra" que, em tempos de bossa nova cool, se rasgava em cena. "Ela precisava ser dramática". Gil, sutil, evoca Nelson Rodrigues na eloquente definição que tangencia a grandiosidade: "É a fricção entre o tudo e o nada". Chico a vê como alguém que traz beleza ao país possível.

Ela própria nomeia, sem ranços acadêmicos, tudo o que vibra no entorno dela. Nana Caymmi é "rara". "Música é perfume; sensorial, nos fazer visualizar, sentir, viver". E, singela, define música como pão – alimento consumido por todos em país musicalmente rico.

Coerente com a espiritualidade, avisa a quem seja, que não pronuncia certas palavras. No futuro, qualquer referência à música brasileira dos últimos 60 anos, Maria Bethânia estará em lugar único, mítico, pedestal só dela.

ATO 3 — A TRAPEZISTA

Ela seria artista ou trapezista. Fez simbiose das duas sem usar rede de segurança. Vibra com o violonista Marcel Powell e o percussionista Marcelo Costa. "Maravilhosos esses dois" e encanta-se com o verso "é melhor ser alegre que ser triste", de Vinícius, no *Samba da Bênção*, "a chave de tudo".

Não ao acaso, o maestro Jaime Alem refere-se a ela como a mulher de "magnetismo muito forte" que o ensinou a ser aberto. E, solene, ela define a própria voz como "expressão de Deus que mora em mim".

E ninguém canta *Olhos nos Olhos* como Bethânia. Ninguém canta *Terezinha*, como Bethânia. Quando termina esta canção de Chico acompanhada do coro de centenas de vozes, os aplausos e os gritos da plateia se assemelham a um culto.

E quando a mulher recatada de roupas modestas, agora, vestida de cores e, com os cabelos soltos, baila *Yá Yá Massemba* com passos do corpo elegante e gracioso reluz o brilho de estrela envolta em adereços que lhe adornam braços, mãos, pernas e pescoço.

Como quem se despede, também bailo ao som dos versos "que noite mais funda calunga/ no porão de um navio negreiro". Olhos ainda postos no chão, começo a sair de costas para a porta, de frente para esse altar de representatividades e símbolos que é o filme.

A memória evoca Nelson Gonçalves cantando *Maria Bethânia*, mas Caetano se interpõe com o verso aflito. E terno. E belo. "Maria Bethânia, send me a letter". Levanto o rosto e, finalmente, olho nos olhos dela para dizer "Ave, Bethânia!" e voltar ao meu cotidiano de normalidades.

* Publicado no site Hora Campinas em 2022

O MANIQUEÍSTA *DIVINO AMOR**

No meu primeiro dia de aula do curso de teologia, um velho professor narrou a história do missionário que chega a uma tribo africana para pregar o cristianismo, depois descobrir que os moradores prestavam culto a uma árvore centenária.

O pastor de muitas letras e pouca sabedoria explicou que lhes trazia um Deus a eles desconhecidos que criara todas as coisas, inclusive a árvore e, portanto, Ele, e não a criação Dele, era digno de ser adorado. Incontinenti, determinou a derrubada do objeto de culto da tribo.

A estupidez daquele religioso me ensinou imprescindível lição da qual jamais me esqueci: pode-se não concordar, mas o sagrado tem de ser respeitado, não importa denominação, procedência ou natureza.

Toda esta introdução para falar de *Divino Amor* (Brasil, Uruguai, Dinamarca, Noruega, Chile, Suécia e França, 2019), do pernambucano Gabriel Mascaro.

O filme trata do sentimento religioso, manifestação inata ao ser humano – caso da árvore da tribo africana. Todos os povos, dos remotos aos mais letrados, cultuam alguém ou algo. Entretanto, *Divino Amor* tem um quê do obsoleto discurso marxista (defendido também por várias outras correntes filosóficas) da religião como ópio do povo.

Escrito pelo próprio diretor junto com Rachel Ellis e Lucas Paraizo, o roteiro propõe ficção científica encenada em 2027. O "quê" de religião como ópio se estabelece na contraposição entre a espiritualidade (sagrado) e carnaval (profano), como se fossem duas bases estanques.

Religião e carnaval podem ser bons ou ruins – na verdade, possuem os dois lados. Os religiosos desconhecem o poder da manifestação carnavalesca porque enxergam nela apenas os fins obscuros, escusos e violentos, enquanto os incrédulos não compreendem a extensão da espiritualidade por não aceitarem o princípio de que "há mais coisas entre o céu e a terra do que supõe nossa vã filosofia".

Infelizmente, para os roteiristas de *Divino Amor* a espiritualidade é considerada algo ruim que substituiu algo bom, o carnaval. Ao supor esse futuro próximo, o roteiro escorrega para o maniqueísmo.

Tatuagem (Hilton Lacerda, 2013) traz uma preciosidade de entendimento do que seja carnaval. Arlindo (Jesuíta Barbosa) mora na capital paulista de onde escreve para a mãe, no Recife: "Mãe, o carnaval está chegando, mas em São Paulo não tem carnaval". Outra referência: Zé Ramalho cantando "quanto ao pano dos confetes/ já passou meu carnaval".

Ambos remetem ao sentido de alegria, essência do carnaval. É da falta de alegria que Arlindo se ressente em São Paulo. É do fim da alegria que lamenta o poeta: "já passou meu carnaval". Por conter a essência de uma das mais poderosas manifestações do ser humano, assumo o risco de atribuir sacralidade ao carnaval, se pensarmos na alegria pura, genuína e ingênua.

A essência do sentimento religioso, por outro lado, é a fé. Não só não se discute fé como não se questiona, pois trata-se de direito interno inalienável de cada um. Fé respeita-se. E quem a desrespeita perde o respeito.

Se levarmos ao paroxismo, cada um tem a própria crença. Vejamos: muitos ditos ateus valorizam a riqueza cultural da religiosidade popular como legítima manifestação de um povo. Ninguém contesta Gil cantando a belíssima *Procissão*. Ou Milton Nascimento interpretando lindamente *Paixão e Fé* (Tavinho Moura e Fernando Brant).

As muitas citações não são meros artifícios do discurso, mas servem de reforço para acentuar como Mascaro deixa claro o desdém pelo sagrado. A narrativa carrega todas as implicâncias genéricas existentes contra a religião – a evangélica em especial.

Em *Divino Amor* tudo é brega (com todos os preconceitos embutidos na palavra) com seus neons, palavreado, vestimentas, ritos e cantos. Menos mal que todas as religiões têm componentes ritualísticos, pictóricos e discursivos considerados bregas – o que alivia um pouco a barra do diretor.

Entretanto, não há desculpas para piadas de mau gosto como a do cachorro chamado Isaque que recebe elogios da dona pelo ato de virilidade. Leviandade irresistível, mas ofensiva (e dispensável) com famoso personagem bíblico. Ou o excesso de sexo (em geral, inusitado, como aprecia o diretor). É muito sexo para um filme sobre a fé e chamado *Divino Amor*.

Há diversas questões aqui. A primeira, é que não se trata de moralismo, mas de bom senso. Precisa a cena de sexo na escada? Precisa a exposição gratuita da região pubiana da protagonista Joana (e por tanto tempo?), assim como os genitais do marido? Ou das variações nas posições sexuais feito filmes pornôs? O que isso tudo contribui para o filme? Um espectador que veja pouco cinema nacional (e há muitos) certamente terá a tese dele confirmada de que cinema brasileiro só tem sexo.

Pensando em público, a priori, um filme com esse título e tema atrairia atenção dos evangélicos (há muita gente esclarecida e menos conservadora e retrógrada nesse meio do que se imagina). Contudo, impossível levar um evangélico para ver um filme como *Divino Amor*. Em vez de debater ele vai se revoltar. E com razão.

Se até no mundo profano, casais ateus ou sem qualquer conexão com religiões ficam constrangidos com troca de parceiros, o que dirão os evangélicos sobre tal assunto? E feito em nome de Jesus! Alguém pode chamar o diretor de ousado; eu o taxaria de desrespeitoso.

E, em meio a tantos problemas, surge uma luz. Impossível não ressaltar a atuação de Dira Paes como a protagonista Joana. Há tempos sabemos das qualidades dessa atriz. Depois de, lentamente subir inúmeros degraus, em *Divino Amor* ela alcança o status de grande atriz. É assim que deveríamos nos referir a ela daqui em diante.

A postura, os gestos, as intenções das falas e o repertório de expressões saídos do lugar que só os talentosos que trabalharam e aperfeiçoaram o talento recebido fazem colocam Dira Paes, hoje, ao lado das melhores atrizes brasileiras.

* Publicada em 8/7/2019 no site campinas.com.br

◎ editoraletramento
🌐 editoraletramento.com.br
ⓕ editoraletramento
ⓘn company/grupoeditorialletramento
🐦 grupoletramento
✉ contato@editoraletramento.com.br
♪ editoraletramento

🌐 editoracasadodireito.com.br
ⓕ casadodireitoed
◎ casadodireito
✉ casadodireito@editoraletramento.com.br